Français 1re

crit + Oral

Objectif BAC

Sofia ROSSIGNOL
Professeure agrégée de Lettres modernes

Amandine SOURISSE
Docteure ès lettres

EN PLUS ! Pour améliorer votre orthographe
Téléchargez gratuitement sur notre site
www.parascolaire.hachette-education.com
30 tutos vidéos pour éviter les fautes d'orthographe les plus fréquentes !

hachette
ÉDUCATION

MODE D'EMPLOI

Vous trouverez, réunis dans cet ouvrage, tous les outils pour bien préparer et réussir votre Bac de français :

LES MÉTHODES DE L'EXAMEN

Tous les conseils et les méthodes pour réussir les nouvelles épreuves du BAC

De nombreuses aides (rappels de cours, conseils, définitions…) complètent utilement le cours

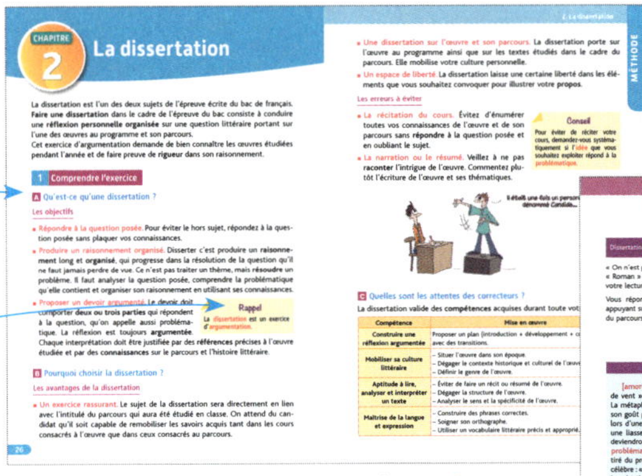

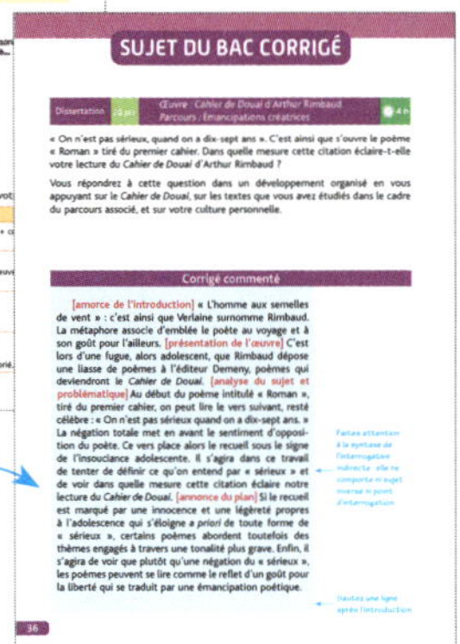

Pour chaque épreuve écrite, un sujet type du BAC et son corrigé, entièrement rédigé et commenté

LES OBJETS D'ÉTUDE DU PROGRAMME

Un cours clair et structuré, avec tout ce qu'il faut savoir

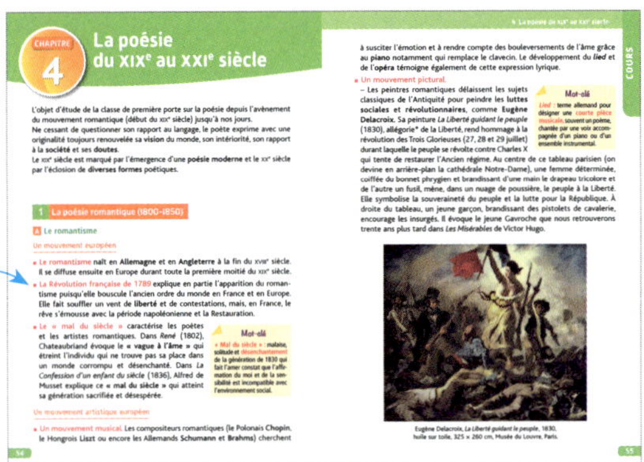

I.S.B.N. 978-2-01-726869-7

Achevé d'imprimer en juin 2024 en Slovaquie par Polygraf
Dépôt légal : Juillet 2024 - Édition 01

L'ESSENTIEL SUR LES 12 ŒUVRES ET PARCOURS AU PROGRAMME DU BAC 2025

Pour chaque œuvre et son parcours :

- La biographie de l'auteur en quelques lignes
- Ce qu'il faut savoir sur l'œuvre
- L'essentiel sur le parcours littéraire associé à l'œuvre
- Un à deux prolongements artistiques

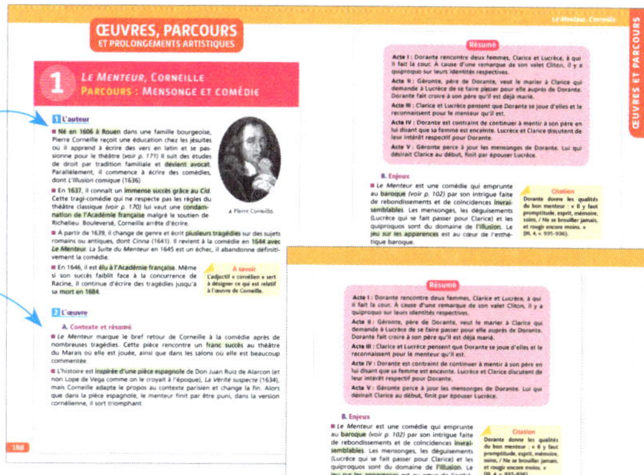

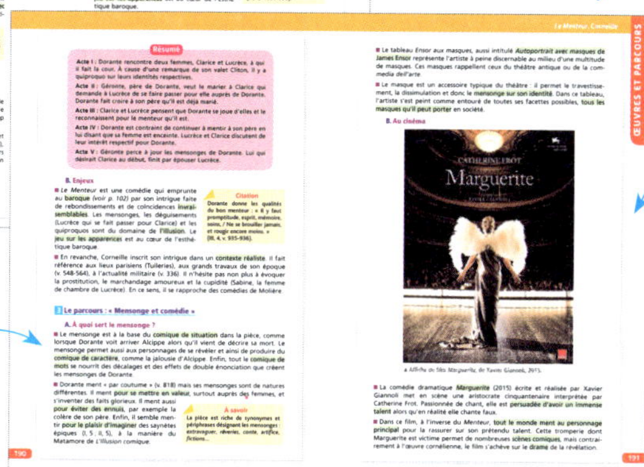

LES OUTILS D'ANALYSE LITTÉRAIRE ET GRAMMATICALE

- Une présentation synthétique des notions fondamentales de grammaire
- Un lexique expliquant les termes de l'analyse littéraire (signalés dans le cœur de l'ouvrage par *)

SOMMAIRE

LES MÉTHODES DE L'EXAMEN

1. Le commentaire

2. La dissertation

3. L'épreuve orale

LES OBJETS D'ÉTUDE

4. La poésie du XIXe au XXIe siècle

5. La littérature d'idées du XVIe au XVIIIe siècle

6. Le roman et le récit du Moyen Âge au XXIe siècle

7. Le théâtre du XVIIe au XXIe siècle

ANALYSE LITTÉRAIRE ET GRAMMAIRE

8. Le genre d'un texte

9. La tonalité d'un texte

10. Les outils d'analyse d'un texte

Crédits photographiques
Sauf mention contraire ci-après, tous les portraits d'auteurs et les documents sont crédités : © Photothèque Hachette. **Intérieur : Alamy Banque d'images :** p. 191 © Cinematic / Alamy Banque D'Images. **AKG-images :** p. 68 (haut) © akg-images / ullstein bild ; p. 72 © akg-images / picture-alliance / dpa ; p. 134 © akg-images ; p. 196 © akg-images / Interfoto / Brigitte Friedrich. **BNF :** p. 118. **Bridgeman Images :** p. 73 Prévert © Bridgeman Images ; p. 79 : Photo Niko Tavernise © Focus Features / Everett Collection / Bridgeman Images ; p. 80 : © Louis Monier. All rights reserved 2023 / Bridgeman Images ; p. 84 : © Louis Monier. All rights reserved 2023 / Bridgeman Images ; p. 155 © Daniel Gonzalez Acuna/ Bridgeman Images ; p. 163 © Fondation Lurçat/ADAGP, Paris 2022/ Bridgeman Images ; p. 190 © Bridgeman Image. **Christophe L :** p. 195 © Renaissance Films. © **National Gallery of Art, Washington :** pp. 58, 102 ; 143. © **Shutterstock :** pp. 55, 76, 93, 94, 95, 98, 99, 101, 103, 106 (haut), 110, 115, 133, 137, 140, 151, 152, 169. **Lee/Leemage :** p. 121 © Photo Josse/Leemage ; p. 122 © Collection privée / FireArtimages/Leemage. **Photo Pleins Feux diffusion :** p. 177. **Wikimedia Commons :** p. 83. **Deidi von Schaewen :** p. 86 photo © Deidi von Schaewen. **Opale Photo :** p. 199 © Pascal Victor/ArtComPress via opale photo.
Dépliant : Ulysse, Rabelais, Montaigne, Molière et Voltaire © shutterstock ; Christine de Pizan © Science Photo Library/akg-images ; Versailles © shutterstock/Pecold ; Newton © shutterstock/Georgios Kollidas ; Mozart et Edison © shutterstock/Everett Historical ; Napoléon © Photo Josse/Leemage ; mur de Berlin ©DPA/Picture Alliance/Leemage.

Conception graphique
Couverture : Stéphanie Benoit
Intérieur : Alicia Dassonville

Composition, schémas et mise en pages : Médiamax
Édition : Justine Massel – Sophie Lovera / Sabine Mary
Illustrations : Anne-Gaëlle Poirier

DÉFINITION DE L'ÉPREUVE

L'épreuve du Bac de français est constituée d'une épreuve **écrite** et d'une épreuve **orale**. Elle porte sur le programme de la classe de première et sur les œuvres au programme renouvelées par quart tous les ans (voir page 9).

1. L'épreuve écrite

Durée	4 heures
Coefficient	5

Le sujet de l'épreuve écrite de français vous offre le choix entre un **commentaire** et une **dissertation**. Cette épreuve est notée sur **20 points**.
Plusieurs **critères** entrent dans la notation :
– la maîtrise de la langue et de l'expression ;
– l'aptitude à lire, analyser et interpréter un texte ;
– l'aptitude à mobiliser une culture littéraire ;
– l'aptitude à reformuler une argumentation de manière précise, en respectant son déroulé logique ;
– la capacité à construire une réflexion argumentée et structurée, et à prendre en compte d'autres points de vue que le sien.

A Le commentaire (voir pages 12 à 25)

Le commentaire porte sur un **texte littéraire** en lien avec **un des objets d'étude** du programme de la classe de première. Il ne sera jamais extrait d'une des œuvres au programme.

B La dissertation (voir pages 26 à 41)

La dissertation prend la forme d'une question portant sur **une des œuvres au programme** ainsi que sur le **parcours littéraire** qui lui est associé.
Le sujet propose **trois dissertations** qui portent sur le **même objet d'étude**. Le candidat choisit le sujet qui porte sur l'œuvre et le parcours qu'il aura étudiés en classe pendant l'année.

2. L'épreuve orale (voir pages 42 à 52)

Durée	20 minutes
Préparation	30 minutes
Coefficient	5

L'épreuve orale permet d'évaluer la qualité d'expression orale du candidat, mais aussi sa capacité à mobiliser ses connaissances, à développer son propos et à échanger

avec l'examinateur. Elle vise également à valoriser son investissement personnel, sa faculté à justifier ses choix, à les présenter et à les expliquer.
Cette épreuve se déroule en **deux temps** qui se succèdent et sont précédés d'un **temps de préparation** de **30 minutes**. L'ensemble de cette épreuve est noté sur **20 points**.

A Accueil du candidat, descriptif et préparation

Le candidat arrive muni de son **descriptif**. C'est un récapitulatif des œuvres et textes étudiés durant l'année. L'examinateur possède ce même descriptif, remis en amont par l'enseignant de français.
Le descriptif est également composé d'une **partie individuelle** dans laquelle le candidat a indiqué l'œuvre retenue parmi toutes les lectures cursives obligatoires proposées par son enseignant. Cette œuvre fera l'objet de la seconde partie de l'épreuve.
Pour la première partie de l'épreuve, le texte choisi par l'examinateur figure toujours parmi les textes mentionnés dans le descriptif comme ayant fait l'objet d'une étude détaillée. L'examinateur indique également quelle sera la **question de grammaire**. La préparation dure **30 minutes**.

B Première partie : exposé sur un des textes du descriptif

Cette première partie dure **12 minutes**. Elle est notée sur **12 points** et comporte trois temps :

brève contextualisation et lecture de l'extrait à voix haute	2 points
explication linéaire du texte ou d'un passage d'une vingtaine de lignes sélectionné par l'examinateur	8 points
réponse à une question de grammaire sur un passage du texte à expliquer	2 points

Sur quel texte peut porter l'explication linéaire ?
Le descriptif remis par le candidat à l'examinateur indique les seize à vingt textes étudiés en classe qui pourront être retenus pour l'explication linéaire.

C Seconde partie : présentation de l'œuvre choisie et entretien

Cette partie de l'épreuve dure **8 minutes**. Elle est notée sur **8 points**.
Elle se déroule en deux temps successifs :
– la présentation de l'œuvre retenue par le candidat et l'explication argumentée de ce choix ;
– l'entretien au cours duquel le candidat justifie le choix de l'œuvre qu'il a retenue.
Conduit de manière ouverte par l'examinateur, cet entretien ne prend pas la forme d'un questionnaire de lecture mais vérifie que le candidat s'est approprié l'œuvre.

RAPPEL DU PROGRAMME

1. Étude de la littérature

Le programme de français de première s'articule autour de **quatre objets d'étude**. Pour chaque objet d'étude, le professeur de français choisit d'étudier une œuvre et son parcours parmi les trois possibilités offertes par le programme national d'œuvres. Les élèves de première travaillent donc en tout **quatre œuvres imposées**, ainsi que les **quatre parcours associés**.

Objet d'étude	Œuvre intégrale	Parcours associé
La poésie du XIXe siècle au XXIe siècle	Arthur Rimbaud, *Cahier de Douai* (de « Première soirée » à « Ma Bohème (Fantaisie) »)	Émancipations créatrices
	Francis Ponge, *La Rage de l'expression*	Dans l'atelier du poète
	Hélène Dorion, *Mes forêts*	La poésie, la nature, l'intime
La littérature d'idées du XVIe siècle au XVIIIe siècle	Rabelais, *Gargantua*	Rire et savoir
	La Bruyère, *Les Caractères* (livres V à X)	La comédie sociale
	Olympe de Gouges, *Déclaration des droits de la femme et de la citoyenne*	Écrire et combattre pour l'égalité
Le roman et le récit du Moyen Âge au XXIe siècle	Abbé Prévost, *Manon Lescaut*	Personnages en marge, plaisirs du romanesque
	Honoré de Balzac, *La Peau de chagrin*	Les romans de l'énergie : création et destruction
	Colette, *Sido* suivi de *Les Vrilles de la vigne*	La célébration du monde
Le théâtre du XVIIe siècle au XXIe siècle	Pierre Corneille, *Le Menteur*	Mensonge et comédie
	Alfred de Musset, *On ne badine pas avec l'amour*	Les jeux du cœur et de la parole
	Nathalie Sarraute, *Pour un oui ou pour un non*	Théâtre et dispute

À ces œuvres et parcours imposés par le programme, s'ajoute la lecture cursive d'au moins quatre œuvres, une par objet d'étude. S'ajoutent également des prolongements artistiques et culturels qui ouvriront à d'**autres types d'art**.

2. Étude de la langue (grammaire)

Plusieurs points de grammaire sont abordés en classe de première. Trois d'entre eux (en gras ci-dessous) seront prioritairement évalués lors de l'épreuve orale. Selon le programme officiel, une attention particulière doit être portée sur :
- les accords dans le groupe nominal et entre le sujet et le verbe ;
- le verbe : valeurs temporelles, aspectuelles, modales et concordance des temps ;
- les relations au sein de la phrase complexe, étude des rapports entre les propositions : juxtaposition, coordination, subordination ;
- la syntaxe des propositions subordonnées relatives et des conjonctives ;
- **les subordonnées conjonctives utilisées comme compléments circonstanciels** ;
- **l'interrogation : syntaxe, sémantique et pragmatique (l'élève doit savoir distinguer l'interrogation directe de l'interrogative indirecte)** ;
- **l'expression de la négation (étude des différentes formes de la construction de la négation)** ;
- le lexique.

Les méthodes de l'examen

1. Le commentaire

2. La dissertation

3. L'épreuve orale

CHAPITRE 1

Le commentaire

Commenter un texte dans le cadre de l'épreuve du bac consiste à proposer un **devoir organisé** qui rende compte d'une **compréhension** fine du texte à étudier. Cet exercice demande un travail d'**analyse** littéraire minutieux et repose sur une **méthode** rigoureuse.

1 Comprendre l'exercice

A Qu'est-ce que le commentaire ?

- **L'un des deux sujets qui vous est proposé à l'épreuve écrite de français du bac.** Le but est de montrer que vous avez saisi le **sens global** du texte. Commenter un texte, c'est l'expliquer. « Expliquer » vient du latin *explicare* qui signifie « dérouler », « déployer ». Expliquer un texte, c'est le déplier, c'est-à-dire comprendre comment il est structuré, saisir son **sens** général et ses **enjeux**, mais c'est aussi analyser le **style** de l'auteur.
- **Un devoir qui répond à une problématique et qui est structuré en deux ou trois parties.** Votre réflexion se doit d'être **argumentée**, et chaque **interprétation** doit être **justifiée** par des **références** précises au texte et par l'analyse de **procédés** littéraires.

> **Rappel**
> Le commentaire est un **exercice d'argumentation.**

B Pourquoi choisir le commentaire ?

Les avantages du commentaire

- **Un exercice rassurant.** Le commentaire sera en **lien** avec l'un des **objets d'étude** du programme de l'année. Vous pourrez ainsi faire appel à vos **connaissances**.
- **Un exercice qui repose sur des intuitions de lecture.** Votre réflexion prend appui sur les **émotions** suscitées par le texte, émotions auxquelles vous devez faire confiance. Elles vous permettent d'identifier la **tonalité*** du texte. Il faut les compléter par l'analyse.

Les erreurs à éviter

- **La paraphrase.** Celle-ci consiste à raconter et réécrire le texte. Vous devez plutôt expliquer comment le texte est **construit**.

> **Conseil**
>
> Pour éviter la **paraphrase,** n'utilisez pas les expressions suivantes : « ~~l'auteur dit que~~ » ou « ~~le texte parle de~~ ». Préférez des formules comme « l'auteur utilise *tel* procédé pour faire passer *tel* message », « nous observons », « nous remarquons », etc.

- **La juxtaposition de procédés littéraires.** L'objectif d'un commentaire n'est pas d'énumérer toutes les figures de style d'un texte, mais d'en expliquer le **sens** et d'en donner une **interprétation**.

C Quelles sont les attentes des correcteurs ?

Le commentaire valide des **compétences** acquises durant toute votre scolarité.

Compétence	Mise en œuvre
Maîtrise de la langue et expression	– Construire correctement les phrases. – Bien orthographier. – Utiliser un vocabulaire littéraire précis et approprié.
Aptitude à lire, analyser et interpréter un texte	– Éviter les contresens. – Dégager la structure du texte. – Analyser le sens, la spécificité et le genre du texte.
Mobiliser sa culture littéraire	– Situer le texte dans son époque. – Dégager le contexte historique et culturel du texte.
Construire une réflexion argumentée	Proposer un plan (introduction + développement + conclusion) avec des transitions.

2 Analyser le sujet

A Découvrir le sujet

Voici quelques **pistes** de travail.

- **Rechercher des indices.** Avant même de lire votre texte, observez les caractéristiques suivantes qui vous aideront dans votre analyse :
  – **la date de publication** permet bien souvent d'identifier le **mouvement littéraire** et l'**époque** ;
  – **l'auteur.** Sa connaissance peut être une aide même si le correcteur n'attend rien de vous à ce sujet ;
  – **le titre** peut vous donner des indices quant à la thématique ;
  – **le genre*** (lettre, poème, extrait de roman, etc.) ;

> **Conseil**
>
> Les **indices** se trouvent souvent dans le paratexte*.

– **la mise en page** : paragraphes courts, ponctuation forte, un texte écrit en vers ou en prose, etc.

- **Lire le texte.** Lisez une première fois le texte pour le **découvrir**, sans rien écrire. Évitez de plaquer des connaissances préalables et laissez-vous surprendre.
- **Relire le texte.** Une lecture unique ne suffit pas. Vous devez relire le texte plusieurs fois en utilisant des feutres pour surligner les **mots-clés**, les **citations** importantes.
- **Annoter le texte.** Notez dans les **marges** du texte des remarques, des analyses (tonalité*, vocabulaire, ponctuation, figures de style) et vos premières interprétations. Listez au brouillon les **principales idées** qui permettront de bâtir votre plan.

> **Conseil**
>
> Pensez à vous munir de bons outils : une montre pour bien gérer votre **temps,** des crayons de couleurs ou des feutres pour repérer certains éléments du texte, une règle pour souligner le titre des œuvres, une bouteille d'eau et un en-cas.

B Mobiliser ses connaissances

- **Le lien avec le programme.** Le commentaire est toujours en lien avec un des **quatre objets d'étude** du programme. Toutes vos connaissances acquises pendant l'année sont des **points de repère**, des aides pour mieux appréhender le texte.
- **La culture générale.** Appuyez-vous sur les nombreux **textes** étudiés en cours d'année ainsi que sur vos lectures personnelles pour **reconnaître** les procédés littéraires du texte, les genres* et les tonalités*.

> **Conseil**
>
> Un **travail régulier** de textes de genres variés vous permettra d'être mieux entraîné et d'acquérir la bonne **méthode.**

C Proposition de chronométrage

Le chronométrage idéal n'existe pas. Seul un **entraînement régulier** vous permettra de connaître les étapes qui vous demandent le plus de temps. La proposition suivante est à adapter selon vos **besoins** :

- **Découverte du sujet** (identifier l'objet d'étude, lire le texte) : **15 minutes.**
- **Travail au brouillon** (élaborer un plan détaillé et une problématique) : **1 heure 30 minutes.**
- **Rédaction : 2 heures.**
- **Relecture du devoir** : **15 minutes.**

3 Organiser son commentaire

A Rassembler ses idées au brouillon

Votre brouillon sert à **organiser vos idées**. Un commentaire écrit au fil de la plume manque d'organisation et sera sanctionné par le correcteur. Le travail au brouillon est le seul moyen efficace pour structurer ses idées. N'hésitez pas à utiliser les feuilles de brouillon fournies le jour de l'épreuve. Pensez également à écrire **autour de votre sujet** : les marges blanches vous le permettent. Au terme de votre travail au brouillon, l'extrait étudié doit être multicolore, assorti de flèches, de mots-clefs surlignés, de termes relevés, de définitions apportées. Le brouillon est un **outil** qui vous aide à penser et qui doit être **dynamique** : n'hésitez pas à rayer, changer l'ordre de vos idées ou modifier un titre de partie. N'écrivez pas la totalité de votre devoir au brouillon. C'est une grande perte de temps dont vous avez besoin pour élaborer votre plan.

Organisez votre brouillon en plusieurs pages :

Brouillon Page 1	– Les premières impressions après la première lecture du texte – Le tableau contenant les citations, analyses, interprétations (voir p. 17)
Brouillon Page 2	Le plan détaillé
Brouillon Page 3	La rédaction de l'introduction et de la conclusion
Brouillon Page 4	Les idées du développement

À savoir

Les auteurs aussi font des brouillons. Gustave **Flaubert** a utilisé **25 000 pages manuscrites** de notes, de plans généraux, de brouillon, de schémas pour la rédaction de *Madame Bovary*.

B Dégager une problématique

- **Le fil conducteur.** La problématique est **obligatoire**. Elle oriente votre commentaire et en constitue le **fil conducteur**. Placée **au début** du commentaire, elle trouve des éléments de réponse au cours du **développement**. La **conclusion** répond de façon synthétique à la problématique.
- **Un enjeu littéraire.** Une bonne problématique doit mettre en évidence un **enjeu littéraire** fort qui rende compte de la **spécificité du texte**.

  Ex. : Dans quelle mesure ce texte à l'argumentation si **structurée** est-il un éloge de la **liberté** ?
- **Une question.** La problématique se présente généralement sous la forme d'une **question** qui peut commencer par « dans quelle mesure », « en quoi »,

« comment ». Elle n'apparaît le plus souvent qu'après que vous avez bâti votre plan. Pour la **formuler**, choisissez deux à quatre **mots-clés** extraits du plan. Veillez à trouver une problématique **littéraire** qui ne porte pas sur la biographie de l'auteur ou sur une simple thématique. Elle doit être assez **large** pour vous permettre de développer les **principaux aspects** du texte. Elle doit aussi rendre compte de sa **singularité**.

Ex. de mauvaise problématique : ~~Que le poème nous apprend-il sur les sentiments de son auteur ?~~

Ex. de bonne problématique : Comment le poète reprend-il la thématique traditionnelle de l'amour de façon originale pour exprimer un état d'âme complexe ?

C Bâtir un plan

- **La structure du plan.** Au brouillon, établissez un **plan** qui regroupe une **introduction** (présentant le texte puis annonçant la problématique et le plan), **le développement** (exposant les idées du plan) et **la conclusion** (résumant l'essentiel des idées et proposant une ouverture).
- **Les deux types de développement.** Le développement du commentaire s'organise en **deux** ou **trois grandes parties**, elles-mêmes divisées en **deux** ou **trois sous-parties**. Deux types de plans sont possibles :

– un plan avec deux grandes parties de chacune trois sous-parties ;

Partie 1 : ...
a)
b)
c)
Partie 2 : ...
a)
b)
c)

– un plan de trois grandes parties de chacune deux sous-parties.

Partie 1 : ...
a)
b)
Partie 2 : ...
a)
b)
Partie 3 : ...
a)
b)

- Choisir les citations.

  – **Surlignez les mots et expressions importants** qui constituent les **citations** sur lesquelles vous vous appuierez pour construire votre devoir.

  – **Analysez chaque citation** (procédé utilisé).

  – **Interprétez ensuite ces analyses** en expliquant l'**effet** produit par le procédé et la **raison** pour laquelle l'auteur l'a choisi.

  Vous pouvez rassembler ce travail sous la forme d'un **tableau**.

Citations	Analyse des citations	Interprétations
Termes et expressions du texte	Procédés littéraires : tonalité, figures de style, temps des verbes, etc.	L'effet produit et son sens

Regroupez ensuite les différentes interprétations du tableau. Ce sont elles qui vont vous permettre de trouver les grandes parties puis les sous-parties.

D Présenter son commentaire

Une **présentation rigoureuse** permet au correcteur de vérifier l'organisation de votre devoir :

- Les paragraphes. Votre commentaire se divise en **8 paragraphes** : 1 paragraphe d'introduction, 6 paragraphes pour les 6 sous-parties et 1 paragraphe de conclusion.
- L'alinéa. Chaque paragraphe commence par un alinéa, c'est-à-dire un retrait d'un ou deux carreaux sur votre copie.
- Le saut d'une ligne. Sautez une ligne entre chaque partie (après l'introduction, entre les parties du développement, avant la conclusion).

> **Attention !**
>
> Ne recopiez pas les titres des parties et des sous-parties. **La totalité de votre copie doit être rédigée.**

> **Conseil**
>
> Pour savoir si votre devoir est correctement **présenté,** confiez-le à un camarade et demandez-lui de **reconstituer** le plan. Comparez ensuite le plan qu'il a trouvé avec le vôtre.

4 Rédiger son commentaire

A L'introduction

L'introduction est la **vitrine** de votre commentaire : soignez-la pour inciter le correcteur à **poursuivre** sa lecture. À la fin de l'introduction, il sait déjà si vous avez compris le texte, si votre problématique de lecture est pertinente et si vous maîtrisez les codes de l'exercice.

L'introduction est un paragraphe d'une **quinzaine** de lignes qui respecte **cinq étapes** allant du général au particulier : l'introduction a une forme d'entonnoir.

- **L'amorce** est une phrase générale qui **introduit** le texte. Vous pouvez partir d'une citation, évoquer brièvement l'auteur du texte et sa biographie, annoncer la thématique en la contextualisant ou présenter la forme du texte ou son genre*. Vous pouvez aussi introduire le mouvement littéraire du texte.
- **La présentation de l'œuvre.** Présentez brièvement l'œuvre, en une ou deux phrases : nom de l'auteur, titre, date de publication, genre* du texte (roman, essai, fable, monologue*, poème en prose, etc.), le contexte historique si nécessaire.

> **Rappel**
> N'oubliez pas de **souligner** le titre des œuvres. Pour un poème, soulignez le titre du recueil et placez entre guillemets le titre du poème.

- **La présentation de l'extrait.** Après la présentation de l'œuvre, présentez l'extrait et ses **enjeux**. Résumez et caractérisez le texte en une phrase simple.
- **La problématique** se présente sous la forme d'une **question**, directe ou indirecte (voir page 254).
- **L'annonce du plan** donne les **grandes parties** de votre commentaire.

  Ex. : Dans un premier temps, nous nous demanderons […]. Dans un deuxième temps, nous nous intéresserons à […]. Enfin, nous étudierons […].

B Le développement

Chaque **partie** est composée de plusieurs **sous-parties** qui étayent vos arguments.

- **La sous-partie** forme un **paragraphe** d'une quinzaine de lignes commençant par un **alinéa**. Une sous-partie se fonde sur des **citations** mises entre **guillemets** qui doivent **s'intégrer** parfaitement à vos phrases. Évitez de les faire figurer entre parenthèses. Chaque sous-partie développe une **interprétation** en s'appuyant sur trois ou quatre analyses de procédés littéraires. Elle doit être structurée autour d'une idée et vous devez utiliser des **connecteurs logiques** (*tout d'abord, ensuite, mais, de plus*, etc.).

- **La transition** fait le **lien** entre ce qui vient d'être dit et ce qui suit. Elle dresse un **bilan** et annonce la **suite**. Imaginez que la transition ressemble à un pont qui relie deux berges. Chaque transition permet de faire le lien entre deux parties de votre commentaire.

  Ex. : « Après avoir étudié *[première partie]*, nous allons nous pencher sur *[deuxième partie]*. »

C La conclusion

La conclusion forme un **paragraphe** d'une quinzaine de lignes qui **clôt** le commentaire. Elle laisse au correcteur sa dernière **impression**. Elle s'organise en **trois étapes**.

- **Le rappel de la problématique** énoncée dans l'introduction.
- **La réponse à la problématique.** En quelques lignes, répondez clairement à la problématique posée. Dressez un **bilan** de votre commentaire en reprenant les idées importantes.
- **L'ouverture** est facultative, mais elle est toujours bienvenue. Dans un mouvement inverse de celui de l'introduction, la conclusion ouvre le texte vers une **perspective** plus large. Vous pouvez évoquer au choix :
  – **la suite du texte** si vous la connaissez ;
  – **un autre texte.** Montrez dans ce cas, en quelques phrases, les points communs des deux textes et leurs différences ;
  – **une œuvre artistique** (tableau, film, sculpture, etc.), éventuellement un prolongement artistique vu en classe. Exposez rapidement le lien entre cette œuvre et le texte étudié.

AUTO-ÉVALUATION

Cochez les cases de cette fiche pour vous assurer que votre devoir réunit bien tous les ingrédients d'un commentaire de texte réussi.

	Oui	Non
Présentation et expression		
1) La graphie est lisible.		
2) Le titre des œuvres est souligné.		
3) Les parties sont bien démarquées (sauts de ligne).		
4) Chaque paragraphe commence par un alinéa.		
5) L'expression est correcte.		
6) La copie a été relue.		
Introduction		
1) L'amorce est en lien avec le texte.		
2) Le texte est présenté (auteur, titre, date).		
3) Une phrase introduit rapidement l'extrait.		
4) La problématique est bien formulée.		
5) L'introduction se termine par l'annonce du plan.		
Développement		
1) Le commentaire comporte plusieurs sous-parties.		
2) Plusieurs procédés littéraires sont analysés.		
3) Les analyses débouchent sur des effets de sens (interprétations).		
4) Le commentaire repose sur des citations.		
5) Les phrases s'enchaînent grâce à des connecteurs logiques.		
6) Les transitions sont faites entre les parties et les sous-parties.		
Conlusion		
1) La problématique est rappelée.		
2) La réponse reprend les idées principales du développement.		
3) Le commentaire se termine par une ouverture.		
TOTAL	.../20	

SUJET DU BAC CORRIGÉ

Commentaire | **20 pts** | *Objet d'étude :* Le roman et le récit du Moyen Âge au XXIe siècle | 4 h

Vous ferez le commentaire de l'extrait suivant de *La Princesse de Clèves*, écrit par Madame de Lafayette et publié en 1678.

La princesse de Clèves est une femme mariée mais elle est tombée amoureuse du duc de Nemours. Fidèle à son mari, elle a décidé de s'éloigner de son amant et s'est réfugiée dans une de ses propriétés à Coulommiers. Le prince de Clèves, qui soupçonne Nemours, le fait suivre. Dans cet extrait, le duc de Nemours se rend de nuit chez la princesse de Clèves.

Il vit beaucoup de lumières dans le cabinet ; toutes les fenêtres en étaient ouvertes et, en se glissant le long des palissades, il s'en approcha avec un trouble et une émotion qu'il est aisé de se représenter. Il se rangea derrière une des fenêtres, qui servaient de porte, pour voir ce que faisait Madame de Clèves. Il vit qu'elle était seule ; mais il la vit d'une si admirable beauté qu'à peine fut-il maître du transport que lui donna cette vue. Il faisait chaud, et elle n'avait rien, sur sa tête et sur sa gorge, que ses cheveux confusément rattachés. Elle était sur un lit de repos, avec une table devant elle, où il y avait plusieurs corbeilles pleines de rubans ; elle en choisit quelques-uns, et Monsieur de Nemours remarqua que c'étaient des mêmes couleurs qu'il avait portées au tournoi. Il vit qu'elle en faisait des nœuds à une canne des Indes, fort extraordinaire, qu'il avait portée quelque temps et qu'il avait donnée à sa sœur, à qui Madame de Clèves l'avait prise sans faire semblant de la reconnaître pour avoir été à Monsieur de Nemours. Après qu'elle eut achevé son ouvrage avec une grâce et une douceur que répandaient sur son visage les sentiments qu'elle avait dans le cœur, elle prit un flambeau et s'en alla proche d'une grande table, vis-à-vis du tableau du siège de Metz, où était le portrait de Monsieur de Nemours ; elle s'assit et se mit à regarder ce portrait avec une attention et une rêverie que la passion seule peut donner.

On ne peut exprimer ce que sentit Monsieur de Nemours dans ce moment. Voir au milieu de la nuit, dans le plus beau lieu du monde, une personne qu'il adorait, la voir sans qu'elle sût qu'il la voyait, et la voir tout occupée de choses qui avaient du rapport à lui et à la passion qu'elle lui cachait, c'est ce qui n'a jamais été goûté ni imaginé par nul autre amant.

Ce prince était aussi tellement hors de lui-même qu'il demeurait immobile à regarder Madame de Clèves, sans songer que les moments lui étaient précieux. Quand il fut un peu remis, il pensa qu'il devait attendre à lui parler qu'elle allât dans le jardin ; il crut qu'il pourrait le faire avec plus de sûreté, parce qu'elle serait plus éloignée de ses femmes. Mais, voyant qu'elle demeurait dans le cabinet, il prit la résolution d'y entrer. Quand il voulut l'exécuter, quel trouble n'eut-il point ! Quelle crainte de lui déplaire ! Quelle peur de faire changer ce visage où il y avait tant de douceur, et de le voir devenir plein de sévérité et de colère !

Il trouva qu'il y avait eu de la folie, non pas à venir voir Madame de Clèves sans en être vu, mais à penser de s'en faire voir ; il vit tout ce qu'il n'avait point encore envisagé. Il lui parut de l'extravagance dans sa hardiesse de venir surprendre, au milieu de la nuit, une personne à qui il n'avait encore jamais parlé de son amour. Il pensa qu'il ne devait pas prétendre qu'elle le voulût écouter, et qu'elle aurait une juste colère du péril où il l'exposait par les accidents qui pourraient arriver. Tout son courage l'abandonna, et il fut prêt plusieurs fois à prendre la résolution de s'en retourner sans se faire voir. Poussé néanmoins par le désir de lui parler, et rassuré par les espérances que lui donnait tout ce qu'il avait vu, il avança quelques pas, mais avec tant de trouble qu'une écharpe qu'il avait s'embarrassa dans la fenêtre, en sorte qu'il fit du bruit. Madame de Clèves tourna la tête, et, soit qu'elle eût l'esprit rempli de ce prince, ou qu'il fût dans un lieu où la lumière donnait assez pour qu'elle le pût distinguer, elle crut le reconnaître et sans balancer ni se retourner du côté où il était, elle entra dans le lieu où étaient ses femmes.

Corrigé commenté

[amorce de l'introduction] *La Princesse de Clèves* (1678) est le premier roman d'analyse psychologique. Madame de Lafayette explore avec finesse les émotions de ses personnages*. Roman classique par excellence, il resserre l'action autour de l'amour de la princesse, mariée au prince de Clèves, pour le duc de Nemours. Ce roman illustre un goût pour la mesure et respecte la bienséance : la princesse, vertueuse, ne cédera jamais à son amour pour Nemours. **[présentation de l'extrait]** Dans l'extrait à étudier, Nemours vient espionner la princesse de Clèves qui s'est retirée dans une de ses propriétés à Coulommiers. **[problématique]** On peut se demander en quoi cette scène marque paradoxalement le rapprochement et l'impossible amour entre les deux personnages. **[annonce du plan]** Nous verrons d'abord que cet extrait propose une scène originale de voyeurisme. Nous étudierons ensuite les sentiments des deux amants.

Rappelez-vous que l'introduction a une forme d'entonnoir : allez du général au particulier.

Une bonne problématique repose sur un paradoxe, une tension, une opposition.

Sautez une ligne après l'introduction.

[annonce en une phrase de l'idée directrice, partie 1] L'extrait propose une scène originale de voyeurisme. [annonce de la première sous-partie] Tout d'abord, le cadre spatio-temporel crée une atmosphère en clair-obscur. Le lexique des couleurs départage les amants. Les « lumières » intérieures du cabinet et le « flambeau » tenu par la princesse s'opposent à l'ombre de la « nuit ». La lumière éclaire l'espace intime de la princesse tandis que le duc est caché dans l'ombre. L'espace semble scindé en deux et oppose les personnages. De plus, Madame de Clèves apparaît à travers une « fenêtre » qui sert de cadre à sa description. Tout se passe comme si le duc observait le portrait de son amante. La fenêtre apparaît à la fois comme un moyen d'observation et une marque de séparation entre les deux amants. [transition entre les 2 sous-parties] Cette scène de voyeurisme marquée par la picturalité repose aussi sur un jeu de regards.

L'analyse des champs lexicaux* a une pertinence dans la mesure où vous en tirez des effets de sens et où vous expliquez pourquoi l'auteur a fait ce choix.

Les connecteurs logiques permettent de structurer votre paragraphe. Ils sont toujours les bienvenus.

[annonce de la deuxième sous-partie] Madame de Lafayette place le thème de la vue au centre de l'extrait. En effet, on observe toute une chaîne de regards : l'espion est censé suivre Nemours, qui observe la princesse, qui contemple le tableau du siège de Metz. Enfin, le lecteur est lui aussi en position de voyeur. Madame de Lafayette choisit le point de vue* interne à Nemours et le lecteur épouse le regard de celui qui cherche à voir « sans être vu ». Le verbe « voir », plusieurs fois répété, ponctue l'extrait. Ce jeu de regards participe d'une théâtralisation de la scène dans laquelle Nemours serait le spectateur et la princesse, évoluant sous les feux de la rampe, l'actrice. Les rubans et le tableau peuvent apparaître comme autant d'accessoires scéniques. [transition] Ce jeu sur les regards met en évidence le voyeurisme, renforcé par la nature même de ce que voit Nemours.

Allez à la ligne après chaque sous-partie et faites un alinéa.

Il est toujours pertinent de faire référence au lecteur.

[annonce de la dernière sous-partie] L'extrait brosse le portrait intime d'une femme dénudée. Le duc de Nemours observe la femme qu'il aime, mais transgresse un interdit puisqu'il vient la surprendre « au milieu de la nuit » dans son « cabinet », c'est-à-dire un bureau où on pouvait se reposer, lire, travailler. Les imparfaits de description dépeignent une femme à moitié nue : « il faisait chaud et elle n'avait rien, sur sa tête et sur sa gorge, que ses

Utilisez un vocabulaire précis et nuancé : « brosser le portrait » est une expression plus riche que « faire le portrait ».

cheveux confusément rattachés ». Le lexique du désordre des cheveux ne présente pas la princesse en tenue de Cour. La mention du « lit » suggère un certain érotisme. Il faut aussi savoir que le terme « gorge », au XVIIe siècle, signifiait « poitrine ». Cette scène extrêmement sensuelle est une exception au sein de ce roman où dominent la vertu et la pudeur. **[transition entre le I et le II]** Cette scène de voyeurisme est l'occasion pour Madame de Lafayette d'explorer les sentiments amoureux des deux personnages.

Sautez une ligne entre chaque grande partie et faites un alinéa.

[annonce de l'idée directrice du II] L'autrice se livre ici à une étude approfondie du cœur. **[annonce de la première sous-partie]** Tout d'abord, Nemours incarne un idéal courtois et chevaleresque hérité du Moyen Âge. Les « palissades » à franchir soulignent sa hardiesse. L'atmosphère est aussi celle d'un conte, avec une princesse qui apparaît dans un monde féerique, protégée par des palissades. En outre, les sentiments de Nemours apparaissent sur le mode hyperbolique* : « le plus beau lieu du monde », « admirait », « c'est ce qui n'a jamais été goûté ni imaginé par nul autre amant ». La prétérition « on ne peut exprimer ce que sentit Monsieur de Nemours » insiste aussi sur le caractère inégalable de ses émotions. Enfin, l'hésitation qu'il éprouve à aller parler à la princesse met en évidence une forme de retenue qui vise à respecter la femme aimée. **[transition]** Si le point de vue* interne permet de rendre compte de l'intensité des sentiments amoureux du duc, ce sont les objets qui trahissent ceux de la princesse.

Toute référence à l'histoire et à la culture est bienvenue dès lors qu'elle est justifiée. Vous pouvez aussi insérer une citation.

[annonce de la deuxième sous-partie] Le sentiment amoureux de la princesse de Clèves s'extériorise grâce à ses actions. En effet, les verbes conjugués au passé simple marquent les différentes actions de la princesse qui trahissent son amour : « elle en choisit quelques-uns [des rubans] », « elle se mit à regarder ce portrait ». La princesse de Clèves, si vertueuse, n'apparaît pourtant pas totalement imparfaite puisque le narrateur souligne le mensonge de cette dernière qui a feint de ne pas savoir à qui appartenait la canne des Indes. Quoi qu'il en soit, on observe un décalage entre les deux personnages :

Variez l'analyse des procédés : champs lexicaux, choix des temps verbaux, ponctuation, tonalité, etc.

Nemours observe directement la femme qu'il aime tandis que l'amour de la princesse de Clèves pour le duc est médiatisé par des objets. **[transition]** Elle ne contemple le duc que de façon indirecte, ce qui peut déjà annoncer le dénouement.

[annonce de la dernière sous-partie] Cet extrait annonce le fait que la princesse de Clèves ne cédera jamais aux avances de Nemours. En effet, elle semble se satisfaire de cette relation amoureuse non réelle. La princesse de Clèves apparaît bien comme une héroïne classique (au sens de « conforme à l'esthétique du classicisme ») parce qu'elle place la raison au-dessus des passions. Même à la mort du prince de Clèves, la princesse ne cédera pas à son désir et demeurera vertueuse. L'extrait suggère déjà que cet amour ne sera pas consommé. À la fin de l'extrait, alors que Nemours s'apprête à « lui parler », Madame de Clèves ne voit en lui qu'une sorte d'apparition fantomatique et fantasmée comme l'indique le modalisateur d'incertitude « crut » dans l'expression « elle crut le reconnaître ». Madame de Clèves retourne auprès de ses femmes. La relation demeurera dans l'ordre du virtuel et de la rêverie.

← Donnez la définition d'un terme important.

← Sautez une ligne avant la conclusion et faites un alinéa.

[rappel de la problématique] Nous avons donc vu en quoi cette scène marque à la fois le rapprochement et l'impossible amour entre les deux amants. **[rappel des grandes idées développées]** Cette scène de voyeurisme repose sur tout un jeu de regards puisque Nemours espionne à la dérobée la princesse qui est elle-même plongée dans la rêverie contemplative du tableau le représentant. Cette scène conduite sous le point de vue* interne au duc permet de révéler l'intensité du sentiment amoureux des deux personnages. Toutefois, la princesse, fidèle aux valeurs classiques, se satisfait de cette seule relation indirecte avec Nemours. **[ouverture vers la suite du roman]** Cette scène est capitale dans la mesure où le mari pensera, grâce au témoignage de l'espion resté bloqué à l'entrée de la propriété, que Nemours a rejoint la princesse. Fou de jalousie, il mourra de chagrin.

← Construisez bien votre interrogative indirecte (sans inversion du sujet ni point d'interrogation).

← Ouvrez sur la suite du roman ou sur une autre œuvre qui aborde la même thématique.

CHAPITRE 2

La dissertation

La dissertation est l'un des deux sujets de l'épreuve écrite du bac de français. **Faire une dissertation** dans le cadre de l'épreuve du bac consiste à conduire une **réflexion personnelle organisée** sur une question littéraire portant sur l'une des œuvres au programme et son parcours.
Cet exercice d'argumentation demande de bien connaître les œuvres étudiées pendant l'année et de faire preuve de **rigueur** dans son raisonnement.

1 Comprendre l'exercice

A Qu'est-ce qu'une dissertation ?

Les objectifs

- **Répondre à la question posée.** Pour éviter le hors sujet, répondez à la question posée sans plaquer vos connaissances.
- **Produire un raisonnement organisé.** Disserter c'est produire un **raisonnement** long et **organisé**, qui progresse dans la résolution de la question qu'il ne faut jamais perdre de vue. Ce n'est pas traiter un thème, mais **résoudre** un problème. Il faut analyser la question posée, comprendre la problématique qu'elle contient et organiser son raisonnement en utilisant ses connaissances.
- **Proposer un devoir argumenté.** Le devoir doit comporter **deux ou trois parties** qui répondent à la question, qu'on appelle aussi problématique. La réflexion est toujours **argumentée**. Chaque interprétation doit être justifiée par des **références** précises à l'œuvre étudiée et par des **connaissances** sur le parcours et l'histoire littéraire.

> **Rappel**
> La **dissertation** est un exercice d'**argumentation.**

B Pourquoi choisir la dissertation ?

Les avantages de la dissertation

- **Un exercice rassurant.** Le sujet de la dissertation sera directement en lien avec l'intitulé du parcours qui aura été étudié en classe. On attend du candidat qu'il soit capable de remobiliser les savoirs acquis tant dans les cours consacrés à l'œuvre que dans ceux consacrés au parcours.

- **Une dissertation sur l'œuvre et son parcours.** La dissertation porte sur l'œuvre au programme ainsi que sur les textes étudiés dans le cadre du parcours. Elle mobilise votre culture personnelle.
- **Un espace de liberté.** La dissertation laisse une certaine liberté dans les éléments que vous souhaitez convoquer pour illustrer votre **propos**.

Les erreurs à éviter

- **La récitation du cours.** Évitez d'énumérer toutes vos connaissances de l'œuvre et de son parcours sans **répondre** à la question posée et en oubliant le sujet.
- **La narration ou le résumé.** Veillez à ne pas **raconter** l'intrigue de l'œuvre. Commentez plutôt l'écriture de l'œuvre et ses thématiques.

Conseil

Pour éviter de réciter votre cours, demandez-vous systématiquement si l'**idée** que vous souhaitez exploiter répond à la **problématique**.

C Quelles sont les attentes des correcteurs ?

La dissertation valide des **compétences** acquises durant toute votre scolarité.

Compétence	Mise en œuvre
Construire une réflexion argumentée	Proposer un plan (introduction + développement + conclusion) avec des transitions.
Mobiliser sa culture littéraire	– Situer l'œuvre dans son époque. – Dégager le contexte historique et culturel de l'œuvre. – Définir le genre de l'œuvre.
Aptitude à lire, analyser et interpréter un texte	– Éviter de faire un récit ou résumé de l'œuvre. – Dégager la structure de l'œuvre. – Analyser le sens et la spécificité de l'œuvre.
Maîtrise de la langue et expression	– Construire des phrases correctes. – Soigner son orthographe. – Utiliser un vocabulaire littéraire précis et approprié.

2 Analyser le sujet

A Identifier l'œuvre et le parcours associé

Vous devez nécessairement :

- **Identifier l'objet d'étude.** Déterminez d'abord à quel objet d'étude l'œuvre appartient. L'objet d'étude relève-t-il du théâtre, du récit, de la poésie ou de la littérature d'idées ?
- **Identifier avec précision l'œuvre et son parcours associé.**
  – Rappelez-vous l'**intitulé** exact du parcours.
  – Listez **les extraits des textes** étudiés en classe et susceptibles d'appuyer votre argumentation.
  – Listez les **enjeux** de ces textes en lien avec le sujet.

Conseil

Consacrez une feuille de **brouillon** à l'**analyse** complète du **sujet** que vous aurez réécrit au préalable en évidence en haut de la feuille.

B Comprendre et définir les termes du sujet

Les différentes formes du sujet

Le sujet se présente généralement sous la forme d'une **question** ou d'une **affirmation**. Il peut aussi, plus rarement, être une **citation**. Il est éventuellement accompagné d'une **consigne** destinée à vous guider.

Analyser le sujet

- **Les présupposés du sujet.** Un sujet de dissertation se décode. Commencez par définir les **mots-clés**. Déterminez leur **sens** mais aussi ce qu'ils **sous-entendent** en les mettant en relation avec vos **connaissances** de l'œuvre et du **parcours associé**. Par exemple, l'adjectif « romantique » renvoie à une époque (le XIXe siècle), à plusieurs genres (roman, théâtre, poésie), à des thématiques (nature, expression de soi, etc.), à des auteurs célèbres (Victor Hugo, Alfred de Musset).
- **Les oppositions et les correspondances.** Repérez les **relations** entre les différents **mots-clés** et cherchez les oppositions et les ressemblances. La problématique recèle souvent une **tension**. Par exemple, le sujet peut porter sur le fait qu'un poète s'empare d'un élément trivial pour le transformer en matière poétique.

Attention !

Bien **analyser** le sujet permet d'éviter le **hors-sujet.**

C Déterminer la problématique

- **La question posée** par le sujet contient votre **problématique** qui doit être clairement définie dans l'introduction. Elle est déterminante, c'est votre fil conducteur.
- **Les enjeux du sujet** doivent apparaître clairement dans votre problématique. Mettez en valeur les **mots-clés** et les **paradoxes** ou les **similitudes** en les reformulant.

3 Organiser la dissertation

A Rassembler ses idées au brouillon

La dissertation doit être **structurée.** N'écrivez pas votre devoir au fil de la plume sous peine d'être sanctionné pour votre manque d'organisation.
Les feuilles de brouillon sont fournies le jour de l'épreuve.
Il est **inutile** d'écrire la totalité de votre devoir au brouillon. Celui-ci vous permet de **structurer vos idées**.
Organisez votre brouillon en plusieurs pages :

Brouillon Page 1	L'analyse du sujet et sa problématique
Brouillon Page 2	Les arguments et les exemples
Brouillon Page 3	L'élaboration du plan
Brouillon Page 4	L'introduction et la conclusion rédigées

B Bâtir un plan

Les critères d'évaluation

Le correcteur évalue votre plan selon les **critères** suivants :

- **D'un point de vue externe,** le correcteur vérifie si votre plan permet de répondre à la **problématique** et s'il est **pertinent** par rapport aux enjeux de l'œuvre et du parcours.
- **D'un point de vue interne,** le correcteur vérifie la **logique** de votre plan qui doit progresser de manière **cohérente**. Les passages d'une partie à l'autre doivent être **justifiés**.

La question posée par le sujet

Le **sujet** se présente sous la forme d'une **question**. Le choix du **plan** dépend de la **question** posée par le sujet ou de la problématique que vous aurez dégagée de la citation.

Pour trouver un plan adapté, **analysez** d'abord la manière dont la question est posée. **Trois types** de question sont possibles.

- **La question qui induit le plan.**

  Ex. : Les fables cherchent-elles plutôt à plaire ou à instruire le lecteur ?

Les questions qui reposent sur une alternative vous demandent d'analyser les deux réponses possibles. Vous pouvez proposer une troisième partie facultative qui permet de dépasser l'opposition.

Partie 1 : Certes, les fables cherchent avant tout à plaire.

Partie 2 : Mais les fables visent aussi à instruire le lecteur.

Partie 3 : Le fait de plaire aide à persuader le lecteur et permet de mieux faire passer un message critique.

- **La question fermée.**

  Ex. : La comédie cherche-t-elle seulement à faire rire le spectateur ?

Partie 1 : Certes, la tonalité comique se caractérise avant tout par le fait de susciter le rire, sous toutes ses formes, du spectateur.

Partie 2 : Mais la comédie cherche également à instruire et à corriger les mœurs.

- **La question ouverte.**

  Ex. : Quel intérêt y a-t-il à présenter des personnages romanesques qui s'opposent à la morale de leur époque ?

Partie 1 : Le fait qu'un personnage s'oppose de façon individuelle à la morale dominante fait de lui un être complexe digne d'intérêt pour le lecteur. C'est l'occasion d'explorer l'intériorité de ce personnage.

Partie 2 : Le fait de présenter un personnage qui s'oppose à la morale dominante permet au lecteur de réfléchir à la norme sociale.

Les différents types de plan

Deux types de plan sont possibles.

- **Le plan dialectique.** Vous pouvez avoir recours à ce type de plan si votre sujet pose une question telle que : « Pensez-vous que...? » ou s'il comporte une citation.

Attention !

Vos **deux premières parties** ne doivent pas se contredire. La formule « Certes… Mais » permet d'éviter ce risque.

Partie 1	Les arguments abondant dans le sens du sujet : *Certes...*
Partie 2	Les contre-arguments permettant de nuancer (ou de nier) les arguments de la première partie : *Mais...*
Partie 3 (facultative)	Une réflexion tirant les enseignements des deux précédentes parties et ouvrant sur un nouveau questionnement : *Car...* ou *Donc...*

- **Le plan thématique.** Celui-ci permet de classer ses idées par **thème** ou par grand domaine d'idées.
  Vous devez déterminer les deux ou trois **grandes parties** du plan, puis les **sous-parties** de chaque partie. Les sous-parties sont des **arguments** qui étayent l'idée directrice de la partie.
  Ex. : Pourquoi peut-on affirmer que le poète est un alchimiste du verbe ?
  – **Partie 1 :** Le poète est un alchimiste du verbe car ses brouillons sont des laboratoires et qu'il est un créateur.
  Sous-partie 1 : Parce que... (raison 1)
  Sous-partie 2 : Parce que... (raison 2)
  Sous-partie 3 : Parce que... (raison 3)
  – **Partie 2 :** Le poète est un alchimiste car sous sa plume la « boue » se métamorphose en « or ».
  Sous-partie 1 : Parce que... (raison 1)
  Sous-partie 2 : Parce que... (raison 2)
  Sous-partie 3 : Parce que... (raison 3)

C Argumenter efficacement

Des arguments variés

Vos arguments, précis et variés, doivent témoigner de votre culture personnelle. Vous pouvez vous appuyer sur :

- **Les citations** tirées de l'œuvre au programme, des extraits travaillés dans le cadre du parcours ou de votre lecture cursive.
- **La connaissance** des **personnages** et de l'**intrigue** ainsi que les **extraits** de l'œuvre situés avec précision (si besoin expliquez brièvement la situation, mentionnez le titre du poème ou le numéro du chapitre, etc.).
- **La biographie de l'auteur** lorsque c'est justifié.
- **Le courant littéraire** pour contextualiser et expliquer l'œuvre.
- **Les exemples et les citations** tirés des textes du **parcours** associé.
- **Les prolongements et les œuvres d'art** étudiés en classe.

Rattachez chaque argument à votre **raisonnement** et montrez en quoi il répond à la problématique. Vous éviterez ainsi de réciter votre cours.

Des arguments organisés

Organisez vos idées et vos exemples du plus **simple** au plus **complexe**, du plus **évident** au plus **subtil**.

> **Conseil**
>
> Sur votre brouillon, construisez un **tableau** comportant deux colonnes : listez vos **connaissances** dans la première colonne et en quoi ces connaissances répondent à la **problématique** dans la seconde colonne.

4 Rédiger la dissertation

Les trois parties

- **La dissertation comporte trois parties :** l'**introduction** (rappel de l'œuvre et du parcours, problématique et annonce du plan) ; le **développement** et la **conclusion**.
- **Le développement** s'organise en **deux** ou **trois grandes parties**, elles-mêmes divisées en **deux** ou **trois sous-parties.** Au total, la dissertation comporte **six sous-parties.**
- **Deux types de plan** sont possibles :
  – un plan de **2 grandes parties** composées chacune de 3 sous-parties
  – un plan de **3 grandes parties** composées chacune de 2 sous-parties.

> **À savoir**
>
> La **présentation** de la **dissertation** (introduction, parties, sous-parties, conclusion) est la même que celle du commentaire.

D L'introduction

L'introduction est la **vitrine** de votre commentaire : soignez-la pour inciter le correcteur à **poursuivre** sa lecture. À la fin de l'introduction, il sait déjà si vous avez compris le sujet, si votre problématique est pertinente et si vous maîtrisez les codes de l'exercice.

L'introduction est un paragraphe d'une **quinzaine** de lignes qui respecte **quatre étapes** allant du **général** au **particulier** : l'introduction a une forme d'**entonnoir**.

Les composants de l'introduction

- **L'amorce** est une phrase générale qui **introduit** le texte. Vous avez plusieurs possibilités :

  – **partir d'une citation.**

  Ex. : « Tu m'as donné ta boue et j'en ai fait de l'or » écrit Baudelaire dans le dernier vers de « Ébauche d'un épilogue » pour la deuxième édition des *Fleurs du Mal*. Par cette citation, Baudelaire définit l'alchimie poétique.

  – **annoncer la thématique** en la **contextualisant.**

  Ex. : Le lyrisme est une tonalité héritée de l'Antiquité qui caractérise la poésie. Le terme vient du mot « lyre », en référence à Orphée.

- **Reliez le sujet à l'intitulé du parcours.**
- **La problématique.** La problématique doit apparaître clairement dans votre introduction. Elle se présente sous la forme d'une **question**, directe ou indirecte (voir page 254).

  Ex. : « Ainsi, nous nous demanderons... »

  Développez en quelques lignes l'**analyse** de votre problématique pour bien montrer que vous avez compris la question posée.

> **Rappel**
> N'oubliez pas de **souligner le titre** des œuvres. Pour la poésie, soulignez le titre du recueil et placez entre guillemets le titre du poème.

- **L'annonce du plan.** Annoncez les **grandes parties** de votre dissertation sans mentionner les sous-parties. Dans le cas d'un **plan dialectique**, insistez sur l'**enchaînement logique** des parties et utilisez des mots de liaison (*Certes..., mais...*). Dans le cas d'un **plan thématique**, employez plutôt des mots de liaison qui évoquent le **classement** ou la **juxtaposition** (*tout d'abord, ensuite, enfin, dans un premier temps, dans un second temps, d'une part, d'autre part*).

E Le développement

Recopiez votre introduction au propre puis passez à la rédaction du développement. Ne recopiez pas les **titres** des parties et des sous-parties que vous avez indiqués sur votre brouillon. Ces titres sont intégrés à votre commentaire sous forme de phrases. La **mise en pages** permet au correcteur de reconstituer les étapes de votre raisonnement.

Les paragraphes

Votre dissertation doit se diviser en plusieurs **paragraphes** commençant tous par un **alinéa**. Au total, votre dissertation comporte **8 paragraphes** : 1 paragraphe d'introduction, 6 paragraphes pour les 6 sous-parties et 1 paragraphe de conclusion.

N'oubliez pas de **sauter une ligne** après l'introduction, entre chaque grande partie et avant la conclusion.

Les sous-parties

- **La forme de la sous-partie.** Chaque grande partie est composée de plusieurs sous-parties qui permettent de détailler l'idée directrice de la grande partie. La sous-partie forme un **paragraphe** d'une quinzaine de lignes commençant par un **alinéa**.
- **Exemples et citations.** Une sous-partie repose toujours sur des exemples précis et des citations tirées des textes travaillés en classe, qu'il s'agisse d'extraits de l'œuvre au programme, d'extraits vus dans le cadre du parcours ou de références à une éventuelle lecture cursive. Les citations sont entre guillemets et doivent s'intégrer parfaitement à vos phrases. Évitez de mentionner vos citations entre parenthèses.
- **Le contenu de la sous-partie.** Chaque sous-partie développe un **argument** répondant à la problématique. Elle s'appuie sur trois ou quatre **exemples**. Pour structurer votre sous-partie autour d'une idée, utilisez des **connecteurs logiques** : *en premier lieu, toutefois, de plus,* etc.

La transition

La transition fait le lien entre ce qui vient d'être dit et ce qui suit. Elle dresse un bilan et annonce la suite.

Ex. : « Il est vrai que l'œuvre... [première partie], mais nous devons tenir compte de... [seconde partie]. »

Rappel

Dans une dissertation, n'utilisez pas le *je*, mais dites plutôt *nous*.

F La conclusion

La conclusion forme un **paragraphe** d'une quinzaine de lignes qui **clôt** la dissertation et laisse au correcteur la dernière impression. Elle s'organise en **trois étapes**.

- **Le rappel de la problématique** énoncée dans l'introduction.
- **La réponse à la problématique.** En quelques lignes, répondez clairement à la problématique posée. Dressez un **bilan** de votre dissertation en reprenant les étapes importantes de votre raisonnement.
- **L'ouverture** est facultative, mais elle est bienvenue. La conclusion ouvre votre raisonnement sur une **perspective** plus large. Vous pouvez évoquer au choix :
  – **une œuvre** en lien avec votre sujet ;
  – **la référence à une lecture cursive** ;
  – **une œuvre artistique**.

AUTO-ÉVALUATION

Cochez les cases de cette fiche pour vous assurer que votre devoir réunit bien tous les ingrédients d'une dissertation réussie.

	Oui	Non
Présentation et expression		
1) La graphie est lisible.		
2) Le titre des œuvres est souligné.		
3) Les parties sont bien démarquées (sauts de ligne).		
4) Chaque paragraphe commence par un alinéa.		
5) L'expression est correcte.		
6) La copie a été relue.		
Introduction		
1) L'amorce est en lien avec le sujet.		
2) Le sujet est cité et analysé puis problématisé.		
3) L'introduction se termine par l'annonce du plan.		
Développement		
1) Le développement comporte 6 sous-parties.		
2) Le plan est clair et logique.		
3) Les exemples sont riches et variés, tirés de l'œuvre et du parcours.		
4) Les œuvres sont analysées et non racontées.		
5) Les arguments sont précis et variés.		
6) Toutes les idées répondent à la problématique.		
7) Les phrases s'enchaînent grâce à des connecteurs logiques.		
8) Les transitions sont faites entre les parties et les sous-parties.		
Conlusion		
1) La problématique est rappelée.		
2) La réponse/bilan reprend les principaux arguments.		
3) La dissertation se termine par une ouverture.		
TOTAL	**.../20**	

SUJET DU BAC CORRIGÉ

Dissertation	20 pts	*Œuvre : Cahier de Douai* d'Arthur Rimbaud *Parcours :* Émancipations créatrices	4 h

« On n'est pas sérieux, quand on a dix-sept ans ». C'est ainsi que s'ouvre le poème « Roman » tiré du premier cahier. Dans quelle mesure cette citation éclaire-t-elle votre lecture du *Cahier de Douai* d'Arthur Rimbaud ?

Vous répondrez à cette question dans un développement organisé en vous appuyant sur le *Cahier de Douai*, sur les textes que vous avez étudiés dans le cadre du parcours associé, et sur votre culture personnelle.

Corrigé commenté

[amorce de l'introduction] « L'homme aux semelles de vent » : c'est ainsi que Verlaine surnomme Rimbaud. La métaphore associe d'emblée le poète au voyage et à son goût pour l'ailleurs. **[présentation de l'œuvre]** C'est lors d'une fugue, alors adolescent, que Rimbaud dépose une liasse de poèmes à l'éditeur Demeny, poèmes qui deviendront le *Cahier de Douai*. **[analyse du sujet et problématique]** Au début du poème intitulé « Roman », tiré du premier cahier, on peut lire le vers suivant, resté célèbre : « On n'est pas sérieux quand on a dix-sept ans. » La négation totale met en avant le sentiment d'opposition du poète. Ce vers place alors le recueil sous le signe de l'insouciance adolescente. Il s'agira dans ce travail de tenter de définir ce qu'on entend par « sérieux » et de voir dans quelle mesure cette citation éclaire notre lecture du *Cahier de Douai*. **[annonce du plan]** Si le recueil est marqué par une innocence et une légèreté propres à l'adolescence qui s'éloignent *a priori* de toute forme de « sérieux », certains poèmes abordent toutefois des thèmes engagés à travers une tonalité plus grave. Enfin, il s'agira de voir que plutôt qu'une négation du « sérieux », les poèmes peuvent se lire comme le reflet d'un goût pour la liberté qui se traduit par une émancipation poétique.

Faites attention à la syntaxe de l'interrogative indirecte : elle ne comporte ni sujet inversé ni point d'interrogation.

Sautez une ligne après l'introduction.

[annonce en une phrase de l'idée directrice de la partie 1] L'alexandrin « On n'est pas sérieux quand on a dix-sept ans » éclaire pleinement la lecture du recueil. [annonce de la première sous-partie] Tout d'abord, la négation insiste sur le constat d'une adolescence marquée par un rejet du « sérieux ». [développement des arguments avec exemples] Le terme « sérieux » est d'ailleurs mis en avant grâce à la diérèse : il faut compter trois syllabes pour *sé/ri/eux*. Dans le recueil, le sérieux semble associé au monde des adultes et en particulier des parents, tandis que l'insouciance, notamment marquée par la sensualité et l'éveil des sens, renvoie à la jeunesse. Ainsi, le poème « Roman » narre la rencontre entre le narrateur-poète, « immensément naïf », et une jeune femme qui « passe [...] / Sous l'ombre du faux-col effrayant de son père ». On notera ici l'hypallage sur « effrayant » qui renvoie grammaticalement à « faux-col » mais sémantiquement au père. On retrouve également le thème de la sensualité dans le dialogue « Les Réparties de Nina » : « Dix-sept ans ! Tu seras heureuse ! » L'éveil aux premiers émois amoureux se lit enfin dans « Rêvé pour l'hiver » qui ouvre le second cahier et met en scène un voyage en train en compagnie d'une femme désignée par « Elle » dans la dédicace. Le poème prend alors un tour enfantin, transformant les baisers en une « petite bête » qui parcourt les corps. L'expression, souvenir de la comptine « la petite bête qui monte », nous replonge dans l'enfance. Le poème renoue avec la fraîcheur enfantine sans se prendre au sérieux. [transition] Si le poète ne semble pas sérieux, au sens de « raisonnable », c'est aussi en raison de son désir de tout quitter.

Pensez à placer les titres des poèmes entre guillemets.

La transition est l'occasion de revenir sur le sujet posé et de faire le lien entre deux sous-parties ou parties.

[annonce de la deuxième sous-partie] Le recueil est marqué par les fugues de Rimbaud dont le poète rend compte. [développement des arguments avec exemples] Le poète n'est « pas sérieux », cherchant à échapper à l'éducation stricte de sa mère. Le recueil dessine le portrait de Rimbaud en artiste bohème et poète vagabond. « Sensation » met déjà en scène un poète rêveur qui tente de fuir comme l'indique le futur à valeur prophétique « j'irai », renforcé par l'adverbe intensif « bien » : « Par les soirs bleus d'été, j'irai dans les sentiers [...] / Et j'irai loin, bien loin, comme un bohémien. » La figure de l'artiste bohème, qui donne son titre au dernier poème du deuxième cahier, encadre donc l'ensemble du recueil. Du reste, soulignons que « Ma Bohème » est d'ailleurs sous-titré « fantaisie », le terme désignant une forme musicale libre qui, de fait, contraste avec toute forme de sérieux. Le poète se désigne alors comme « Petit-Poucet rêveur ». La périphrase renvoie au monde onirique des contes. Enfin, le poème « Au Cabaret-Vert, cinq heures du soir » revêt une forte dimension autobiographique. Le poète décrit une saynète croquée sur le vif : le moment de détente dans un café, lorsque la serveuse apporte du « jambon rose et blanc ». Le thème, dans sa simplicité et son prosaïsme, éloigne de tout élan lyrique vraisemblablement jugé trop sérieux. **[transition entre la partie 1 et la partie 2]** Si l'image du poète adolescent vagabond parcourt le recueil et renoue avec un ton qui se place du côté de la fantaisie, de la légèreté, voire de la badinerie, certains poèmes sont profondément marqués par le sérieux, du fait de la gravité des thèmes abordés.

Apprenez quelques citations-clés. Elles vous aideront à appuyer votre argumentation sur des références précises.

Sautez une ligne entre les grandes parties.

[annonce de l'idée directrice de la partie 2] Le recueil rend compte de la grande maturité de Rimbaud qui peut aussi adopter un ton « sérieux ». **[annonce de la première sous-partie]** Plusieurs poèmes sont sérieux en raison de la thématique choisie. **[développement des arguments avec exemples]** Un des poèmes les plus connus de Rimbaud reste sans doute « Le Dormeur du Val », composé en octobre 1870. Il se situe au début du deuxième cahier. Ce sonnet décrit à première vue un homme qui dort. Le lecteur ne comprend qu'au dernier vers qu'il s'agit d'un soldat qui est mort. Cette stratégie de la fausse piste, marquée par la chute finale, participe du tragique du poème qui se mue en une véritable critique de la guerre et fait écho à la défaite française de la bataille de Sedan, ville située à quelques kilomètres de Charleroi, lors de la guerre franco-allemande. De plus, dans une tout autre tonalité, le poème « Les Effarés » décrit avec indignation cinq enfants misérables et affamés

Il est important de connaître la structure du recueil et de préciser la place de chaque poème.

qui regardent le boulanger faire son pain. Dans ces deux exemples, l'adolescent révolté par la guerre et la misère décrit en le critiquant le monde qui l'entoure. [transition] Le recueil peut aussi se lire de manière sérieuse, le terme « sérieux » étant cette fois pris dans le sens d'appliqué et minutieux, dans la mesure où Rimbaud s'inscrit dans toute une tradition littéraire.

Une définition des termes du sujet est toujours bienvenue.

[annonce de la deuxième sous-partie] Derrière un ton parfois désinvolte, on lit aussi le travail de l'excellent élève qu'était Rimbaud, marqué par le style de grands auteurs. [développement des arguments avec exemples] Son professeur de rhétorique Georges Izambard, avec qui il se lie d'amitié, lui ouvre d'ailleurs sa bibliothèque et lui fait découvrir *Les Misérables* de Victor Hugo. Rimbaud s'attache aussi à peindre certaines figures de misérables, dont il fait lui-même partie ! Par ailleurs, « Le Dormeur du Val », sonnet en alexandrins à rimes régulières, témoigne d'une grande maîtrise de la versification. Enfin, on peut s'attarder sur le poème « Ophélie » qui participe à l'élaboration du mythe de ce personnage tiré de *Hamlet* de Shakespeare. Ophélie meurt (se suicide ?) par amour et par folie. Le poème d'inspiration parnassienne se fait *ekphrasis* (description précise et détaillée d'une œuvre d'art) du célèbre tableau de Millais représentant Ophélie, noyée, au milieu des fleurs. Ophélie se présente sous la plume de Rimbaud comme un double idéalisé du poète : « Tes grandes visions étranglaient ta parole / – Et l'Infini terrible effara ton œil bleu ! » Cette quête de l'« Infini », aux accents baudelairiens, rend compte de la quête poétique mais sans doute aussi de la dérive du poète. [transition] Finalement, il ne s'agit pas d'évincer toute forme de « sérieux » pour lire ce recueil mais plutôt de nuancer la citation « on n'est pas sérieux quand on a dix-sept ans » en montrant comment les poèmes, loin de nier toute forme de « sérieux », viennent en réalité affirmer un goût pour la liberté, quel que soit le ton employé.

N'hésitez pas à reprendre des éléments d'analyses vus en explication de texte au cours de l'année.

Sautez une ligne entre les grandes parties.

[annonce de l'idée directrice de la partie 3] Au-delà de l'opposition entre poèmes sérieux / poèmes badins, ce qui semble unifier le recueil réside bien plutôt dans une volonté d'émancipation. [annonce de la première sous-partie] Tout d'abord, on peut prendre l'exemple du sonnet « Vénus Anadyomène ». Ce poème de facture traditionnelle est un sonnet en alexandrins. Le titre annonce l'ancrage dans tout un héritage littéraire : le poète, comme le peintre de la Renaissance italienne Botticelli, décrit Vénus qui sort de l'eau. Toutefois, Vénus ne sort pas de la mer mais d'une « vieille baignoire ». Son corps est marqué par l'irrégularité et la laideur, « avec des déficits assez mal ravaudés ». Il s'agit sans doute d'une prostituée et c'est son tatouage, *Clara venus*, qui l'apparente à l'illustre Vénus antique. Le lecteur change de regard au fur et à mesure de sa lecture. Il est d'abord surpris par le décalage et le ton parodique du sonnet qui fait rimer « Vénus » avec « anus ». Pourtant, le poète transforme le laid en beau et semble prendre plus sérieusement la défense de cette figure de misérable rongée par la maladie. [transition] Cet exemple montre combien le poète adolescent cherche une nouvelle forme de beauté. Son émancipation est d'abord et avant tout poétique.

Rappelez-vous que les sujets proposés sont toujours en lien avec l'intitulé du parcours.

Pensez aussi à vous placer du côté du récepteur, c'est-à-dire du lecteur, pour interpréter vos exemples.

[annonce de la deuxième sous-partie] Que ce soit dans les formes ou les thématiques employées, Rimbaud semble être en quête d'une beauté nouvelle, quête à laquelle il s'adonne avec « sérieux ». [développement des arguments avec exemples] Si la recherche d'une nouveauté formelle n'est sans doute pas aussi aboutie dans le *Cahier de Douai* que dans *Une Saison en Enfer* ou *Les Illuminations*, on peut néanmoins déjà lire une volonté d'émancipation des règles classiques. La variété des formes en témoigne : sonnets, dialogues, hétérométrie. Rimbaud joue sur des images insolites mais propose aussi des jeux sur les sonorités et sur les rythmes. Le prosaïsme des poèmes se traduit notamment par l'emploi faussement naïf de termes simples et très brefs : « L'hiver, nous irons dans un petit wagon rose / Avec des coussins bleus » (« Rêvé pour l'hiver »). Le poète échappe à toute forme de nihilisme. Son écriture n'est pas marquée par la négation et la seule révolte adolescente. Au contraire, il fait du prosaïsme et de l'épreuve du réel un nouveau lyrisme qui, sans doute, culmine dans « Ma Bohème », métamorphosant les élastiques « de [ses] souliers blessés » en cordes de « lyres ». Pour Rimbaud, la beauté n'est pas tant dans ce qui est décrit, que dans le geste poétique lui-même, qui peut métamorphoser la réalité.

Sautez une ligne avant la conclusion.

[rappel de la problématique] On s'était demandé en quoi la citation « On n'est pas sérieux quand on a dix-sept ans » pouvait éclairer notre lecture du *Cahier de Douai*. **[rappel des grandes idées développées]** La citation est bien sûre éclairante dans la mesure où le recueil brosse le portrait d'un poète adolescent, en fugue, qui semble dire « non » à la société bourgeoise qui l'entoure. Aussi les poèmes sont-ils fortement marqués par l'éveil des sens et de la sensualité au contact de la nature et de l'amour. Toutefois, plusieurs poèmes sont aussi à prendre très au sérieux. La description de la misère y est poignante. Il est finalement difficile de classer les poèmes en fonction de leur caractère sérieux ou non. Ce qui caractérise à la fois le ton prosaïque et la simplicité légère de certains poèmes d'une part et le ton sérieux, non dénué d'ironie, d'autre part, c'est la quête d'une nouvelle émancipation, cette fois non pas seulement personnelle mais aussi poétique. **[ouverture vers le parcours]** Cette oscillation entre sérieux et fantaisie, autodérision et sensibilité sincère, se retrouve dans le recueil *Paroles* de Jacques Prévert dont l'émancipation se fait aussi créatrice. En témoigne par exemple « La Promenade de Picasso », poème dans lequel le peintre se retrouve finalement seul face aux « terrifiants pépins de la réalité ».

Vous pouvez vous appuyer sur la lecture de l'œuvre cursive pour l'ouverture ou sur d'autres textes abordés dans le cadre du parcours.

CHAPITRE 3

L'épreuve orale

L'**épreuve orale** est composée de **deux parties** qui s'enchaînent. La première partie est un exposé qui porte sur un des textes ayant fait l'objet d'une étude approfondie pendant l'année. La seconde partie est consacrée à un entretien sur l'**œuvre choisie** par le candidat parmi les lectures cursives obligatoires.

1 Comprendre l'exercice

A Le déroulement de l'épreuve

Organisation de l'épreuve

L'examen oral dure **20 minutes.** Il est précédé d'un temps de **préparation** de **30 minutes.**

L'examen lui-même est divisé en **deux parties.**

- **Première partie de l'épreuve.** Vous devez faire un **exposé** sur un texte du descriptif que votre professeur a transmis à l'avance à votre examinateur. Celui-ci choisit un texte dans cette liste et vous en demande une explication. Il indique également sur le bordereau la question de grammaire à traiter, qui porte sur une phrase ou segment de phrase extrait du texte. Cette partie est notée sur **12 points** et dure environ **12 minutes**.
- **Seconde partie de l'épreuve.** Après avoir brièvement **présenté** l'œuvre que vous avez choisie, vous répondez aux **questions** de l'examinateur. Ce moment prend la forme d'un **dialogue**. Cette partie est notée sur **8 points** et dure **8 minutes.**

Barème

	Durée	Barème
Première partie	**12 minutes**	**12 points**
1. Brève contextualisation et lecture de l'extrait	≈ 2 minutes	2 points
2. Explication linéaire	≈ 8 minutes	8 points
3. Question de grammaire	≈ 2 minutes	2 points
Deuxième partie	**8 minutes**	**8 points**
1. Présentation de l'œuvre choisie	2-3 minutes	
2. Entretien	5-6 minutes	

B Les finalités de l'épreuve orale

Évaluer la qualité de votre expression orale

L'épreuve orale a pour objectif de vérifier votre aisance à **communiquer** : vous devez savoir **organiser** votre propos, rebondir sur les **questions** posées, être capable de développer un **propos cohérent** et utiliser un **vocabulaire** littéraire précis. N'oubliez pas que c'est un dialogue et qu'il ne faut pas hésiter à prendre la parole.

À savoir

L'examinateur sait que cet oral est le **premier** auquel vous êtes confronté durant votre scolarité. Il agira avec neutralité et **bienveillance** et saura prendre en compte votre appréhension.

Évaluer vos capacités de lecture, d'analyse et d'interprétation des textes

- **Les capacités de lecture.** Vous devez lire le texte choisi par l'examinateur à haute voix, de façon **fluide**, avec la bonne **intonation**, de façon à bien **interpréter** le texte et ses enjeux. Entraînez-vous régulièrement avant l'examen. La lecture est importante : elle témoigne souvent d'une bonne **compréhension** du texte. Vous ferez ainsi dès le début de l'entretien une impression favorable.
- **Les capacités d'analyse.** Vous devez être capable d'**expliquer** le texte et ses idées. Faites reposer votre analyse sur le travail vu en classe.
- **L'évaluation de votre sensibilité littéraire.** L'épreuve orale est l'occasion de valoriser votre **investissement** personnel, de montrer votre **curiosité** et votre intérêt pour la discipline. N'hésitez pas à évoquer les textes que vous avez aimés sans oublier d'**argumenter** vos choix. Vous pouvez faire appel également à vos **lectures personnelles** quand le lien se justifie.
- **Les capacités de réflexion.** Faites des **liens** avec d'autres œuvres artistiques, littéraires ou musicales et d'autres savoirs (histoire, sciences, etc.). Le texte doit être compris en lien avec l'œuvre et le parcours dans ce qu'il a de **singulier** et d'**original**.

  L'examinateur pourra aussi vous demander de tisser des liens avec **les enjeux contemporains**. Montrez en quoi et comment votre texte aborde des questions qui sont toujours d'actualité.

Les clés pour réussir l'épreuve orale
– Problématiser et cerner les enjeux des parcours – Connaître les 4 œuvres au programme ainsi que les lectures cursives – Connaître les textes présentés sur la liste – Savoir argumenter solidement en faveur de l'œuvre choisie – Maîtriser ses connaissances en histoire littéraire – Maîtriser les questions linguistiques (question de grammaire) – Maîtriser les principaux procédés littéraires – S'être approprié l'œuvre choisie

2 Se préparer à l'oral

A Le descriptif

L'épreuve repose essentiellement sur le **descriptif** remis en amont par votre enseignant à l'examinateur. À votre arrivée, l'examinateur en possède donc déjà un exemplaire, identique au vôtre.

Le contenu du descriptif

Le **descriptif** est organisé en **quatre parties** qui correspondent aux quatre objets d'étude (théâtre, littérature d'idées, récit et roman, poésie).

- **Le descriptif propose pour chaque objet d'étude :**
  – les **2 ou 3 explications** extraites de l'**œuvre intégrale** au programme ;
  – l'**extrait** ou les **2 extraits** étudiés dans le cadre du **parcours** ;
  – l'**œuvre** proposée en **lecture cursive**.
- **À la fin du descriptif,** le candidat doit notifier l'**œuvre** qu'il a **choisie**. Cette partie est **individuelle**.

Rappel

Vous devez **choisir vous-même** l'œuvre sur laquelle vous serez interrogé lors de la **seconde partie** de l'épreuve. Vous devez la choisir « parmi celles qui ont été étudiées en classe ou proposées par l'enseignant au titre des lectures cursives obligatoires. » (*Bulletin officiel*, avril 2019).

B Exemple de descriptif pour un objet d'étude

Objet d'étude 1 : textes ayant fait l'objet d'une étude détaillée Partie 1 de l'épreuve	
Œuvre au programme	...
Extrait 1	...
Extrait 2	...
Extrait 3	...
Parcours associé	
Extrait 1	...
Extrait 2	...
Lecture cursive	...

Le descriptif est **signé** par l'enseignant et porte le **cachet** de l'établissement. Il fait foi en cas de litige ou de contentieux.

À savoir

Pour votre épreuve orale, vous devez donc préparer **entre 16 et 20 textes au total.**

C Les documents à fournir le jour de l'examen

Le jour de votre oral, vous devez apporter les **éléments suivants** :

- **Le descriptif remis par votre enseignant.** N'oubliez pas de renseigner la partie **individuelle** concernant l'œuvre choisie éventuellement annotée.
- **Les textes qui ont fait l'objet d'une étude détaillée** et sur lesquels vous êtes susceptible d'être interrogé. Ces textes doivent être **vierges** de toute annotation. Vous pourrez néanmoins écrire dessus pendant les 30 minutes de préparation.
- **Votre convocation officielle.**
- **Votre carte d'identité ou passeport.** Vérifiez que ce document est à jour !

> **Conseil**
>
> N'oubliez pas votre **montre** pour gérer votre temps de préparation, des **crayons de couleur** pour travailler votre texte et une petite **bouteille d'eau**. Choisissez également une **tenue** adaptée et propre !

L'usage du téléphone portable n'est pas autorisé dans la salle d'examen.

3 La première partie de l'épreuve (12 points)

A La lecture de l'extrait (2 points)

La préparation de l'épreuve

- **Se préparer régulièrement au cours de l'année.** N'hésitez pas à vous proposer quand les textes sont lus à haute voix en classe. Entraînez-vous également chez vous en vous enregistrant. Vous pouvez ainsi faire ce que l'on appelle des « brouillons d'oral » pour mettre toutes les chances de votre côté !
- **Effectuer une relecture complète des textes.** Relisez à voix haute l'ensemble des textes peu de temps avant votre épreuve. Cet exercice vous évitera de buter sur les mots difficiles et les phrases complexes.

- **Définir les mots difficiles.** Recherchez dans un dictionnaire le sens des mots inconnus et apprenez-les.

La lecture le jour de l'épreuve

- **Présenter brièvement l'extrait** (auteur, date, genre, etc.). **Situez** le texte au sein de l'œuvre ou du parcours. Cette présentation doit être rapide, claire et efficace.
- **Lire le texte d'une façon expressive.** Lisez le texte correctement en **articulant** et en parlant distinctement. Cette lecture est importante, elle constitue le premier lien avec votre examinateur. Elle peut aussi vous permettre de prendre confiance. La lecture doit avoir un **rythme** fluide et un **ton** juste et expressif. Évitez une lecture trop rapide ou surjouée. Prenez votre temps, montrez que vous avez compris le texte et insistez sur les **effets de style** et les **mots importants**.

> **À savoir**
>
> L'**extrait** sur lequel porte l'explication fait une **vingtaine de lignes** environ. Si le texte proposé par votre enseignant est plus long, l'examinateur peut n'en sélectionner qu'**une partie.**

B L'explication linéaire de texte (8 points)

Les attendus de l'explication linéaire

Vous devez **analyser le texte**. Expliquez et interprétez les **passages clés** du texte. Dégagez le **sens** du texte et ses enjeux. Relevez également les **procédés littéraires**. Comme pour l'épreuve écrite du commentaire composé, décrivez l'**effet produit** par le procédé cité. N'hésitez pas à relever l'effet produit sur l'**ensemble du texte** même si votre explication est linéaire. Vous reviendrez ensuite en arrière pour poursuivre votre explication. Par exemple, lorsque vous relevez un champ lexical*, montrez son déroulement jusqu'à son terme. Reprenez ensuite votre explication linéaire à l'endroit où vous vous étiez arrêté.

> **Attention !**
>
> Pour éviter la **paraphrase,** ne racontez pas le texte, mais **analysez** et **interprétez** les procédés utilisés.

> **Conseil**
>
> Pour que votre explication linéaire ne se réduise pas à un catalogue juxtaposant les remarques, faites des **liens** entre vos idées et utilisez des **connecteurs logiques.**

Le temps de préparation

- **Respecter les 30 minutes de préparation** dont vous disposez pour l'explication linéaire ainsi que la question de grammaire.
- **Le travail au brouillon.**
  – **Prenez des notes,** listez vos idées en les marquant par des tirets. Ne rédigez pas votre explication sous peine de perdre du temps. Face à l'examinateur, votre brouillon sert de support. Vous pourrez le consulter rapidement pour vérifier que vous avez exposé toutes vos idées.
  – **Soignez la problématique**. Écrivez-la dans une autre couleur, en rouge par exemple, afin qu'elle soit bien lisible. Elle vous servira de fil conducteur. Vous devez y faire régulièrement référence, notamment pendant le développement.
  – **Présentez clairement les étapes** de votre explication en donnant un titre à chaque partie du texte.
  – **Soulignez** dans le texte **les procédés et citations** et reportez le code couleur sur votre brouillon.
  – **Numérotez** vos pages de brouillon et n'écrivez qu'au **recto** afin de ne pas vous perdre.

À savoir

Vous passez votre oral **assis** face à votre examinateur. Durant votre passage, un **autre élève** est également présent dans la salle pour préparer son épreuve orale.

Les différentes parties

L'explication forme le **cœur** de cette première partie de l'épreuve. Elle doit être **linéaire**, c'est-à-dire qu'elle suit l'**ordre** du texte, ligne après ligne.

- **L'introduction** permet de **présenter** l'œuvre, le parcours, l'extrait, de formuler une problématique et un plan. Dans le cas d'une explication linéaire, spécifiez l'**organisation** du texte dans votre plan. Celui-ci doit rendre compte des **parties** ou mouvements du texte. Le texte compte en général deux à trois parties.
- **Le développement.** Annoncez les **différentes étapes** de votre explication et précisez bien le **changement** de partie. Vous pouvez marquer distinctement le passage entre deux parties par des transitions telles que : « après avoir vu *tel* élément, nous allons passer à notre deuxième partie et étudier *tel* autre élément ». Le développement doit répondre à la problématique.
- **La conclusion.** Rappelez la **problématique** puis reprenez de façon synthétique les **étapes** de votre explication et proposez une **ouverture** sur un autre texte ou une œuvre artistique.

Se préparer efficacement

Préparez **une fiche** de révision par **texte** selon le modèle suivant :

Objet d'étude : ... **Œuvre : ...** **Parcours associé :**	
Texte n° 1 :	
1) Situer le texte – dans l'œuvre – dans le parcours	
2) Introduction – La thématique, le genre, le mouvement littéraire – Éléments essentiels de la biographie de l'auteur – Principaux enjeux du texte – Question posée par l'extrait, problématiques possibles	
3) Idées principales du texte – Les différentes parties du texte – Les enjeux de chaque partie	
4) Procédés littéraires	***Effets produits***
– les figures de style : ...	...
– les champs lexicaux* : ...	...
– les remarques sur le genre : ...	...
– la ponctuation : ...	...
– le temps des verbes et leur valeur : ...	...
– les pronoms et l'énonciation : ...	...
5) Citations – La phrase incontournable ou l'extrait court qui caractérise l'œuvre – 2 à 3 citations importantes	
6) Ouverture(s) possible(s) Choix possibles : – un autre texte de l'œuvre / du parcours – un texte tiré d'un groupement de textes complémentaires – un prolongement artistique et culturel ...	
7) Point(s) de grammaire identifié(s) en cours	

C La question de grammaire (2 points)

Les attendus de la question de grammaire

La question de grammaire vise l'analyse syntaxique d'une phrase ou d'un segment de phrase extrait du texte expliqué. La question porte prioritairement sur un des trois points suivants qui sont au programme de la classe de première :

– les **subordonnées conjonctives** utilisées en fonction de compléments circonstanciels (voir page 255) ;

– l'**interrogation** (voir page 254 et pages 276-277) ;

– l'expression de la **négation** (voir pages 275-276).

Les types de questions

La question de grammaire peut prendre la forme :

– d'une analyse logique et syntaxique ;

Ex. 1. : Faites l'analyse logique de cette phrase.

→ On attend l'identification des propositions, par exemple une principale et une subordonnée conjonctive utilisée en fonction de complément circonstanciel.

Ex. 2. : Étudiez la syntaxe dans cette phrase interrogative.

→ On attend notamment la nature et la fonction du pronom interrogatif ou l'identification d'un adverbe interrogatif comme « combien », « pourquoi ». L'examinateur attend également des remarques sur l'inversion sujet-verbe ou sur la ponctuation.

Ex. 3. : Étudiez la construction de la négation dans ce segment de phrase.

– d'une transposition.

Ex. 1. : Identifiez la proposition subordonnée conjonctive présente dans cette phrase puis transformez-la en complément circonstanciel.

Ex. 2. : Transformez cette interrogation directe en interrogation indirecte et expliquez les changements opérés.

Ex. 3. : Transformez cette phrase affirmative en phrase négative.

Se préparer efficacement

- **Des connaissances grammaticales déjà acquises.** La question de grammaire porte souvent sur un point grammatical que vous aurez déjà abordé au **collège** et **révisé** en seconde ou en première.
- **Un entraînement régulier.** Faites de rapides exercices de grammaire, avec un camarade par exemple, à partir des textes étudiés en classe.

4 La seconde partie de l'épreuve (8 points)

A La présentation de l'œuvre choisie

Le choix de l'œuvre

Le **choix** doit être fait parmi **une des quatre œuvres au programme ou une des quatre œuvre étudiées en lecture cursive.** Vous devez donc choisir une œuvre parmi les huit proposées.
Le jour de l'examen, votre choix figure déjà dans la partie individuelle de votre descriptif.

Les attendus

- **Une présentation succinte de l'œuvre choisie :** présentez le titre, l'auteur, le mouvement littéraire, le résumé, le contexte d'écriture, le genre, les tonalités* principales, etc.
- **L'exposition des raisons** de votre choix.

Se préparer efficacement

- **Préparez cette partie en amont,** avant l'épreuve et **listez les arguments** qui font que vous avez choisi cette œuvre en particulier.

Les arguments du choix de l'œuvre
– la thématique abordée – le lien avec une question qui vous intéresse tout particulièrement – l'originalité du style (énonciation, procédés, adresse au lecteur, tonalités, etc.) – le lien avec des questions d'actualité – la découverte d'un auteur / d'un mouvement littéraire / d'un univers ...

Conseil

Votre **argumentation** doit reposer sur une maîtrise des **savoirs littéraires.** Évitez les arguments banals tels que : « J'ai choisi cette œuvre parce que j'aime bien Baudelaire. » Préférez : « J'ai choisi cette œuvre parce que la forme du poème en prose me semble la plus appropriée pour renouveler le lyrisme et exprimer le « spleen » du poète. »

- **Entraînez-vous** à présenter l'œuvre choisie à un camarade. Vous pouvez également vous **filmer**.

B L'entretien

L'épreuve

L'entretien prend la forme d'un **dialogue** entre l'examinateur et vous.
L'examinateur évalue votre **réflexion** et votre **capacité** à défendre votre

choix. L'entretien peut éventuellement aborder les **activités** travaillées durant l'année, en particulier les textes complémentaires, les prolongements artistiques et culturels, les activités et projets réalisés.

Se préparer efficacement

- **Anticipez les questions** que l'examinateur peut vous poser :
  – Qu'est-ce que la lecture de cette œuvre a pu vous apporter ?
  – Dans dix ans, si vous ne deviez vous souvenir que d'un passage de l'œuvre, quel serait ce passage ?
  – Comment comprenez-vous le titre de cette œuvre ?
  – De quel personnage vous sentez-vous le plus proche ?
  – En quoi cette lecture vous permet-elle d'observer différemment le monde actuel ?
  – Auriez-vous en tête une citation de l'œuvre ?
- **Défendez vos goûts** par des arguments littéraires justifiés.
- **Révisez vos cours et vos fiches.**

5 L'épreuve orale de rattrapage (en terminale)

Si, à l'issue du premier groupe d'épreuves, vous n'obtenez pas votre baccalauréat et que vous êtes sélectionné pour le **rattrapage** (votre moyenne est alors comprise entre 8 et 10/20), vous devez choisir **deux disciplines**. Vous pouvez choisir de repasser l'épreuve de **français** au second groupe d'épreuves.

- **Coefficient : 5**
- **Temps de préparation : 30 minutes**
- **Durée : 20 minutes**
- **L'épreuve** est **identique** à l'**épreuve orale** obligatoire de français en classe de **première**. Vous devez présenter votre descriptif de textes signé par votre professeur de première et le chef d'établissement et le remettre à l'examinateur.

AUTO-ÉVALUATION

Cochez les cases de cette fiche pour vous assurer de la réussite de votre épreuve orale.

Première partie	**Oui**	**Non**
Ma lecture du texte est :		
1) audible (capacité à faire entendre ma voix et à articuler) ;		
2) fluide sans être précipitée ;		
3) expressive sans être surjouée ;		
4) adressée à l'examinateur (je regarde l'examinateur).		
Explication linéaire		
1) Ma présentation générale est efficace.		
2) Mon introduction est cohérente (auteur, titre, date, histoire littéraire).		
3) La problématique que j'ai choisie rend compte des principaux enjeux du texte.		
4) J'annonce clairement mon plan à l'oral et je précise lorsque je change de partie.		
5) Mon explication s'appuie sur des citations précises du texte et j'évite la paraphrase.		
6) Mon explication repose sur plusieurs procédés littéraires qui sont à chaque fois interprétés.		
7) Ma conclusion est claire et synthétique.		
8) Je propose une ouverture à la fin de la conclusion.		
Question de grammaire		
1) J'identifie le type de question posée : conjugaison, analyse grammaticale, analyse logique, etc.		
2) Je sais répondre à la question.		
Seconde partie		
Présentation de l'œuvre choisie		
1) Je présente de façon synthétique l'œuvre choisie.		
2) Je donne 3 ou 4 arguments littéraires qui expliquent mon choix.		
Entretien		
1) Mes réponses sont développées (bonne aptitude au dialogue).		
2) Je comprends bien les questions posées.		
3) Je mobilise des savoirs littéraires et linguistiques précis.		
4) Je suis capable d'élargir la réflexion à d'autres domaines.		
TOTAL	**.../20**	

Les objets d'étude

4. La poésie du XIXe au XXIe siècle

5. La littérature d'idées du XVIe au XVIIIe siècle

6. Le roman et le récit du Moyen Âge au XXIe siècle

7. Le théâtre du XVIIe au XXIe siècle

CHAPITRE 4 La poésie du XIXe au XXIe siècle

L'objet d'étude de la classe de première porte sur la poésie depuis l'avènement du mouvement romantique (début du XIXe siècle) jusqu'à nos jours.
Ne cessant de questionner son rapport au langage, le poète exprime avec une originalité toujours renouvelée sa **vision** du monde, son intériorité, son rapport à la **société** et ses **doutes**.
Le XIXe siècle est marqué par l'émergence d'une **poésie moderne** et le XXe siècle par l'éclosion de **diverses formes** poétiques.

1 La poésie romantique (1800-1850)

A Le romantisme

Un mouvement européen

- **Le romantisme** naît en **Allemagne** et en **Angleterre** à la fin du XVIIIe siècle. Il se diffuse ensuite en Europe durant toute la première moitié du XIXe siècle.
- **La Révolution française de 1789** explique en partie l'apparition du romantisme puisqu'elle bouscule l'ancien ordre du monde en France et en Europe. Elle fait souffler un vent de **liberté** et de contestations, mais, en France, le rêve s'émousse avec la période napoléonienne et la Restauration.
- **Le « mal du siècle »** caractérise les poètes et les artistes romantiques. Dans *René* (1802), Chateaubriand évoque le **« vague à l'âme »** qui étreint l'individu qui ne trouve pas sa place dans un monde corrompu et désenchanté. Dans *La Confession d'un enfant du siècle* (1836), Alfred de Musset explique ce **« mal du siècle »** qui atteint sa génération sacrifiée et désespérée.

> **Mot-clé**
> **« Mal du siècle » :** malaise, solitude et **désenchantement** de la génération de 1830 qui fait l'amer constat que l'affirmation du moi et de la sensibilité est incompatible avec l'environnement social.

Un mouvement artistique européen

- **Un mouvement musical.** Les compositeurs romantiques (le Polonais **Chopin**, le Hongrois **Liszt** ou encore les Allemands **Schumann** et **Brahms**) cherchent à susciter l'émotion et à rendre compte des bouleversements de l'âme grâce au **piano** notamment qui remplace le clavecin. Le développement du ***lied*** et de l'**opéra** témoigne également de cette expression lyrique.

- **Un mouvement pictural.**

– Les peintres romantiques délaissent les sujets classiques de l'Antiquité et préfèrent les **luttes sociales** et **révolutionnaires**, comme **Eugène Delacroix.** Sa peinture *La Liberté guidant le peuple* (1830), allégorie* de la Liberté, rend hommage à la révolution des Trois Glorieuses (27, 28 et 29 juillet) durant laquelle le peuple se révolte contre Charles X qui tente de restaurer l'Ancien régime. Au centre de ce tableau parisien (on devine en arrière-plan la cathédrale Notre-Dame), une femme déterminée, coiffée du bonnet phrygien et brandissant d'une main le drapeau tricolore et de l'autre un fusil, mène, dans un nuage de poussière, le peuple à la Liberté. Elle symbolise la souveraineté du peuple et la lutte pour la République. À droite du tableau, un jeune garçon, brandissant des pistolets de cavalerie, encourage les insurgés. Il évoque le jeune Gavroche que nous retrouverons trente ans plus tard dans *Les Misérables* de Victor Hugo.

Mot-clé

Lied : terme allemand pour désigner une **courte pièce musicale,** souvent un poème, chantée par une voix accompagnée d'un piano ou d'un ensemble instrumental.

Eugène Delacroix, *La Liberté guidant le peuple*, 1830, huile sur toile, 325 × 260 cm, Musée du Louvre, Paris.

– La mode est à l'**orientalisme** chez certains romantiques qui peignent le **bassin méditerranéen**. Des peintres comme Eugène **Delacroix**, Théodore **Chasseriau** et Jean-Auguste Dominique **Ingres** véhiculent l'image de guerriers héroïques et d'un **monde arabe** merveilleux et luxueux à travers leurs peintures de vie dans les harems.
– Les peintres romantiques s'emparent également du **fantastique** dans une atmosphère teintée de **mélancolie** et de nostalgie. William **Turner** (1775-1851) en Angleterre et Caspar David **Friedrich** en Allemagne peignent des **paysages étranges** qui traduisent leur intériorité. On y lit un profond sentiment de solitude baigné de doutes existentiels.

- **Un mouvement littéraire.** Le romantisme touche tous les genres* littéraires mais le genre poétique s'avère le plus approprié à l'expression des sentiments.

Citation

« Poète, prends ton luth et me donne un baiser. » Alfred de Musset, *La Nuit de mai*, 1835.
La Muse interpelle le poète et lui demande de la chanter. L'**amour** et la **musique** se trouvent au cœur de la création poétique.

B La poésie romantique

Une remise en cause du classicisme

Au début du XIXe siècle, les poètes remettent en cause les codifications et la **rigueur** du **classicisme**. Là où le classicisme prônait la raison, les auteurs romantiques tels que Alphonse de **Lamartine**, Gérard de **Nerval**, Alfred **Musset**, Victor **Hugo** ou Alfred de **Vigny** veulent exprimer leurs **émotions**.

Citation

« Qu'est-ce que ***Les Contemplations*** ? C'est ce qu'on pourrait appeler, si le mot n'avait quelque prétention, *les Mémoires d'une âme.* » Victor Hugo, préface des *Contemplations*, 1856. Le poète place ainsi son recueil poétique sous le signe des émotions et de la **subjectivité.**

Les Méditations poétiques d'Alphonse de Lamartine

- **Le succès des *Méditations poétiques*** (1820), premier recueil d'Alphonse de Lamartine, annonce le **renouveau** du genre poétique.
- **La tonalité* lyrique** se déploie. Le jeune poète, alors âgé d'une trentaine d'années, exalte ses **émotions** et exprime sa mélancolie, ses regrets, mais aussi ses moments de bonheur. La **nature** occupe une place centrale et tient le rôle de confidente du poète, comme dans le poème « Le Lac ».
- **Le terme *Méditations*,** dont on notera le pluriel, place le recueil sous le signe d'une réflexion sur la vie, la mort, l'amour. Alphonse de Lamartine tente d'accéder à une nouvelle **spiritualité**.

C Les grands thèmes de la poésie romantique

Repli sur soi ou engagement social ?

- **La question de la place du poète dans la société.** Les poètes, comme les peintres, s'interrogent : doivent-ils s'engager **politiquement** ou se tenir à l'**écart** des préoccupations contemporaines ?
- **Des aspirations contrastées.** Les poètes sont à la fois tournés sur eux-mêmes et tournés vers l'extérieur. Ils s'épanchent longuement sur leurs états d'âme, leurs émotions vécues, mais s'ouvrent aussi pleinement aux autres, s'engageant politiquement dans les **combats** sociaux et idéologiques de leur temps.
- **La quête d'un idéal** semble néanmoins unifier ces deux tendances.

	Repli sur soi	Engagement social
Buts	– Célébration des sentiments – Expression exacerbée des passions – Recherche de l'évasion	Révolte contre les injustices politiques et sociales
Quête d'un idéal		
Thèmes	Amour, solitude, mélancolie, souffrance	– Liberté – Exaltation des vertus de la jeunesse
Tonalités	Lyrique	– Polémique – Satirique
Figures du poète	Poète tourmenté, en proie au « mal du siècle »	Poète engagé dont la mission est de dénoncer la misère et les injustices

Citation

« Les plus désespérés sont les chants les plus beaux, / Et j'en sais d'immortels qui sont de purs sanglots. » Alfred de Musset, *Nuit de mai*, 1835.

- **L'engagement dans la société.** Nombreux sont les grands poètes, (Chateaubriand, Lamartine, Vigny ou Hugo) engagés dans la **vie publique**. Ainsi, Alfred de Vigny, dans son poème intitulé « Wanda. Histoire russe » (*Les Destinées,* 1864) dénonce le pouvoir abusif de Nicolas Ier de Russie et prend la défense de tous les déportés condamnés aux travaux forcés en Sibérie. Tous ces poètes considèrent leur engagement social comme une **mission** de la plus haute importance. Le poète, même s'il dit *je*, est **militant**, il parle au nom de tous.

Les thématiques romantiques

- **La nature sauvage** est un des lieux de refuge privilégiés des poètes romantiques. Le **paysage romantique** est vu comme un **miroir de l'âme du poète** : en décrivant la nature, le poète exprime métaphoriquement* ses états d'âme. Dans son poème « Le Lac » (*Les Méditations poétiques*, 1820), Alphonse de Lamartine, alors éloigné de son amante, revient seul près d'un lac où il a vécu des moments heureux avec elle. Il médite sur la fuite du temps et dépeint son chagrin. La nature est personnifiée, humanisée. Des **correspondances** se tissent entre les sentiments du poète et le paysage décrit.

Caspar David Friedrich, *Paysage nordique, Printemps*, 1825, huile sur toile, 35,3 × 49,1 cm, Hambourg, Kunsthalle.

- **La valorisation de l'imaginaire.** Les poètes créent des atmosphères **fantastiques** ou **oniriques** (qui relèvent du rêve). Aloysius **Bertrand**, dans son recueil *Gaspard de la nuit* (1842), dépeint ainsi les « prestiges » de la nuit et plonge le lecteur dans un univers médiéval sombre où il rencontre l'inquiétant nain Scarbo, une ondine séductrice qui passe des pleurs au rire et une lune déroutante qui tire la langue « comme un pendu ».

> **Œuvre-clé**
>
> **« Un Rêve » :** poème d'Aloysius **Bertrand,** extrait de *Gaspard de la Nuit* (1842), qui témoigne du goût romantique pour l'univers nocturne et inquiétant et relate trois rêves différents entrelacés.

- **Un goût pour l'ailleurs.** Les romantiques, souvent déçus par le temps présent, développent un goût prononcé pour l'**évasion** temporelle et géographique. Ils réhabilitent alors volontiers certaines époques oubliées comme le **Moyen Âge,** mais rêvent aussi d'ailleurs : la mode est à **l'exotisme** et à **l'orientalisme**. C'est l'époque où Victor Hugo publie *Les Orientales* (1829).
- **Le mélange des thématiques.** De nombreuses œuvres témoignent de l'influence de ces diverses thématiques mêlées. La poétesse Marceline **Desbordes-Valmore** dans son poème « Dors-tu ? » (*Les Pleurs*, 1833) entrelace les thèmes du rêve, de la nuit et de la nature pour exprimer sa douleur d'aimer dans un poème qu'elle adresse à l'être aimé.

Ex. : « Dors-tu ?
Et toi ! dors-tu quand la nuit est si belle,
Quand l'eau me cherche et me fuit comme toi ;
Quand je te donne un cœur longtemps rebelle ?
Dors-tu, ma vie ! ou rêves-tu de moi ? [...] »
Marceline Desbordes-Valmore, « Dors-tu ? », *Les Pleurs*, 1833.

D Victor Hugo, la figure de proue du romantisme

Un génie prolifique

Victor **Hugo** a excellé dans tous les **genres*** littéraires et toutes les **tonalités*** : le **roman** (*Notre-Dame de Paris,* 1831 ou *Quatrevingt-Treize,* 1874) ; la **poésie** romantique, lyrique, orientaliste, épique ou engagée (*Les Châtiments*, 1853) ; le **théâtre** (*Hernani,* 1830), les **discours** politiques et les œuvres **théoriques** telles que la Préface de *Cromwell* (1827) qui devient un texte majeur du romantisme. Il est également **peintre** et dessinateur.

Un écrivain engagé

- **L'engagement politique** de Victor Hugo commence tôt : monarchiste et conservateur dans sa jeunesse, il devient ensuite un **républicain** convaincu. Élu à l'Assemblée législative en 1849, il y prononce le discours *Détruire la misère* et souhaite agir en faveur des lois sociales. Chef de file de l'**opposition à Louis-Napoléon Bonaparte**, il est contraint de s'exiler à Guernesey pendant tout le Second Empire, après le coup d'État du 2 décembre 1851. Sa poésie est une **arme politique** : *Les Châtiments* (1852) sont une féroce critique de Napoléon III.

Victor Hugo
(1802-1885)

- **Défenseur des marginaux,** sensible aux souffrances humaines, Victor Hugo dénonce la **misère sociale** et défend les laissés pour compte. Il prend parti contre le travail des enfants dans « Melancholia » (*Les Contemplations*, 1856) et critique la peine de mort dans « L'Échafaud » (*La Légende des siècles*, 1859). Dans « Le Mendiant » (*Les Contemplations*), le poète porte un regard bienveillant sur un homme pauvre qu'il accueille chez lui. Par la description de son manteau, le poète le transforme en homme saint et réhabilite le marginal.

  Ex. : « [...] Et, pendant qu'il séchait ce haillon désolé
  D'où ruisselaient la pluie et l'eau des fondrières,
  Je songeais que cet homme était plein de prières,
  Et je regardais, sourd à ce que nous disions,
  Sa bure où je voyais des constellations. »
  Victor Hugo, « Le Mendiant », *Les Contemplations*, 1856.

E Les nouvelles formes poétiques

Des formes anciennes remises au goût du jour

- **La reprise de formes anciennes** tombées en désuétude répond à cet attrait pour la période médiévale. Les formes fixes du **rondeau**, de la **ballade**, de la **chanson**, de l'**ode*** héritées du Moyen Âge reviennent à la mode : *Odes et Ballades* (1826) de Victor Hugo, *Odelettes* (1832-1853) de Gérard de Nerval, « Ode » (*Méditations poétiques*, 1820) d'Alphonse de Lamartine, rondeaux d'Alfred de Musset, etc.

La naissance du poème en prose

- **Prose et poésie** ont longtemps été dissociées, voire **opposées**, la prose étant réservée aux genres romanesques, la forme versifiée au théâtre et à la poésie.
- **Avec *Gaspard de la Nuit*,** c'est Aloysius **Bertrand** qui, le premier, invente la forme du **poème en prose**. La mise en page recherchée (titres en lettres gothiques, poèmes en prose structurés en strophes*, utilisation de tirets, de blancs, d'astérisques, etc.) est au service de thèmes **médiévaux**, de sujets fantastiques et énigmatiques et d'une prose imagée. Charles Baudelaire en premier lieu, puis Arthur Rimbaud et Francis Ponge s'en inspireront.

La naissance de nouvelles formes

Pour exprimer avec plus de justesse leur sensibilité, les poètes brisent la **régularité** du vers*. Ils s'opposent aux règles de versification* des auteurs classiques qui réclamaient de la régularité et de la symétrie. Par exemple, ils déplacent la césure* qui se trouvait à l'hémistiche* (au milieu) de l'alexandrin* classique. Ils délaissent le rythme classique* (en 6/6) pour préférer le rythme ternaire (en 4/4/4). Ce type d'alexandrin, ainsi rythmé, s'appelle le **trimètre romantique**. Victor Hugo est l'un des premiers à vouloir « disloquer » le système du vers.

***Ex.* :** « Ayant levé la tête, / au fond des cieux funèbres,
→ 6/6, césure à l'hémistiche, alexandrin classique
Il vit un œil, / tout grand ouvert / dans les ténèbres »
→ 4/4/4, trimètre romantique.
Victor Hugo, « La Conscience », *La Légende des siècles*, 1859.

2 La poésie moderne au XIXe siècle (1850-1900)

Si la première moitié du XIXe siècle est marquée par la génération des poètes romantiques, la seconde voit l'émergence de la **poésie moderne** avec Charles Baudelaire, Arthur Rimbaud, Paul Verlaine ou Stéphane Mallarmé.

A Baudelaire ou la naissance de la modernité

Par son esthétique travaillée et sa profonde réflexion sur les **fonctions** de l'art, l'œuvre de Baudelaire ouvre la voie de la **modernité**.

Charles Baudelaire (1821-1867)

Un héritier du romantisme

- **La reprise des thèmes romantiques.** L'aspiration au **voyage** et à l'**évasion** se retrouve dans « L'Invitation au voyage » (1857), l'orientalisme cher aux romantiques s'exprime dans « Parfum exotique » (1857) où le poète décrit Jeanne Duval, la femme aimée.
- **Baudelaire s'inscrit dans la veine lyrique** des romantiques : il s'épanche sur son ennui, son **« spleen »** et exprime sa révolte. Mais son lyrisme est souvent plus tragique et plus **noir** que celui affiché par les romantiques.

La quête du beau

- **Les questions esthétiques** et les réflexions liées à tout ce qui touche au beau sont au cœur des préoccupations de Baudelaire. Le poète, malgré une brève implication lors de la Révolution de 1848, s'engage peu sur le terrain politique. Là où les romantiques étaient en quête du bien, notamment par leur engagement politique et social, Baudelaire est en **quête du beau**. Ce sont les **valeurs esthétiques** plus que morales qui intéressent le poète.

- *Les Fleurs du Mal* invitent le lecteur, que Baudelaire nomme son « semblable » et son « frère », à sentir ces « fleurs du mal », c'est-à-dire ces poèmes qui poussent sur le terreau du mal, de l'immoralité. Il existe pour le poète une forme de beauté dans la laideur. Baudelaire cherche ainsi à **« extraire la beauté du mal »**. Dans « Une Charogne », le poète décrit longuement l'être en putréfaction avant de le comparer à une femme.

> **Œuvre-clé**
>
> *Les Fleurs du Mal* **(1857) :** recueil de poèmes en vers de Baudelaire. Le recueil, qui fit scandale, est condamné pour **« immoralité »**, six de ses poèmes sont censurés.

La quête de l'idéal

- **L'accès à l'idéal** est au cœur de l'esthétique baudelairienne, comme elle l'est pour les romantiques. Cette aspiration à la **pureté** et à l'**idéal,** difficiles à atteindre, plonge le poète dans le **« spleen »**. *Les Fleurs du Mal* retracent le tourment du poète et ses tentatives pour échapper à sa mélancolie, à son « spleen » nourri particulièrement par l'angoisse du temps qui passe et par l'image de la femme dont Baudelaire nous dresse un portrait ambivalent, mi-ange, mi-démon.

> **Notion-clé**
>
> **« Spleen » :** mot anglais qui désigne à l'origine un organe, la rate. Dans l'Antiquité, la rate était l'organe qui contrôlait la bile noire, qui, sécrétée en trop grande quantité, déclenchait la mélancolie. Baudelaire reprend ce terme pour désigner son désespoir, sa profonde **mélancolie,** proche de la dépression.

Ex. : « [...] Ô femme dangereuse, ô séduisants climats ! / Adorerai-je aussi ta neige et vos frimas, /Et saurai-je tirer de l'implacable hiver / Des plaisirs plus aigus que la glace et le fer ? »
Charles Baudelaire, « Ciel brouillé », *Les Fleurs du Mal*, 1857.

La femme est ici comparée à un paysage empreint de contrastes. Être d'eau et de feu, de plaisirs et de souffrances, elle fascine par son ambivalence.

- **Les tentatives pour trouver des voies d'accès à l'idéal** et échapper au « spleen » sont longuement décrites :
  – **les « paradis artificiels »** (le vin, les drogues) ;
  – **la poésie** qui transcende le monde réel ;
  – **l'amour** qui permet l'évasion et le rêve.

Ex. : « [...] Ô mort, vieux capitaine, il est temps ! Levons l'ancre !
Ce pays nous ennuie, ô Mort ! Appareillons !
Si le ciel et la mer sont noirs comme de l'encre,
Nos cœurs que tu connais sont remplis de rayons.

Verse-nous ton poison pour qu'il nous réconforte !
Nous voulons, tant ce feu nous brûle le cerveau,

Plonger au fond du gouffre, Enfer ou Ciel, qu'importe ?
Au fond de l'Inconnu pour trouver du *nouveau* ! »
Charles Baudelaire, « Le Voyage », *Les Fleurs du Mal*, 1857.

Ce poème qui clôt le recueil est une invitation vers un autre monde, un monde nouveau. Cette dernière « invitation au voyage » apparaît comme l'ultime réponse au « spleen ».

Un poète moderne

- **Un peintre de la vie moderne.** Dans ses « Tableaux parisiens », Baudelaire décrit la ville et la foule, tantôt attirante, tantôt repoussante, il en montre la **dualité**. Ces poèmes renvoient à la vie de **dandy** que Baudelaire mène à Paris.

> **Mot-clé**
> **Dandy :** homme raffiné et non-conformiste qui cultive une **élégance** physique et morale.

- **Explorer la forme nouvelle du poème en prose.** Baudelaire s'inspire du **poème en prose** inventé par Aloysius Bertrand et en développe ses pouvoirs. Dans la dédicace à Arsène Houssaye, Baudelaire explique pourquoi il privilégie le poème en prose.

  Ex. : « [...] Quel est celui de nous qui n'a pas, dans ses jours d'ambition, rêvé le miracle d'une prose poétique, musicale sans rythme et sans rime, assez souple et assez heurtée pour s'adapter aux mouvements lyriques de l'âme, aux ondulations de la rêverie, aux soubresauts de la conscience ? [...] »
  Charles Baudelaire, *Les Petits poèmes en prose*, 1869.

- **Les correspondances.** L'originalité de Baudelaire tient aussi à son rapport particulier au monde. Pour lui, de nombreuses « correspondances » relient les éléments entre eux. Selon le principe de la **synesthésie** *(voir p. 65)*, il associe **divers sens** entre eux : « Les parfums, les couleurs et les sons se répondent. » Le poème « Correspondances » explique cette théorie.

  Ex. : « La Nature est un temple où de vivants piliers
  Laissent parfois sortir de confuses paroles ;
  L'homme y passe à travers des forêts de symboles
  Qui l'observent avec des regards familiers. [...] »
  Charles Baudelaire, « Correspondances », *Les Fleurs du Mal*, 1857.

B Le Parnasse

« L'art pour l'art » de Théophile Gautier

Théophile Gautier refuse les exaltations jugées trop passionnées des romantiques. Il prône une **poésie pure**, non utilitaire, au service de la beauté. Il nomme cette théorie **« l'art pour l'art »**.

Théophile Gautier
(1811-1872)

Les Parnassiens

> **Citation**
>
> « Il n'y a vraiment de beau que ce qui ne sert à rien ; tout ce qui est utile est laid, car c'est l'expression de quelque besoin et ceux de l'homme sont ignobles et dégoûtants, comme sa pauvre et infirme nature. »
> Théophile Gautier, préface, *Mademoiselle de Maupin*, 1836.

- **Le Parnasse,** formé par les Parnassiens, est en quête d'une poésie épurée dont la forme serait **parfaite**. Comme l'indique le choix du nom « Parnasse », les Parnassiens s'inspirent de l'idéal de beauté de la Grèce antique. Dans la mythologie antique, le **Parnasse** est la montagne grecque, près de Delphes, où résident Apollon et ses muses. Théophile **Gautier** (avec notamment son recueil *Émaux et Camées*, 1852), Leconte de **Lisle** (1818-1894) et José-Maria de **Heredia** (1842-1905) sont les trois grands représentants de ce mouvement. Le Parnasse compte une centaine de membres dont Baudelaire, Verlaine ou Mallarmé qui y participeront à leur début.

- **L'opposition avec les romantiques**

Objectifs romantiques	Objectifs parnassiens
Lyrisme, expression des sentiments personnels et des passions, poésie subjective.	Refus du lyrisme, volonté de créer une poésie objective et d'un formalisme parfait.
Poésie engagée : l'art au service d'une cause.	« L'art pour l'art » : de beaux poèmes non utiles.

- **Le culte de l'esthétique.** Les poètes travaillent leurs poèmes comme des **orfèvres**, dans une technique parfaite : le titre du recueil de Théophile Gautier, ***Émaux et Camées***, en témoigne ainsi que son poème « L'Art ». Le poème est ciselé à l'image d'une pierre précieuse. La métaphore* de la sculpture de marbre désigne ici les poèmes.

Ex. : « Oui, l'œuvre sort plus belle
D'une forme au travail
Rebelle,
Vers, marbre, onyx, émail.

[...] Sculpte, lime, cisèle ;
Que ton rêve flottant
Se scelle
Dans le bloc résistant ! »
Théophile Gautier, « L'Art »,
Émaux et Camées, 1852.

> **Auteur-clé**
>
> **Charles Leconte de Lisle (1818-1894)**
>
> 
>
> Ses *Poèmes antiques* (1852) célèbrent la **mythologie gréco-romaine** et ses *Poèmes barbares* (1862) les **civilisations exotiques.** Il a également traduit l'*Iliade* et l'*Odyssée* d'Homère.

- **La reprise des formes classiques.** Attirés par le passé, les Parnassiens reprennent les formes de la **ballade**, du **rondeau**, etc.
  Ils privilégient les formes classiques du **sonnet*** ou de l'**alexandrin*** (12 syllabes) pour leur richesse.

C Le symbolisme

Percer les secrets du monde

- **Le refus d'un monde rationnel.** En réaction à la démarche scientifique et documentaire du réalisme et du naturalisme, mais aussi en réaction au mouvement parnassien, les **symbolistes** sont convaincus que le **réel** n'est qu'une **illusion**, un secret à percer. Pour eux, l'art et la poésie en particulier permettent de décoder le monde.
- **L'art de la suggestion.** Grâce aux **symboles**, aux analogies, à la suggestion, à l'énigme, le langage permet d'atteindre une dimension supérieure, un monde secret. Là où les Parnassiens cherchaient à atteindre le beau, les symbolistes cherchent à **suggérer** les sensations que nous procure le monde.
- **Les correspondances.** Les symbolistes établissent des **« correspondances »** ou analogies entre les divers éléments de la nature et les cinq sens (l'ouïe, la vue, le toucher, l'odorat, le goût). La poésie met en correspondance les différents éléments cachés. L'image créée par le poète suggère des correspondances, des sensations associées appelées **synesthésies** qu'on trouve déjà chez Charles Baudelaire et dont les symbolistes comme Stéphane Mallarmé s'inspireront.

> **Mot-clé**
>
> **Synesthésie :** à l'origine, phénomène neurologique consistant à associer deux sens ou plus. En littérature, la synesthésie désigne l'**alliance** de plusieurs **perceptions sensorielles.**

Ex. : « [...] Comme de longs échos qui de loin se confondent
Dans une ténébreuse et profonde unité,
Vaste comme la nuit et comme la clarté,
Les parfums, les couleurs et les sons se répondent.

Il est des parfums frais comme des chairs d'enfants,
Doux comme les hautbois, verts comme les prairies,
– Et d'autres, corrompus, riches et triomphants [...] »
Baudelaire, « Correspondances », *Les Fleurs du Mal*, 1857.

- **Le poète, « alchimiste du verbe ».** Pour les symbolistes, le **poète** est le seul à avoir accès à ce monde inconnu dont il peut **percer le secret** en créant des formes poétiques nouvelles comme le poème en prose ou le vers libre. Il est un **« alchimiste du verbe »** (Rimbaud).

Les procédés symbolistes

- **Une poésie suggestive.** Pour les symbolistes, la poésie ne doit pas être descriptive mais suggérer le **mystère** des choses et des êtres, au-delà des apparences.

- **Une poésie musicale** est nécessaire pour suggérer. Les poètes prêtent une attention particulière aux **sonorités** et au **rythme**. Paul **Verlaine**, dans son *Art Poétique* (1884), précise que la poésie doit être « De la musique avant toute chose ».
- **Un lexique rare.** Outre l'utilisation fréquente de la métaphore* et de la périphrase*, les symbolistes utilisent des **mots rares**, raffinés et des tournures de phrases parfois très complexes. La poésie de Stéphane Mallarmé est quelquefois considérée comme difficile d'accès, voire hermétique. Seul le lecteur initié peut accéder au sens des poèmes et au mystère du monde.

> **À savoir**
> Des **poèmes symbolistes** ont été mis en **musique.** *Prélude à l'après-midi d'un faune* de **Debussy** s'inspire d'un poème de **Mallarmé.** Le compositeur est l'héritier de l'esthétique symboliste à laquelle il emprunte des thèmes et des atmosphères.

- **L'invention du vers* libre.** Les symbolistes inventent les premiers les **vers libres.** Ceux-ci permettent une plus grande fluidité. Les symbolistes développent également l'utilisation de **vers impairs** (pentasyllabes, heptasyllabes), qui étaient jusque-là très rares. Verlaine préfère ainsi au traditionnel alexandrin* des vers de 5, 7 ou 9 syllabes.

D Les « poètes maudits »

Une expression inventée par Paul Verlaine

En 1884, Paul Verlaine, dans *Les Poètes maudits*, rédige un écrit consacré à six poètes qu'il considère comme « poètes maudits » : Tristan **Corbière**, Arthur **Rimbaud**, Stéphane **Mallarmé**, Auguste de Villiers **de l'Isle-Adam**, Marceline **Desbordes-Valmore** et Pauvre **Lelian**.

> **À savoir**
> **Pauvre Lelian** est l'**anagramme** de **Paul Verlaine.** Le poète est parvenu, en mélangeant les lettres de son nom, à se reconstruire une identité placée sous le signe du poète maudit.

Le mythe du poète maudit

Dès lors, l'**image** du poète victime, tantôt génie, tantôt paria, s'impose. Le poète maudit est :

- **un poète de talent, mais incompris** et vivant dans l'échec ;
- **un marginal** rejeté par la société ;
- **un être frappé de malédictions :** solitude, pauvreté, mélancolie, folie, etc ;
- **un homme refusant les valeurs bourgeoises** de la société ;
- **un personnage à l'attitude provocante ;**
- **un poète trouvant refuge dans les addictions** (les drogues, l'alcool).

Paul Verlaine (1844-1896)

Arthur Rimbaud et Paul Verlaine, l'incarnation des poètes maudits

- **Arthur Rimbaud** symbolise l'adolescent révolté, contestataire, l'artiste **bohème** par excellence, vagabond, vivant de peu et prônant la liberté. Ses *Cahiers de Douai* (1870) rassemblent les poèmes écrits alors qu'il vient de fuguer du domicile maternel.

Ex. : « Je m'en allais, les poings dans mes poches crevées ;
Mon paletot aussi devenait idéal :
J'allais sous le ciel, Muse ! et j'étais ton féal ;
Oh ! là là ! que d'amours splendides j'ai rêvées !

Mon unique culotte avait un large trou.
– Petit-Poucet rêveur, j'égrenais dans ma course
Des rimes. Mon auberge était à la Grande-Ourse.
– Mes étoiles au ciel avaient un doux frou-frou [...] »
Arthur Rimbaud, « Ma Bohème », *Les Cahiers de Douai*, 1870.

Arthur Rimbaud (1854-1891)

Sa **relation tumultueuse** avec le poète Paul Verlaine, de dix ans son aîné, qui le blessera de deux coups de revolver, participe aussi à faire de lui un poète maudit et marginal.

- **Par extension, l'expression « poète maudit »** désigne aujourd'hui d'autres artistes comme Charles Baudelaire. Dans son sonnet « Le Guignon » (*Les Fleurs du Mal*, 1857), le poète évoque le travail des artistes dont le génie est souvent incompris de leur vivant.

3 Dadaïsme et surréalisme (1900-1950)

Le **surréalisme** et son précurseur, le **dadaïsme**, sont des **mouvements** nés de la volonté de rupture avec les valeurs ayant conduit aux atrocités de la **Première Guerre mondiale**.

A Le mouvement Dada

- **La naissance du groupe Dada.** En 1916, le poète roumain Tristan **Tzara** (1893-1963) fonde en Suisse le groupe Dada dont il choisit le nom en pointant au gré du hasard un coupe-papier sur une page de dictionnaire. Il en publie le **manifeste*** en 1918. Le choix du nom inaugure ainsi une forme de dérision et de provocation par rapport à la littérature traditionnelle. Autour de Tristan Tzara se regroupent des poètes, des peintres, des sculpteurs, etc.

Rencontre du groupe Dada à Paris, 1921.
① Tristan Tzara ② Louis Aragon ③ Philippe Soupault ④ Paul Éluard ⑤ André Breton

- **Le rejet des normes.** Ce mouvement placé sous le signe de la révolte et de la provocation prône la révolution anarchiste, les scandales, la **contestation systématique des normes** et des valeurs sociales et bourgeoises.
- **La fin du groupe Dada.** Dada disparaît en 1923 après avoir été un **tournant** dans l'art et la littérature et un puissant moteur créatif et **expressionniste**. André Breton, sensible à la révolte dadaïste, la soutiendra dans un premier temps pour s'en détacher et être à l'initiative d'un autre mouvement, qui se veut plus constructif et théorique : le surréalisme.

B Le surréalisme : un nouveau regard sur le monde

Les surréalistes

En 1919, plusieurs poètes dont Louis **Aragon**, Philippe **Soupault** et Paul **Éluard** se regroupent autour d'André **Breton** pour fonder la revue *Littérature*. Ils baptisent alors leur mouvement « Surréalisme ». À l'origine, l'adjectif « surréaliste » est un néologisme* inventé par Guillaume **Apollinaire**.

Auteur-clé

André Breton (1896-1966) : chef de file du **surréalisme,** surnommé le « pape du surréalisme » pour son caractère autoritaire. Il en définit les principes en 1924 dans *Le Manifeste du surréalisme.*

La découverte de l'inconscient et l'éloge de l'imaginaire

- **L'influence de la psychanalyse.** André **Breton** a été influencé par Sigmund **Freud** et la découverte de l'**inconscient**, ses théories sur l'hypnose et son travail sur l'interprétation des rêves.
- **La révolte de l'imaginaire.** Les surréalistes prônent la **puissance de l'imagination** pour percer les mystères du fonctionnement de la **pensée** et de l'**inconscient**. Ainsi, dans le poème « La Courbe de tes yeux », Paul Éluard renouvelle la forme traditionnelle du blason (poème descriptif d'une partie du corps de la femme). L'**œil**, fondamental chez les surréalistes qui portent un nouveau regard sur le monde, symbolise ici la beauté de la femme et l'amour : « La courbe de tes yeux fait le tour de mon cœur ». L'œil de l'être aimé permet d'accéder au « surréel » et de voir le monde différemment. Le poète redécouvre la totalité du monde à travers l'œil de la femme aimée.

> **Mot-clé**
>
> **Surréalisme :** « automatisme psychique pur par lequel on se propose d'exprimer, soit verbalement, soit de toute autre manière, le fonctionnement réel de la pensée. Dictée de la pensée, en l'absence de tout contrôle exercé par la raison, en dehors de toute préoccupation esthétique ou morale. » André **Breton,** 1924.

Les thèmes surréalistes

- **La révolution** est le mot d'ordre du surréalisme. Elle doit être **esthétique** (révolution du langage) et **politique**. Les surréalistes se rapprochent des **théories marxistes** et **communistes**, avec une volonté de transformer le monde. Plusieurs d'entre eux adhèrent au Parti communiste français, comme André Breton en 1927. Mais cet engagement politique crée des dissensions au sein du mouvement.
- **L'amour fou pour la femme aimée.** Les surréalistes donnent à voir une nouvelle perception de la femme aimée. Dans « L'Union libre » (*Clair de terre,* 1923), André Breton brosse le portrait de la femme aimée en jouant avec le principe de l'**association libre** (d'où le titre du poème). Le choix des images crée un effet de surprise et d'émerveillement.

  Ex. : « Ma femme à la chevelure de feu de bois / Aux pensées d'éclairs de chaleur / À la taille de sablier / Ma femme à la taille de loutre entre les dents du tigre [...] »
- **La quête de l'insolite.** Les artistes surréalistes tentent d'accéder au **surréel**, à ce qui se situe au-delà du réel. Ils partent en quête d'**inattendu** qu'ils cherchent dans l'univers du rêve, dans les rencontres hasardeuses, dans les objets insolites, mais aussi à travers l'amour.

  – L'artiste suisse Meret **Oppenheim** (1913-1985) a ainsi créé un objet inattendu avec *Le Déjeuner en fourrure* (1936) qui représente une tasse réelle,

une soucoupe et une petite cuillère recouvertes de fourrure de gazelle chinoise. La céramique disparaît totalement sous la couleur beige de la fourrure et l'apparence velue de l'animal. En détournant cet objet de la fonction qu'il occupe dans la **vie quotidienne**, l'artiste propose une **combinaison insolite** et poétique entre une tasse et une fourrure interrogeant ainsi la **perception** que l'on peut se faire de l'**objet**.

– ***Les Mains libres*** (1937) est un recueil de **poèmes** de Paul **Éluard** et de **dessins** de **Man Ray**. Les illustrations ne sont pas toujours en rapport direct avec les poèmes et reposent sur le hasard, laissant au lecteur le soin de relier les œuvres entre elles. Le titre du recueil symbolise la liberté de la création artistique.

Les techniques surréalistes

- **Des créations ludiques.** Le surréalisme, refusant les contraintes et les règles, explore toutes les techniques. Les œuvres sont souvent **ludiques** et font la part belle à l'inconscient et au hasard.

  – **L'écriture automatique.** Elle transcrit sans retenue les **associations d'idées, d'images et de métaphores***, se laissant guider par l'inconscient comme le font André Breton et Philippe Soupault en 1919 dans *Les Champs magnétiques*.

  Ex. : « Prisonniers des gouttes d'eau, nous ne sommes que des animaux perpétuels. »

  – **Le cadavre exquis** permet de faire surgir des **images surréalistes**.
  Il désigne un :

  « jeu de papier plié qui consiste à faire composer une phrase ou un dessin par plusieurs personnes, sans qu'aucune d'elles puisse tenir compte de la collaboration ou des collaborations précédentes. L'exemple, devenu classique, qui a donné son nom au jeu tient dans la première phrase obtenue de cette manière : *Le cadavre – exquis – boira – le vin – nouveau*. »
  André Breton et Paul Éluard, *Dictionnaire abrégé du surréalisme*, 1938.

- **Des créations collectives.** Le **surréalisme** regroupe des écrivains, des peintres, des photographes, des cinéastes, etc. tels que Louis **Aragon**, Robert **Desnos**, Paul **Éluard**, Jacques **Prévert**, Luis **Buñuel**, Salvador **Dali**, Giorgio **De Chirico**. Ces artistes participent **collectivement** à des séances de sommeil hypnotique et à des créations artistiques.

- **Des arts visuels variés :** calligrammes, collages, jeux surréalistes, etc.

4 Poésie de la Résistance et de la négritude (1930-1945)

A La poésie de la Résistance (1940-1945)

Les deux guerres mondiales touchent les poètes.

À savoir

Si la poésie touche essentiellement une élite jusqu'à la Seconde Guerre mondiale, la **poésie de la Résistance,** écrite pour tous, devient une poésie plus **populaire** qui rencontre alors un large public.

- **Le poids de la Grande Guerre.** Charles **Péguy** est tué d'une balle au front en 1914 ; Guillaume **Apollinaire** est blessé en 1916 et meurt de la grippe espagnole en 1918.
- **La poésie comme arme de résistance.** Durant la **Seconde Guerre mondiale,** sous l'occupation allemande, la presse et la littérature sont contrôlées par la censure nazie. La poésie est alors une **arme de résistance**. Le langage poétique, souvent **métaphorique***, permet la dénonciation indirecte de crimes.
- **La poésie comme témoignage.** Les poètes rendent compte des atrocités de la guerre et expriment ainsi leur révolte. Paul Éluard, dans « Comprenne qui voudra » (1944), choqué par une scène à laquelle il a assisté, évoque la maltraitance des femmes dont on tondait les cheveux lorsqu'elles étaient soupçonnées d'avoir eu une liaison avec un Allemand.
- **La poésie comme devoir de mémoire.** Marianne **Cohn**, née d'une famille juive en 1922, aide à faire passer des enfants juifs vers la Suisse. Arrêtée en 1943, elle est relâchée trois mois après. En 1944, arrêtée de nouveau, elle refuse de livrer des informations à la Gestapo, malgré la torture. Son poème « Je trahirai demain pas aujourd'hui » évoque les violences physiques et morales de la torture. La répétition* de « Je trahirai demain pas aujourd'hui » scande le poème pour évoquer la force morale et le courage nécessaire pour surmonter cette épreuve. Elle meurt assassinée par la Gestapo dans la nuit du 7 au 8 juillet 1944.
- **La poésie comme espace de réflexion.** Les poètes invitent le lecteur à s'interroger sur les atrocités et le **sens** ou l'**absurdité** de la guerre. **« La Rose et le Réséda »** (1943) de Louis **Aragon** est un appel à l'union dans la **Résistance** au-delà des convictions politiques et religieuses. Le poète célèbre la France et ses combattants : le poème met en scène deux résistants, l'un chrétien, l'autre athée, arrêtés et fusillés.
- **La poésie comme message d'espoir.** La poésie permet aussi d'envoyer des messages de **paix**. Le poème **« Liberté »** de Paul **Éluard**, ode à la liberté

contre l'occupation allemande, a été parachuté en milliers d'exemplaires par l'aviation britannique au-dessus de la France en 1942 pour redonner espoir à la population française.

Ex. : « Sur mes cahiers d'écolier
Sur mon pupitre et les arbres
Sur le sable sur la neige
J'écris ton nom

Sur toutes les pages lues
Sur toutes les pages blanches
Pierre sang papier ou cendre
J'écris ton nom

[...] Sur la santé revenue
Sur le risque disparu
Sur l'espoir sans souvenir
J'écris ton nom

Et par le pouvoir d'un mot
Je recommence ma vie
Je suis né pour te connaître
Pour te nommer
Liberté. »
Paul Éluard, « Liberté », *Poésie et vérité*, 1942, © Éditions de Minuit.

À noter !

Les poètes distinguent bien **l'engagement littéraire** (l'acte d'écrire) de l'engagement personnel dans la Résistance.

B La poésie de la négritude

Définition

La « **négritude** » est un mouvement littéraire et politique créé pendant l'entre-deux-guerres, en France. Ce mouvement rassemble des poètes francophones noirs. Léopold Sédar **Senghor**, poète sénégalais, fonde en 1934 avec le Martiniquais Aimé **Césaire** le journal *L'Étudiant noir*.

Citation

La **négritude** est « l'ensemble des valeurs culturelles de l'Afrique noire ». Léopold Sédar **Senghor**

Le terme de « négritude » désigne l'ensemble des caractères culturels propres à la race noire. Les auteurs revendiquent cette appartenance culturelle. Ce mouvement se développe durant la période **anticolonialiste**.

Léopold Sédar Senghor (1906-2001)

Léopold Sédar Senghor et Aimé Césaire

- **Le métissage des cultures.** Léopold Sédar **Senghor** défend les **valeurs africaines** et prône également le **métissage** des cultures. Il chante, en français, les beautés de la femme noire « vêtue de [sa couleur] qui est vie ».

Les titres de ses différents recueils évoquent cette « négritude » : *Chants d'ombre* (1945), *Hosties noires* (1948), *Éthiopiques* (1956), *Nocturnes* (1961).

- **La révolte de la colonisation.** Aimé **Césaire** (1913-2008) est un poète, dramaturge et homme politique qui dénonce les souffrances du peuple colonisé comme dans *Le Cahier d'un retour au pays natal* (1939). Il recourt à un langage inspiré du surréalisme, notamment dans son recueil poétique *Soleil cou coupé* (1947).

Les poètes francophones

De nombreux poètes et poétesses francophones font résonner leur voix comme Andrée **Chédid** (poétesse française d'origine égypto-libanaise, 1920-2011) et Anne **Hébert** (poétesse québécoise, 1916-2000) qui traitent d'humanité en encourageant le lecteur à accepter l'autre avec ses différences.

5 La poésie après 1945

C'est la **diversité** qui caractérise la poésie de la seconde moitié du XXe siècle. Aucun mouvement clairement identifié, comme cela pouvait être le cas au XIXe siècle, ne semble réunir les auteurs.

A Une variété thématique et formelle

Les poètes, héritiers des symbolistes et de la poésie contemporaine, s'approprient les **innovations formelles** : poème en prose, vers* libres. Parallèlement, les **thématiques** et sources d'inspiration se **diversifient**. Quelques **convergences** semblent néanmoins exister entre auteurs.

B Une poésie du quotidien

Plusieurs poètes font du **quotidien** la matière première de leurs poèmes et du **réel** leur principale source d'inspiration. Leur poésie, loin d'être un moyen d'accès à un monde caché et mystérieux à la manière des symbolistes, rend compte du **concret**.

Jacques Prévert (1900-1977)

- **Jacques Prévert** s'écarte du surréalisme, même s'il conserve un goût prononcé pour les **jeux de mots**, la dimension ludique, la **fantaisie**, le rapprochement incongru. Le lexique qu'il emploie est souvent **simple**. Refusant de ne s'adresser qu'à une élite, sa poésie est **populaire**. Jouant avec les mots, le poète propose des poèmes empreints **d'humour**. Dans le poème « Cortège », l'inversion de tous les compléments de nom et d'attribution crée un effet loufoque. Le lecteur redécouvre ainsi le réel sous un aspect ludique.

Ex. : « Un vieillard en or avec une montre en deuil
Une reine de peine avec un homme d'Angleterre
Et des travailleurs de la paix avec des gardiens de la mer
Un hussard de la farce avec un dindon de la mort
Un serpent à café avec un moulin à lunettes
Un chasseur de cordes avec un danseur de têtes
Un maréchal d'écume avec une pipe en retraite
Un chiard en habit noir avec un gentleman en maillot
Un compositeur de potence avec un gibier de musique
Un ramasseur de conscience avec un directeur de mégots [...] »
Jacques Prévert, « Cortège », in *Paroles*, 1946, © Éditions Gallimard.

- **Francis Ponge** (1899-1988) s'oppose au lyrisme. Là où le symboliste Mallarmé accordait le primat aux « mots », Francis Ponge accorde de l'importance aux **« choses »**, c'est-à-dire aux objets concrets et modestes de notre monde. Dans son recueil le plus connu, *Le Parti pris des choses* (1942), il décrit avec précision et réalité des éléments du quotidien et place son recueil sous le signe de la **banalité**. Il reprend la forme du poème en prose et désigne ses œuvres par le néologisme* de « proêmes » en 1949. Ces descriptions sont néanmoins l'occasion d'explorer le langage, de jouer avec les sonorités des mots. Ces objets banals prennent alors un nouveau visage, poétique. Ainsi, le poème « L'Huître » traite d'un sujet bien prosaïque. Francis Ponge consacre tout un poème à ce mollusque devenu « monde opiniâtrement clos ». L'huître est élevée au rang d'œuvre d'art qui recèle précieusement en elle « tout un monde » !

Mot-clé

Objeu : néologisme inventé par Francis **Ponge**. C'est la contraction des mots *objet* et *jeu*.

- **Saint-John Perse** (1887-1975) s'éloigne du banal quotidien pour proposer un hymne à la nature. D'origine guadeloupéenne, il chante avec lyrisme la **nostalgie** de son enfance sur son île et raconte son union avec la nature. Ses œuvres, dont les recueils *Éloges* (1911) et *Exil* (1942), rappellent les grandes épopées et chantent la **beauté** de la **terre**.

6 La poésie de la fin du XXe siècle à nos jours

A Un lyrisme renouvelé

Plusieurs poètes renouvellent le **lyrisme**.

- **Yves Bonnefoy** (1923-2016) reprend la tonalité **lyrique** traditionnelle, notamment dans son recueil *Du mouvement et de l'immobilité de Douve* (1953). Cette œuvre a une forme originale puisqu'elle mélange des textes écrits en prose et des poèmes versifiés. Dans « Vrai lieu », la poésie avec ses « mots de guérison » apparaît comme un **refuge** pour tous les hommes, en particulier les plus démunis. La poésie est comparée à une maison, le « vrai lieu » de l'expérience humaine qui accueille l'homme et le réchauffe.
- **Jacques Roubaud** (né en 1932) dialogue avec le Moyen Âge. Ce poète est également professeur de mathématiques. Il appartient au groupe de l'**OuLiPo**, un atelier de **littérature expérimentale**. Jacques Roubaud s'inscrit à la fois dans la tradition poétique et dans la modernité. Dans son poème « Le Lombric », il compare la figure du poète à cet animal peu poétique. Comme lui, le poète « laboure les mots, qui sont comme un grand champ ». Être à part, il a une fonction vitale dans le monde qui, sans lui, « étoufferait sous les paroles mortes ».
Grand spécialiste de la poésie des troubadours, Jacques Roubaud reprend certaines **formes médiévales** comme la sextine (forme fixe de 6 strophes de 6 vers avec un schéma rythmique complexe) mais dans une poésie inspirée par sa propre vie. Dans son recueil *Quelque chose noir* (1986), il évoque le décès de son épouse. Cette poésie se place entre **tradition** (échos à la forme de la sextine, reprise du *topos* du deuil) et **modernité** (subjectivité de l'expérience du deuil).

Citation

« Un **poème** est un objet artistique de langue à **quatre dimensions :** pour la page (c'est-à-dire pour l'œil), pour l'oreille (ce que nous entendons), pour la voix (ce que nous prononçons) et pour une vision intérieure. » Jacques **Roubaud**

Mot-clé

OuLiPo : acronyme construit à partir du nom « Ouvroir de Littérature Potentielle ». C'est une association fondée en 1960 par un mathématicien, François Le Lionnais, et l'écrivain Raymond Queneau. L'OuLiPo regroupe des mathématiciens, des poètes comme Jacques Roubaud et Jacques Jouet, des romanciers qui imaginent et expérimentent des contraintes littéraires nouvelles. Les Oulipiens participent également à des ateliers d'écriture.

- **Philippe Jaccottet** (1925-2021) s'inscrit dans la tradition lyrique. Dans son recueil *L'Effraie et autres poésies* (1953), le poète revisite plusieurs thèmes comme ceux de l'amour, la nostalgie, la mort, le rapport au temps qui passe notamment dans le poème « Sois tranquille, cela viendra ». Son recueil évoque le rapace nocturne, la chouette-effraie, qui fait resurgir d'autres souvenirs d'oiseaux poétiques : « L'Albatros » de Baudelaire ou l'allégorie du pélican qu'on trouve sous la plume d'Alfred de Musset (*La Nuit de mai*, 1835).

- **Jean-Michel Maulpoix** (né en 1952) s'interroge sur le lyrisme. Professeur à l'université et critique littéraire, il a rédigé de nombreux essais qui traitent du lyrisme. Son site Internet : *www.maulpoix.net* est un relais de l'actualité poétique. Poète lui-même, il traite de thématiques qui lui sont chères comme le souvenir ou le voyage qui permettent de découvrir le monde de façon **sensible** (*Chutes de pluie fine*, 2002). Il se présente ainsi dans *L'Instinct du ciel* (2000), section III :

  « Je suis cet homme tout bossué de sacs et de valises qui va et vient dans sa propre vie. »

- **Vénus Khoury-Ghata** est une poétesse française d'origine libanaise qui a reçu le **prix Goncourt** de la poésie en 2011. Elle revient sur son pays en guerre, mais aussi sur la figure malheureuse de sa mère, sur les femmes en général, présentées héroïquement, sur la violence de son père à l'égard de son frère. Pour elle, la poésie ne doit pas être un laboratoire de recherche formelle, mais doit se situer au plus proche de l'**humain**. La poétesse prend pour matière première ce qu'elle a vécu au cœur de l'enfance, au Liban.

Vénus Khoury-Ghata (née en 1937)

B La poésie aujourd'hui

- Aujourd'hui, **les sites Internet** *poezibao.typepad.com* ou *poesies.net* proposent une actualité éditoriale de la poésie.
- **Des festivals** comme *Le Printemps des poètes*, manifestation francophone autour de la poésie se déroulant en France et au Québec, célèbrent la poésie.
- **Le slam, une poésie populaire.** La poésie s'invite également dans la chanson ou le slam. Des textes poétiques, souvent engagés, sont déclamés par des auteurs tels que **Grand Corps Malade** et **Abd al Malik**.

ŒUVRES, PARCOURS
ET PROLONGEMENTS ARTISTIQUES

1 *Cahier de Douai*, Arthur Rimbaud
Parcours : Émancipations créatrices

1 L'auteur

▲ Arthur Rimbaud.

■ Arthur Rimbaud (1854-1891) est né à Charleville (Ardennes) d'un père militaire et d'une mère paysanne qui l'élèvera seule, dans une éducation stricte. Rimbaud est un élève brillant remarqué par son professeur Georges Izambard.

■ À 15-16 ans, Rimbaud fait trois fugues : en août-septembre 1870 à Paris et Douai, en octobre à Charleville, Bruxelles et Douai. Enfin, il fugue en février-mars 1871 à Paris.

■ De retour, il cesse ses études puis part à Paris où il mène une vie de bohème. En 1871, il rencontre le poète Verlaine avec qui il noue une relation tumultueuse. Ils partent en Belgique et à Londres. Au moment où Rimbaud lui annonce qu'il veut le quitter, Verlaine le blesse d'un coup de revolver. Rimbaud termine l'écriture d'*Une saison en enfer*. En 1874, il revoit Verlaine et lui confie le manuscrit des *Illuminations*, recueil de poèmes en prose ou en vers libres.

■ En 1880, Rimbaud part en Éthiopie. Il n'écrira plus et aura composé tous ses poèmes entre 15 et 20 ans. Il meurt à 37 ans d'une tumeur cancéreuse au genou.

2 L'œuvre

A. Contexte et résumé

■ Le *Cahier de Douai*, également appelé *Cahiers de Douai*, *Recueil Demeny* constitue un ensemble de vingt-deux poèmes écrits sur des feuilles volantes, la plupart ayant été rédigés pendant les fugues de Rimbaud.

■ Rimbaud dépose ces feuilles au poète-éditeur Demeny lors de sa deuxième fugue à Douai. C'est à lui qu'il adresse aussi la lettre dite du « Voyant ».

> **À savoir**
> Quelques mois après avoir déposé ses poèmes à son ami Paul Demeny, Rimbaud lui envoie une lettre lui demandant de tous les brûler ! Le poète Darzens les achète en 1887 et les édite en 1891.

Structure et résumé

■ Les poèmes n'ont été constitués en recueil qu'*a posteriori*. Ils sont rangés par ordre chronologique.

■ **Premier cahier.** Il s'ouvre sur deux poèmes de la sensualité et de l'amour avec « Première Soirée » et « Sensation ». On y trouve plusieurs poèmes qui critiquent la société : « Le Forgeron », « À la Musique » et « Les Effarés ».

■ **Deuxième cahier.** Le thème du voyage ouvre le cahier avec « Rêvé pour l'hiver » et le clôt avec « Ma Bohème ». Quelques poèmes décrivent la fugue de Rimbaud et les cabarets, tandis que « Le Dormeur du Val » est une critique de la guerre.

B. Enjeux

■ Le recueil embrasse des thèmes variés qui construisent la figure d'un poète vagabond. Le lyrisme rimbaldien est original. À l'écoute de ses sensations, il décrit également la misère. Ses poèmes s'ancrent fortement dans le réel.

■ Si le recueil est essentiellement composé de sonnets, Rimbaud se détache toutefois de la tradition littéraire en déstructurant les vers classiques. Certains thèmes traditionnels sont également parodiés, comme dans « Vénus Anadyomène ».

Citation

« On n'est pas sérieux quand on a dix-sept ans. » Cet alexandrin ouvre la première partie du poème « Roman » et place le poème sous le signe de l'adolescence et de la liberté.

3 Le parcours : « Émancipations créatrices »

A. Émancipations créatrices : en quête de liberté

■ L'émancipation désigne l'acte par lequel un mineur se dégage de l'autorité familiale. Les fugues du poète façonnent le mythe rimbaldien du jeune poète maudit. Plus généralement, s'émanciper signifie s'affranchir, se libérer. On notera l'utilisation du pluriel dans l'intitulé du parcours.

■ Le poète s'émancipe de la vie bourgeoise qu'il critique fortement, par exemple dans « À la Musique ». L'émancipation de sa vie familiale se traduit par l'importance du thème du voyage qui constitue un fil rouge dans le recueil.

■ Enfin, l'émancipation est aussi poétique. Rimbaud s'affranchit des règles classiques de versification, soit en ayant recours à certains thèmes (par exemple la description d'une serveuse « aux tétons énormes »), soit en déstructurant le rythme classique des alexandrins.

B. Œuvres-clés liées au parcours

***La Prose du Transsibérien et de la petite Jehanne de France* de Blaise Cendrars (1913)**	Dans ce long poème, le narrateur âgé de 16 ans retrace un voyage en train de Moscou à Kharbine. Ce texte est à la fois une réflexion sur la jeunesse et l'amour, sur soi, mais aussi sur l'histoire. Les bruits du train sont rendus grâce à un travail sur les sonorités et rythmes des vers libres.
***Cahier d'un retour au pays natal* d'Aimé Césaire (1939)**	Le « Cahier » désigne un long poème en vers libres qui marque le début de la négritude (voir p. 72). Le poète, revenu en Martinique, prend conscience des violences subies par les Noirs.
***Paroles* de Jacques Prévert (1946)**	Le recueil rassemble une petite centaine de poèmes en prose et en vers libres, sous forme de dialogue. Le poète y dénonce la violence et la guerre (« Barbara ») mais aussi la religion (« *Pater Noster* ») et propose aussi une réflexion sur la poésie et l'art (« Promenade de Picasso »).

À retenir

■ Le recueil de Rimbaud met en scène le désir de liberté du poète qui se traduit par l'image d'un poète vagabond qui critique la société bourgeoise.

■ Les émancipations sont aussi poétiques. Rimbaud invente un lyrisme personnel qui participe de ce goût pour la liberté, y compris formelle.

4 Les prolongements artistiques et culturels

A. En peinture

■ Après avoir écrit *La Prose du Transsibérien*, Blaise Cendrars demande à son amie Sonia Delaunay d'illustrer son poème. La peintre et le poète créent ainsi le premier « livre simultané » : le texte et l'illustration ne s'opposent plus mais dialoguent ensemble. Déplié, ce poème-tableau mesure deux mètres de haut !

À savoir
Comme la peinture se situe à gauche de la page et le texte à droite, le lecteur entre dans l'œuvre par l'image.

■ Delaunay utilise des aplats de couleurs bien marquées (vert, rouge, orange, bleu) ainsi que des formes géométriques (arcs de cercles). Les peintures cherchent elles aussi à créer un effet de rythme qu'on retrouve sous la plume de Cendrars.

B. Au cinéma

■ *Moonrise Kingdom* (2012) est un film de Wes Anderson coécrit avec Roman Coppola. Il met en scène deux préadolescents, Sam et Suzy. Sam est orphelin et les parents avocats de Suzy la délaissent, centrés sur leurs affaires. À l'écart des autres, ils tombent amoureux et organisent leur fugue. Ces deux enfants attendrissants s'émancipent ainsi du monde morne des adultes.

■ L'esthétique du film traduit l'onirisme du monde de l'enfance grâce à tout un travail sur l'image : couleurs contrastées et savamment choisies, cadrages très géométriques.

■ La fugue et l'émancipation de Sam et Suzy coïncident avec un retour heureux à la nature et à la créativité : peinture pour Sam, lecture pour Suzy.

▲ Kara Hayward et Jared Gilman, *Moonrise Kingdom*, réalisé par Wes Anderson (2012).

2 *La Rage de l'expression*, Francis Ponge
Parcours : Dans l'atelier du poète

1 L'auteur

■ Francis Ponge naît en 1899 dans une famille bourgeoise protestante. Il grandit à Avignon puis à Caen, dans un cadre très privilégié. Pendant la Première Guerre mondiale, il travaille dans un hôpital militaire. Une crise d'appendicite l'empêche de s'engager sur le front et il termine sa scolarité brillante : classe de rhétorique, hypokhâgne à Louis-le-Grand, études de droit et de philosophie à la Sorbonne. Cependant, incapable de prononcer un mot lors de son oral d'admission, il est recalé à l'École normale supérieure.

▲ Francis Ponge.

■ Au début des années 1920, il mène d'abord une vie de bohème et publie dans des revues, avant d'entrer au service fabrication des éditions Gallimard. Pendant les années 1930, il rejoint Hachette où son engagement de gauche s'affirme : il est responsable syndical de la CGT et il adhère au parti communiste. En 1931, il épouse Odette Chabanel avec qui il a une fille, Armande, née en 1935.

■ Au tout début de la Seconde Guerre mondiale, il écrit *Le Parti pris des choses* (publié en 1942) avant d'être mobilisé pour travailler dans l'administration. Il écrit alors *Le Carnet du bois de pins* publié d'abord de façon autonome en 1947 puis à nouveau en 1952 dans *La Rage de l'expression*. En 1942, il entre dans la Résistance. Agent de liaison pour la zone sud puis directeur des pages littéraires du journal résistant *Action*, il fréquente Paul Éluard, Albert Camus et Louis Aragon. Il s'éloigne du communisme en 1946.

■ Après la guerre, son activité littéraire l'occupe à plein temps : il écrit, collabore avec des peintres, donne de nombreuses conférences, enseigne à Columbia University (New York) et reçoit le Grand Prix de poésie de l'Académie française en 1984. Il meurt en 1988.

À savoir
La Rage de l'expression n'est pas un recueil de poèmes mais une œuvre poétique et sur la poésie.

2 L'œuvre

A. Contexte et structure

■ *La Rage de l'expression* est publié en 1952 à Lausanne, puis réédité en 1976 en France. Le titre fait référence à ce besoin de « rendre compte d'une chose » tout en refusant le « ronron poétique » (« Berges de la Loire »).

■ Cette œuvre rassemble divers textes écrits entre 1938 et 1944 qui ont pour point commun de montrer le travail de l'écriture à l'œuvre ; le poète part à la « conquête de [son] mode d'expression » (« Le Mimosa »). Chaque partie est une recherche poétique sur le thème annoncé par le titre, sauf pour « Berges de la Loire » qui ouvre l'œuvre.

Structure

- **Berges de la Loire.** Daté du 24 mai 1941 à Roanne. Court manifeste poétique.
- **La Guêpe.** Commencé à Paris en août 1938, terminé à Fronville en août 1943. Dédicacé à Jean-Paul Sartre et Simone de Beauvoir. Se termine par une adresse au lecteur.
- **Notes prises pour un oiseau.** Daté de mars-septembre 1938 à Paris. Dédicacé au peintre Eugène Ébiche.
- **L'Œillet.** Commencé à Roanne en 1941, terminé à Paris en août 1944. Dédicacé à l'écrivain Georges Limbour.
- **Le Mimosa.** Daté de 1941 à Roanne. Se termine sur les étapes de réécriture jusqu'au poème achevé.
- **Le Carnet du bois de pin.** Représente un tiers de toute l'œuvre. Entrées de journal qui s'échelonnent de août à septembre 1940, complétées par la correspondance de l'artiste en 1941.
- **La Mounine.** Souvenirs d'un voyage près de Marseille, rédigé à Roanne entre mai et août 1941.

B. Enjeux

- Recueil aux multiples formes, *La Rage de l'expression* ressemble davantage à un journal d'écriture qu'à un recueil poétique. Ponge y mêle ses réflexions sur l'écriture, ses recherches (dans le Littré, notamment), des brouillons de poèmes, un carnet de voyage poétique (« La Mounine »), des échanges de lettres, des poèmes en vers ou en prose.

- La forme poétique est un moyen, non une fin. Ponge ne « [se] préten[d] pas poète », il cherche à « rendre compte d'une chose (dans l'espoir que l'esprit y gagne, fasse à son propos quelque pas nouveau) ». Il revendique une démarche quasi scientifique et a recours à l'étymologie, la zoologie, la botanique…

Citation

« Ne pas publier seulement la formule à laquelle on a pu croire avoir abouti, mais publier l'histoire complète de sa recherche, le journal de son exploration. »

3 Le parcours : « Dans l'atelier du poète »

A. Une œuvre en construction

- L'intitulé du parcours évoque l'artisanat : Ponge se présente comme un artisan du mot, loin du mythe du poète « inspiré ». *La Rage de l'expression* illustre ce vers de l'*Art poétique* de Boileau (1674) : « Vingt fois sur le métier remettez votre ouvrage. » *Dans l'atelier du poète* est aussi le titre d'un recueil de René Char publié en 1996 (posthume).

- Le lecteur assiste à l'élaboration de l'œuvre, comme dans « La Mounine » qui fait se suivre des notes de voyage, des recherches, quatre versions du même texte, et enfin des commentaires sur ce texte. Ponge recherche l'amélioration continue, son écriture est marquée par la « rectification continuelle ». Il utilise des accolades pour se laisser le choix entre plusieurs formules, revient sur les états antérieurs du texte pour réécrire et proposer des « Variantes », refuse l'achèvement.

■ Le poète partage ses états d'âme face à l'écriture, certains textes sont datés (parfois avec l'heure) comme dans un journal intime. Il y consigne des projets, commente ce qu'il est en train d'écrire, s'adresse à lui-même, partage ses doutes.

B. Textes-clés liées au parcours

Lettre du voyant **d'Arthur Rimbaud (1871)**	Comme Ponge dans l'« Appendice », Rimbaud utilise la lettre (à Paul Demeny) pour commenter son écriture poétique et se regarder penser : « j'assiste à l'éclosion de ma pensée : je la regarde, je l'écoute ».
« Bon dieu de bon dieu » de Raymond Queneau (1948)	Publié dans *Instant fatal*, ce court poème est un art poétique original qui met en scène l'artiste et sa difficulté d'écrire. Comme chez Ponge, le poème échappe toujours au poète : « la vache / il a foutu le camp ».
La Fabrique du pré **de Francis Ponge (1971)**	Cette œuvre a été publiée avec une reproduction des brouillons manuscrits et annotés dans leur état brut. Le titre, « fabrique », renforce l'idée que l'écriture poétique de Ponge relève de l'artisanat.

À retenir

- *La Rage de l'expression* est un journal d'écriture poétique qui mélange les formes et les genres.
- Assistant aux coulisses de la création poétique, le lecteur devient spectateur de l'artiste au travail.

4 Les prolongements artistiques et culturels

A. En peinture

■ Le lieu « atelier » est souvent associé aux peintres. Le recueil s'ouvre d'ailleurs sur une métaphore picturale : « Chaque fois que [mon regard] aura *séché* sur une expression, le replonger dans l'eau du fleuve. »

■ Catharina van Hemessen, une peintre de la Renaissance, est la toute première artiste occidentale à faire son *Autoportrait* dans son atelier (1548). Elle se représente à son chevalet en train de peindre cette même toile, dans un effet de mise en abyme. Elle inscrit ces mots sur la toile : « Moi, Catharina van Hemessen, me suis peinte en 1548 à l'âge de 20 ans. »

Mot-clé
Mise en abyme : le fait d'incruster, dans une image, la même image en plus petit.

B. En chanson

■ « Il me manque une chanson » d'Anne Sylvestre est parue sur l'album *J'ai de bonnes nouvelles* en 1977. L'autrice s'y met en scène à sa table de travail, confrontée à la difficulté d'écrire : « Mais bouffant le même crayon / Posée devant la même planche ».

■ Le dernier couplet est un art poétique insolite. Comme Raymond Queneau dans sa recette (« Prenez un mot / prenez-en deux / faites-les cuir' comme des œufs »), Anne Sylvestre confie au public la responsabilité de la création poétique : « Je vous donne tout, pêle-mêle / Les mots, le cœur, la ritournelle / Et c'est vous qui vous la ferez ».

▲ Catharina van Hemessen (1528-après 1567), *Autoportrait au chevalet* (1548), Kunstmuseum, Bâle.

3 *Mes forêts*, Hélène Dorion
Parcours : La poésie, la nature, l'intime

1 L'autrice

▲ Hélène Dorion.

■ Hélène Dorion, née en 1958 dans la ville de Québec, a d'abord suivi des études de philosophie avant de se tourner vers les Lettres. Elle publie ses premiers poèmes dans des revues pendant ses études. Son premier recueil, *L'Intervalle prolongé*, paraît en 1983.

■ Elle enseigne la littérature puis mène rapidement une activité littéraire très variée. Elle est critique littéraire, membre de revues et d'émissions culturelles radiophoniques, directrice éditoriale, membre de jurys littéraires, chroniqueuse littéraire, elle conçoit des anthologies, donne des lectures publiques... Elle collabore aussi avec des compositeurs et des chanteurs à des concerts littéraires, et, enfin, elle est photographe.

■ Son œuvre est riche et emprunte à plusieurs genres. On lui doit une vingtaine de recueils poétiques, mais aussi des livres d'artistes, des romans, un album jeunesse, des essais et même le livret d'un opéra sur Marguerite Yourcenar.

■ Hélène Dorion a reçu de nombreux prix dont le Prix Mallarmé (2005), le Prix européen Léopold-Senghor (2011) et le Prix Athanase-David (2019).

À savoir

Mes forêts est un recueil en vers libres, sans ponctuation et presque toujours sans majuscules.

2 L'œuvre

A. Contexte et structure

■ Hélène Dorion a terminé d'écrire *Mes forêts* pendant la pandémie de 2020 et l'a fait publier en 2021. Pour elle, cette période a interrogé notre place sur Terre et notre vulnérabilité face à la nature. La poésie lui sert à poser ces questions dans une approche métaphorique.

■ Le recueil est structuré en plusieurs parties qui donnent l'impression d'accompagner l'autrice dans des forêts réelles puis intérieures et mythiques.

Structure

- ***Mes forêts.*** Unique poème, rythmé par l'anaphore « Mes forêts ». Chaque partie s'achève par un poème de cette forme qui sert donc de refrain au recueil et qui est précédé d'une page blanche.
- **L'écorce incertaine.** Vingt-cinq poèmes brefs dont les titres explorent méthodiquement les lieux (« La branche », « Le tronc », « L'humus »).
- **Une chute de galets.** Long poème à la disposition typographique originale et centré sur « le bruit du monde / l'écoulement du temps ».
- **L'onde du chaos.** La poétesse cherche refuge dans les forêts face aux désastres de la modernité et à sa tristesse : « Il fait un temps de bourrasques et de cicatrices ».
- **Le bruissement du temps.** Cette cosmogonie (voir p. 85) se déroule en trois temps : « Avant l'aube », « Avant l'horizon » et « Avant la nuit ».

B. Enjeux

■ Le lecteur chemine avec la poétesse et s'enfonce dans une forêt qui se fait de plus en plus métaphorique, au fil des saisons et même du Temps, du big bang jusqu'aux écrans de « facebookinstagramtwitter » (« Une chute de galets »).

■ Hélène Dorion fait de la forêt l'image du monde. La forêt rassemble les contraires : c'est un lieu mouvant mais immobile, bruyant mais silencieux, lumineux mais obscur, menaçant mais réconfortant. La poétesse partage autant son espace extérieur qu'intérieur.

Mot-clé
Cosmogonie : étymologiquement, création du monde. Ici, c'est l'ensemble des récits mythiques qui racontent l'origine du monde.

3 Le parcours : « La poésie, la nature, l'intime »

A. La poétesse, témoin intime du mondes

■ Le recueil *Mes forêts* fait se rencontrer la nature dans ce qu'elle a d'universel et l'intimité de la poétesse qui dit « je », comme le montre le choix du déterminant possessif pluriel du titre repris dans tous les refrains, *mes* forêts, plutôt que *la* forêt. Par son langage poétique, elle agit sur la nature, comme la nature agit sur elle : « la forêt défriche en moi tant d'années ».

■ Les poèmes rendent compte de la menace qui pèse sur la nature. Pour Hélène Dorion, le discours écologique a besoin de poésie pour dénoncer comment l'homme a mis « tout un siècle à défaire le paysage ». Ce thème est surtout présent dans « L'onde du chaos ».

■ L'autrice affirme que la poésie sert à déplacer le regard. Par son écriture poétique, elle invite le lecteur à voir la nature différemment, dans ses moindres détails et dans les impressions. Ainsi, elle espère changer notre rapport au monde comme l'expérience des forêts change son rapport à elle-même.

B. Œuvres-clés liées au parcours

Méditations poétiques **de Lamartine (1820)**	C'est le premier recueil de Lamartine qui renouvelle le lyrisme du XIXe siècle et ouvre la voie au romantisme. Les élans de la nature et ceux de l'âme du poète se mêlent. « Le Lac » est son poème le plus célèbre.
Le Cœur innombrable **d'Anna de Noailles (1901)**	Dans ce premier recueil, la poétesse d'origine roumaine dépeint avec beaucoup de lyrisme son lien avec la nature, jusqu'à s'y confondre : « Avoir l'âme qui rêve, au bord du monde assise… »
Amers **de Saint-John Perse (1957)**	Le poète, qui a grandi en Guadeloupe, ne fait qu'un avec la mer. Il écrit une « poésie pour accompagner la marche d'une récitation en l'honneur de la mer ».

À retenir

■ *Mes forêts* explore autant un espace extérieur (les forêts canadiennes où vit l'autrice) qu'un espace intérieur.

■ La poésie invite à changer notre vision du monde et à réparer notre lien avec la nature.

4 Les prolongements artistiques et culturels

A. En musique

■ À la fin du recueil, Hélène Dorion mentionne l'existence d'une liste de pièces musicales qui l'ont accompagnée durant l'écriture de *Mes forêts* (Spotify, *Hélène Dorion – Mes forêts*). Ces vingt-neuf titres sont des morceaux de musique classique contemporaine ou de musique d'ambiance, comme Angus MacRae.

Citation-clé

« son tumulte résonne / jusque dans les pierres / c'est le bruit du monde / l'écoulement du temps – / écoute l'instant fragile et pur » (tiré du poème « Une chute de galets »).

■ Depuis 2006, la soprano soliste Isabelle Sabrié s'est installée près de la forêt amazonienne dont elle enregistre les sons à partir desquels elle compose des opéras et des pièces musicales. Elle a inventé l'harmonie rythmico-spatiale.

B. En architecture

■ Le Colombien Simón Vélez dit de son architecture qu'elle est « végétarienne ». Avec ses constructions en bambou, il recherche une harmonie parfaite avec la nature, prenant en compte le territoire et l'environnement de ses constructions. Ses créations témoignent d'un lien retrouvé avec le vivant.

■ Son œuvre la plus frappante est l'Église « sans nom » ou « sans religion » édifiée en 1999 et qui invite à la méditation en se reconnectant à la nature.

▲ L'Église sans nom réalisée en bambou par l'architecte Simon Vélez (Carthagène, Colombie).

SUJET DU BAC

Commentaire | **20 pts** | *Objet d'étude :* La poésie du XIXe au XXIe siècle | 4 h

Vous ferez le commentaire de ce poème de Philippe Jaccottet.

Sois tranquille, cela viendra ! Tu te rapproches,
tu brûles ! Car le mot qui sera à la fin
du poème, plus que le premier sera proche
de ta mort, qui ne s'arrête pas en chemin.

Ne crois pas qu'elle aille s'endormir sous des branches
ou reprendre souffle pendant que tu écris.
Même quand tu bois à la bouche qui étanche
la pire soif, la douce bouche avec ses cris

doux, même quand tu serres avec force le nœud
de vos quatre bras pour être bien immobiles
dans la brûlante obscurité de vos cheveux,

elle vient, Dieu sait par quels détours, vers vous deux,
de très loin ou déjà tout près, mais sois tranquille,
elle vient : d'un à l'autre mot tu es plus vieux.

Philippe Jaccottet, « Sois tranquille... »,
in *L'Effraie et autres poésies*, 1954 © Éditions Gallimard.

→ *Corrigé p. 88*

CORRIGÉ

Corrigé du sujet de la p. 87.

Travail préparatoire

Analyse du texte

Le commentaire de texte est toujours en lien avec un des objets d'étude du programme. Ici, le poème de Philippe Jaccottet est associé à l'objet d'étude suivant : la poésie du XIXe au XXIe siècle. Nous verrons dans quelle mesure ce poème s'inscrit à la fois dans une tradition poétique mais aussi dans la modernité.

Travail au brouillon

Poésie traditionnelle	Poésie moderne
– Le sonnet* – La tonalité* lyrique – Le thème de la fuite du temps – Les enjambements* – Les anaphores*	– L'absence de majuscule en début de vers – L'énonciation* originale : emploi du *tu* – L'originalité du titre du recueil : *L'Effraie et autres poésies* – La multiplicité des enjambements* qui déconstruit les vers*

Explication du titre du recueil

Le jour du bac, à l'écrit, une note de vocabulaire expliquera chaque terme difficile comme « L'Effraie ». Une effraie désigne un type de chouette. Le mot vient du verbe « effrayer » et connote « l'effroi ».

Une réécriture de Baudelaire

Ce poème est une réécriture du sonnet* « Recueillement » extrait des *Fleurs du Mal* (1857) de Charles Baudelaire :

« Sois sage, ô ma Douleur, et tiens-toi plus tranquille.
Tu réclamais le Soir ; il descend ; le voici :
Une atmosphère obscure enveloppe la ville,
Aux uns portant la paix, aux autres le souci. [...] »

Cette information n'est pas indispensable pour réussir votre commentaire de texte. Elle peut cependant vous aider à appréhender la démarche de l'auteur et à comprendre son inscription dans la tradition poétique.

Plan détaillé

Introduction

[amorce de l'introduction] La thématique de la fuite du temps constitue un *topos* poétique, c'est-à-dire un lieu commun, un cliché littéraire. On retrouve cette thématique dès la Renaissance avec, par exemple, certains poèmes de

Ronsard. Philippe Jaccottet s'inscrit donc dans toute une tradition poétique. **[présentation de l'œuvre]** Le poème à étudier intitulé « Sois tranquille » est tiré du recueil *L'Effraie* paru en 1954. C'est une réécriture du poème de Baudelaire intitulé « Recueillement ». **[problématique]** Il semble donc intéressant d'étudier par quels procédés Philippe Jaccottet donne à lire un poème inscrit à la fois dans la tradition et la modernité. **[annonce du plan en 3 parties]** Nous verrons d'abord que Philippe Jaccottet met en scène le caractère inexorable du temps qui passe, conformément à la tradition poétique. Ceci nous amènera à étudier l'originalité de ce poème de l'effroi. Enfin, nous nous demanderons comment le sonnet propose une réflexion générale sur la mort, l'amour et la poésie.

1. Donner à sentir le temps qui passe, conformément à la tradition du memento mori

a) Une allégorie de la mort

– La mort est présentée sous forme d'allégorie*. Elle est désignée par le pronom personnel sujet « elle » et devient le personnage principal du sonnet.

– La mort est inexorable : elle ne peut pas ne pas venir. Cette fatalité est marquée par le futur à valeur prophétique « cela viendra ! ».

> **Rappel**
> Pensez à tirer du sens des **procédés littéraires** que vous aurez identifiés !

– Elle est personnifiée en marcheuse, comme en témoignent plusieurs verbes de mouvement : « elle vient », « tu te rapproches ».

– La négation insiste sur son dynamisme : « [elle] ne s'arrête pas en chemin ».

– L'anaphore* « elle vient » accentue le mouvement de la mort qui apparaît donc sous la plume de Philippe Jaccottet comme une créature toujours mobile.

– L'arrivée de la mort est paradoxalement à la fois certaine et imprévisible. Son cheminement semble en effet aléatoire : « Dieu sait par quels détours ».

b) Un poème lyrique sous la forme de memento mori

– Philippe Jaccottet utilise une tonalité* lyrique pour exprimer cette impuissance face à la mort.

– L'énonciation* du poème est intéressante à étudier. Le *je* lyrique du poète s'adresse directement au lecteur qui est donc pleinement impliqué : « Sois tranquille, cela viendra ! ». Le lyrisme* prend ici une dimension universelle et parle à tous.

– Le poème reprend la forme traditionnelle du *memento mori* : « souviens-toi que tu es mortel. »

– Le premier vers du poème est à lire de façon ironique : « Sois tranquille, cela viendra ! ». En effet, Philippe Jaccottet ne cherche pas tant à nous rassurer qu'à nous inquiéter.

2. Un poème moderne de l'effroi

a) Une déconstruction de la métrique traditionnelle

– La modernité tient d'abord au rythme du sonnet* et aux nombreux effets de rupture : les rejets* et autres enjambements* participent de cette instabilité (« la fin / du poème »).

– La suite des rejets* donne le sentiment que le poème avance. Le rejet « avec ses cris / doux », situé au milieu du poème, est très important parce qu'il se joue à plusieurs niveaux :

- au niveau du vers (rejet vers 8-9)
- au niveau du quatrain (rejet entre le quatrain et le tercet)
- au niveau de la fin des deux quatrains (rejet entre la première partie du sonnet composé de 2 quatrains et la seconde composée de 2 tercets).

– Le rythme du poème est donc très instable : on compte 5 phrases de plus en plus longues. La dernière parcourt 8 vers sur les 14 vers qui composent le sonnet. Cette dernière phrase, très longue, ne permet pas au lecteur de reprendre son souffle au cours de sa lecture et mime cette instabilité. À l'image de cette longue phrase, le temps ne s'arrête pas.

b) L'utilisation d'une image originale : l'effraie

– Dès le titre du recueil, Philippe Jaccottet utilise l'image étonnante et moderne de la chouette pour signifier la mort.

– L'effraie est aussi appelée « dame blanche », autre nom donné à l'allégorie* de la mort.

– Le terme « effraie » donne à entendre le mot « effroi ». L'auteur joue avec la musique des mots et associe la « dame blanche » à l'angoisse de la mort.

– Cette image est ancrée dans le réel et donne une vision concrète, voire quotidienne, de la mort.

– Au sein du poème, plusieurs éléments sont des références discrètes à l'oiseau de nuit mentionné dans le titre du recueil :

- les « cris » au vers 8 ;
- l'atmosphère nocturne avec la « brûlante obscurité » ;
- le lieu d'habitation de la chouette avec la mention des « branches ».

3. Une réflexion générale sur la mort, l'amour et la poésie

a) L'amour comme échappatoire à la mort ?

– Philippe Jaccottet cherche des issues à la mort et des moyens pour y échapper. L'amour, principe de vie, apparaît comme la première possibilité pour se soustraire à cette angoisse de la mort.

> **Attention !**
> « Échappatoire » est un mot féminin : on dit « une échappatoire ».

– On retrouve ici les différentes tentatives de Baudelaire qui, dans *Les Fleurs du Mal*, cherche lui aussi à échapper à son « spleen ». L'allusion à la « brûlante obscurité des cheveux » fait écho au poème « La Chevelure » de Baudelaire.

– Philippe Jaccottet développe cette thématique amoureuse en évoquant des plaisirs charnels comme les baisers (« quand tu bois à la bouche ») ou l'enlacement amoureux (« quand tu serres avec force le nœud / de vos quatre bras »).

– L'image du « nœud » est pourtant très ambivalente : elle désigne l'enlacement des bras amoureux, mais connote* aussi la mort (nœud des pendus).

– L'évocation de l'amour, au centre du poème (second quatrain et premier tercet), est encadrée par l'allusion à la mort qui encercle donc l'amour. La mort emprisonne l'amour.

– Malgré la force de la passion, l'amour ne permet pas d'échapper à la mort.

b) La poésie, autre échappatoire à la mort ?

– Rien ne semble résister à la mort.

– Dans la tradition, la poésie a souvent ce pouvoir d'arrêter le temps qui passe en célébrant l'instant figé, pris sur le vif. On peut penser au vers de Lamartine : « Ô temps ! suspends ton vol… » dans son poème « Le Lac ».

– Le sonnet* de Philippe Jaccottet est à la fois un poème sur le temps qui passe et sur la poésie elle-même. Le champ lexical* de l'écriture est présent avec « fin du poème » ou « mot ».

– Cependant, loin de fixer et d'arrêter le temps, les mots de l'auteur apparaissent plutôt comme les marqueurs de cette fuite du temps.

– Philippe Jaccottet renverse ici délibérément le *topos* de la poésie qui aurait comme pouvoir d'arrêter le temps.

Conclusion

– L'auteur s'inscrit dans une tradition poétique : il reprend la forme traditionnelle du sonnet* pour évoquer un *topos* poétique, la fuite du temps. Ce poème fait aussi référence à d'autres poèmes de Pierre de Ronsard, Alphonse de Lamartine et Charles Baudelaire.

Rappel
Vous devez répondre à la problématique.

– Philippe Jaccottet propose cependant une vision singulière et moderne : la mort est personnifiée par la chouette effraie, et le poète travaille à déconstruire la musique et la versification traditionnelle pour mieux mimer l'effroi.

CHAPITRE 5 La littérature d'idées du XVIe au XVIIIe siècle

La littérature d'idées regroupe des textes de **genres** et de **tonalités*** variés. Ces textes portent sur les **questions fondamentales** que l'homme se pose. Ils défendent tous une **thèse**, des valeurs humanistes et mettent en lumière les vices et les **défauts** de la société. Leur lecture permet de développer votre culture et d'aiguiser votre **esprit critique**.
Chaque texte s'inscrit dans un **contexte** culturel, idéologique et social (humaniste au XVIe siècle, classique au XVIIe siècle, porté par les Lumières au XVIIIe siècle) et témoigne des **questions éthiques** et **esthétiques** de l'époque. Vous devez cependant aborder chaque texte dans sa **singularité** et en présenter sa **richesse**.

1 La littérature d'idées du XVIe siècle

A L'élargissement du monde

La Renaissance est accompagnée et portée par une série de **changements majeurs** de tous ordres et par une ouverture géographique au monde.

L'ouverture des Européens au « Nouveau Monde »

En 1492, Christophe **Colomb**, cherchant à atteindre les Indes, accoste en Amérique et ouvre ainsi l'Europe sur l'océan Atlantique. En 1497, Vasco de **Gama** accomplit son premier voyage en Inde en contournant l'Afrique. En 1520, Fernand de **Magellan** entreprend le premier tour du monde. Il contourne l'Amérique par le sud et traverse l'océan Pacifique. En 1535, Jacques **Cartier** atteint l'embouchure du Saint-Laurent (futur Canada), au nord de la baie de Gaspésie.

Une représentation du monde qui s'affirme

Les horizons s'élargissent aux dimensions du monde. Les premiers **atlas** mondiaux apparaissent. Le cartographe flamand Abraham **Ortelius** publie en 1570 un atlas de 70 cartes, le *Theatrum Orbis Terrarum*. C'est le premier atlas de cartes géographiques mis au point d'après les résultats des travaux d'exploration récents.

Carte de l'Amérique extraite de l'atlas
Theatrum Orbis Terrarum d'Abraham Ortelius, 1570.

La colonisation des territoires hors d'Europe

À partir du XVIe siècle, les Européens **colonisent** des territoires hors d'Europe : ils exploitent les populations, les évangélisent par la force et pillent leurs richesses qu'ils ramènent en Europe. Les Européens développent la **traite des Noirs** : des esclaves africains sont amenés en Amérique pour travailler dans les exploitations. Dès le XVIe siècle se pose alors la question du rapport à l'autre.

B Les inventions scientifiques et techniques

À partir du XVIe siècle, les savants renouvellent les connaissances dans tous les domaines. Les **avancées scientifiques** et les **inventions** sont considérables : invention du mousquet, du thermomètre, de la montre mécanique, innovations en mécanique, en architecture, en hydraulique, en mathématiques, etc.

De nouvelles théories scientifiques

Les savants refusent les enseignements soumis à une vision religieuse du monde. Ils élaborent leurs nouvelles théories scientifiques en vérifiant leurs hypothèses à partir d'**expérimentations**. L'**observation** et l'**expérience** se généralisent.

- **En astronomie,** Nicolas **Copernic** au XVIe siècle puis **Galilée** au XVIIe siècle remettent en cause la théorie de Ptolémée (IIe siècle après J.-C.) selon laquelle la Terre est au centre du monde (géocentrisme). Ils défendent la thèse de l'**héliocentrisme** (le soleil est placé au centre de l'univers).
- **En médecine,** les dissections d'André **Vésale** et les travaux d'Ambroise **Paré,** premier chirurgien du roi Charles IX, permettent une avancée majeure en **anatomie** malgré la résistance et l'hostilité de l'Église et de la faculté de médecine qui restent attachées à des enseignements traditionnels.

Des savants pluridisciplinaires

Les savants du XVIe siècle sont pluridisciplinaires comme **Copernic** qui étudie le droit, la médecine, les mathématiques et l'astronomie, ou Léonard de **Vinci**, artiste et savant italien, devenu la figure du génie universel.

Ex. : « J'ai voulu aussi passionnément connaître et comprendre la nature humaine, savoir ce qu'il y avait à l'intérieur de nos corps. Pour cela, des nuits entières, j'ai disséqué des cadavres, bravant ainsi l'interdiction du pape. Rien ne me rebutait. Tout, pour moi, était sujet d'étude. » Léonard de Vinci, *Carnets*, 1487-1508.

C La Renaissance : un mouvement européen (XVe et XVIe siècles)

L'entrée dans la modernité

La Renaissance marque la fin du Moyen Âge et l'entrée dans la **modernité**. La **Renaissance** désigne un vaste mouvement **culturel et artistique européen** qui traverse le XVe et le XVIe siècle. L'**Italie** est le berceau de ce renouveau culturel qui se propage dans toute l'Europe.

En France, la Renaissance se déroule sous le règne de **François Ier**. Ce roi moderne impose le français comme **langue officielle** dans l'administration et le droit (ordonnance de Villers-Cotterêts, 1539) et s'entoure d'une Cour d'artistes et d'humanistes.

Ce mouvement culturel se définit comme une **rupture avec le Moyen Âge** et un **« renouveau »** dans la forme et dans le fond de tous les arts, en opposition avec l'art gothique.

François Ier (1494-1547), roi de France en 1515

L'imprimerie : une révolution

L'imprimerie à caractères mobiles est inventée par Johannes **Gutenberg** vers 1450. Les livres, les textes sacrés et les idées nouvelles circulent désormais très facilement dans toute l'Europe et sont accessibles à un plus grand nombre.

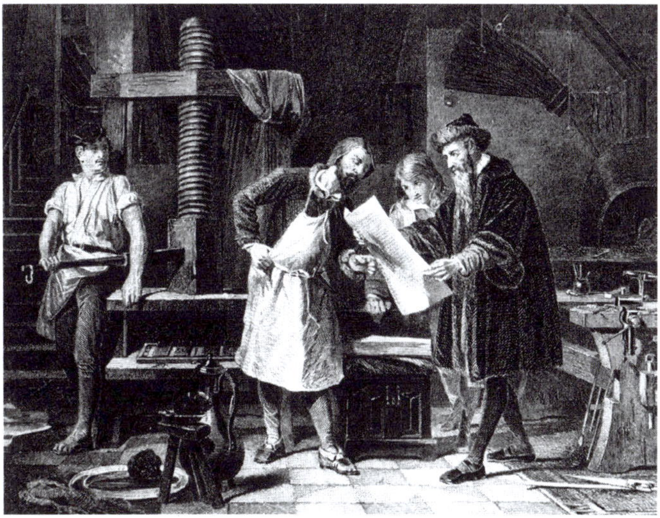

Johannes Gutenberg dans un atelier d'imprimerie. Gravure, 1881.

D L'humanisme

La redécouverte de l'Antiquité

Les humanistes sont à l'origine d'un profond bouleversement culturel à la suite de la **redécouverte** des auteurs de l'**Antiquité**. Les érudits qui fuient **Constantinople** à la chute de l'Empire byzantin (1453) emportent avec eux des textes **gréco-latins** qu'ils **retraduisent** et corrigent. Ils suppriment les interprétations des hommes d'Église et restent le plus fidèle possible aux textes d'origine. Les humanistes s'appuient sur ces auteurs antiques et prônent le retour à ces textes sources retraduits pour exalter les **qualités** et la **dignité de l'homme**. L'**humanisme** désigne cette volonté des hommes de la Renaissance de se tourner vers les **textes de l'Antiquité** pour redonner une place centrale à l'homme.

L'homme au centre des savoirs

Les humanistes placent l'homme au cœur de leurs **préoccupations** et retrouvent **foi** en lui, contrairement aux penseurs du Moyen Âge qui ne définissaient l'homme que par sa relation à Dieu. Les humanistes restent croyants mais questionnent la place de la **religion** et proposent une nouvelle **vision de l'homme**.

Les caractéristiques de l'humanisme

- **Le rôle central de l'éducation.** L'homme nouveau doit être éduqué et capable d'une **réflexion propre**.

– **Des savoirs diversifiés.** Contrairement au **Moyen Âge** où les savoirs étaient **figés** et transmis sans pédagogie, les humanistes souhaitent **diversifier** et **personnaliser** les enseignements selon les penchants naturels des élèves. De nombreux humanistes, comme Rabelais, vont s'ériger contre l'éducation pratiquée par l'université parisienne de la **Sorbonne**. En effet, au Moyen Âge, l'Église catholique exerçait un quasi-monopole sur la vie culturelle à travers son emprise sur l'institution scolaire. Les universités se développaient sous son contrôle. La Sorbonne orientait toute la pensée scientifique et théologique de la France. Les hauts dignitaires ecclésiastiques avaient un pouvoir de contrôle et de **censure**.

– **Un homme complet.** L'humaniste est un homme **complet** qui se préoccupe d'une éducation **harmonieuse** de l'**esprit** mais également du **corps**. Celui-ci, méprisé au Moyen Âge, est revalorisé. Une bonne éducation repose tout autant sur les connaissances intellectuelles que sur les aptitudes manuelles et physiques.

> **Citation**
>
> Pour les humanistes, l'éducation doit former **« un esprit sain dans un corps sain »** (Juvénal, poète latin du Ier siècle après J.-C.)

– **L'éducation idéale pour Rabelais.** Dans *Pantagruel* (1532), Gargantua envoie une lettre à son fils Pantagruel parti étudier à Paris pour devenir un parfait humaniste. Rabelais y énonce tous les grands **principes** de l'éducation humaniste. Les énumérations* rendent compte de la **diversité** des **savoirs**. Ce programme **idéal** témoigne de la soif de savoir des humanistes.

Ex. : « Très cher fils, [...]

J'entends et veux que tu apprennes les langues parfaitement : d'abord la grecque, comme le veut Quintilien. Puis la latine. Puis l'hébraïque pour l'Écriture sainte, ainsi que la chaldaïque et l'arabe. Et que tu formes ton style, pour la grecque à l'imitation de Platon, et pour la latine, de Cicéron. Qu'il n'y ait d'histoire que tu n'aies présente à la mémoire, à quoi t'aidera la cosmographie. Les arts libéraux, géométrie, arithmétique, musique, je t'en ai donné quelque goût quand tu étais encore petit, vers tes cinq ou six ans. [...]. Quant à la connaissance des sciences naturelles, je veux que tu t'y adonnes avec zèle ; qu'il n'y ait mer, rivière, ni fontaine dont tu ne connaisses les poissons ; tous les oiseaux de l'air ; tous les arbres, arbustes, et fruitiers des forêts, toutes les herbes de la terre ; tous les métaux cachés au ventre des abîmes, les pierreries de l'Orient et de l'Afrique ; que rien ne te soit inconnu. [...]

D'Utopie, le 17 mars, ton père, Gargantua.

Rabelais, *Pantagruel*, chapite 8, 1532.

– **L'éducation pour Montaigne.** Dans les *Essais*, Montaigne invite à penser par soi-même en s'**appropriant** les savoirs des anciens, c'est-à-dire des grecs et des latins. Le précepteur doit former le **jugement** de son élève, le plus important n'étant pas de lui apprendre le plus grand nombre de choses, mais de lui apprendre à **réfléchir** et à développer son **intelligence** et sa **personnalité**. Montaigne préfère une « tête bien faite » à une « tête bien pleine ».
Pour illustrer son propos, l'auteur a recours à la métaphore* des abeilles qui « pillottent » (butinent) les fleurs pour, ensuite, digérer le pollen afin de faire un miel qui leur est propre.

Ex. : « Les abeilles pillotent de çà de là les fleurs, mais elles en font après le miel, qui est tout leur ; ce n'est plus thym ni marjolaine ; ainsi les pièces empruntées d'autrui, il les transformera et confondra pour en faire un ouvrage tout sien, à savoir son jugement. Son institution, son travail et étude ne vise qu'à le former. » Montaigne, *Essais*, Livre I, chapitre 26, 1580.

– **L'éducation pour Érasme.**
Érasme, humaniste hollandais, critique dans son *Éloge de la folie* (1511) la façon traditionnelle d'apprendre. Il brosse ainsi le portrait péjoratif d'**enseignants** imbus d'eux-mêmes qui frappent leurs élèves et leur inculquent un **savoir vide** de sens.

Érasme de Rotterdam (1466-1536)

Ex. : « On les voit toujours faméliques et sordides dans leur école ; je dis leur école, je devrais dire leur séjour de tristesse, ou mieux encore leur galère ou leur chambre de tortures. Parmi leur troupeau d'écoliers, ils vieillissent dans le surmenage, assourdis de cris, empoisonnés de puanteur et de malpropreté, et cependant je leur procure l'illusion de se croire les premiers des hommes. » Érasme, *Éloge de la folie*, 1511.

- **Défendre un idéal politique.** Les humanistes repensent la politique et le rôle du **souverain** et du **pouvoir**. Les œuvres de pédagogie humaniste ont d'ailleurs pour but principal de former le **roi**. Seule une bonne éducation donnée au roi permettra au peuple d'accéder au bonheur. L'homme nouveau qui aspire au **bonheur** a un idéal politique fondé sur le **pacifisme.**

Ex. : « C'est [...] ce que dit Platon au livre 5 de la *République* : les États seront heureux quand les rois philosopheront ou quand les philosophes règneront. » Rabelais, *Gargantua*, chapitre 43, 1534/35.

Pour Rabelais, le bon **roi chrétien** doit être **pacifique** et doit se garder d'une guerre de conquêtes. C'est une critique masquée de François Ier qui, à l'époque, participe à des guerres de conquête très meurtrières contre Charles Quint.

Ex. : « Le temps n'est plus d'ainsi conquêter les royaumes, avec dommage de son prochain frère chrétien. Cette imitation des anciens Hercules, Alexandres, Annibals, Scipions, Césars et autres tels, est contraire à la profession de l'Évangile, par lequel nous est commandé garder, sauver, régir et administrer chacun ses pays et terres, non hostilement envahir les autres, et ce que les Sarrasins et barbares jadis appelaient prouesses, maintenant nous appelons briganderies et méchancetés. » Rabelais, *Gargantua*, chapitre 46, 1534/35.

■ **Des utopies pour une vie meilleure.**

– **Des modèles utopiques.** Les humanistes inventent des **modèles** de vie en **société** utopiques qui répondent à l'idéal humaniste. « Utopie » vient du grec *utopia* et signifie « en aucun lieu ». L'utopie désigne un **pays imaginaire** où un **gouvernement idéal** et sans défauts règne sur une société heureuse. La description d'une cité utopique permet aux auteurs de faire une **critique** implicite de la société bien réelle dans laquelle ils vivent. Ce modèle idéal apparaît chez de nombreux humanistes : Érasme, un des conseillers de Charles Quint, dans l'*Éloge de la folie* (1511) ; l'anglais Thomas More, chancelier du roi Henri VIII, dans *Utopie* (1516) ; Rabelais dans *Gargantua* (1534/35) et Étienne de La Boétie, l'ami de Montaigne, dans son discours *De la Servitude volontaire* (1578).

– **L'utopie de l'abbaye de Thélème** (*Gargantua*, 1534/35). Le bon roi Gargantua récompense Frère Jean des Entommeures pour ses actions. Frère Jean construit alors une abbaye à son idée : l'abbaye de Thélème. Les Thélémites y vivent dans une totale **liberté** comme l'indique leur maxime : « Fais ce que voudras. » Chaque Thélémite reçoit une éducation humaniste qui exerce l'esprit et le corps. L'harmonie est permanente au sein de l'abbaye. Les Thélémites sont naturellement poussés vers les actions vertueuses. C'est de l'absence totale de contraintes que naît « la vertu » selon Rabelais parce que l'homme libre a « par nature » une inclination au bien. Cette description propose un idéal de vie en communauté. Cette utopie cache aussi une **critique des ordres monastiques** de l'époque puisque l'ordre des Thélémites est construit « au rebours de tous les autres » et que les trois vœux traditionnels de pauvreté, chasteté et obéissance ne sont pas respectés au sein de l'abbaye.

■ **Des débats religieux.**

– **Les guerres de Religion.** Le XVIe siècle est marqué par les guerres de Religion entre **catholiques** et **protestants**. Martin **Luther**, un moine allemand, s'oppose à l'Église catholique sur le dogme et la pratique du culte. Il dénonce la richesse et les abus de l'Église catholique et souhaite revenir à une religion débarrassée des superstitions et des interventions permanentes de l'Église.

Martin Luther (1483-1546)
Portrait par Lucas Cranach, 1529.

En 1517, il rompt avec l'Église catholique et fonde la **Réforme protestante**. Il affiche ses *95 thèses* sur les portes d'une église de Wittenberg. Il est condamné par le pape en 1521. En France, la Réforme est propagée par Jean **Calvin** (1509-1564).

Jean Calvin (1509-1564)

La France, l'Allemagne et les Pays-Bas vivent une période très troublée et l'opposition entre les territoires catholiques et protestants provoque des **guerres** violentes. En France, le pouvoir royal voit le protestantisme comme un facteur de division du pays, en particulier quand les grands seigneurs se convertissent. Les exactions se multiplient. Le mariage à Paris de Marguerite de Valois, sœur du roi catholique Charles IX, et d'Henri de Navarre, chef du parti protestant, donne ainsi lieu au massacre de 2 000 protestants à Paris (**Massacre de la Saint-Barthélemy** le 24 août 1572) et de plusieurs milliers d'autres ailleurs en France. En 1598, l'Édit de Nantes met fin aux guerres de Religion en reconnaissant les protestants et en leur accordant droits, égalité et sécurité.

– **La dénonciation des violences.** Les humanistes condamnent la violence des guerres de Religion. Pierre de **Ronsard** dans *Discours et misères de ce temps* (1562) en décrit les horreurs. Agrippa d'**Aubigné**, blessé lors d'une bataille, écrit *Les Tragiques* (1616), poème dans lequel il raconte les guerres de Religion en dénonçant les persécutions des protestants. Il compare ainsi la France à une mère dont les deux jumeaux (« besson ») se battent, l'un plus fort et hargneux représentant le catholicisme, l'autre le protestantisme.

Ex. : « Je veux peindre la France une mère affligée,
Qui est, entre ses bras, de deux enfants chargée.
Le plus fort, orgueilleux, empoigne les deux bouts
Des tétins nourriciers ; puis, à force de coups
D'ongles, de poings, de pieds, il brise le partage
Dont nature donnait à son besson l'usage ;
Ce voleur acharné, cet Esaü malheureux,
Fait dégât du doux lait qui doit nourrir les deux,
Si que, pour arracher à son frère la vie,
Il méprise la sienne et n'en a plus d'envie. »
Agrippa D'Aubigné, Livre 1, « Misères », *Les Tragiques*, 1616.

E Deux visages de l'humanisme : Rabelais et Montaigne

L'humanisme, porteur d'**optimisme**, pensant pouvoir expliquer et dominer le monde, devient progressivement plus **pessimiste** avec la violence et l'insécurité des guerres de Religion. Le versant optimiste est incarné par **Rabelais**, et le second, plus sombre, plus critique, par **Montaigne**.

Rabelais (1494-1553) ou l'humanisme optimiste

Voir p. 115, p. 137.

Montaigne (1533-1592) ou l'humanisme désenchanté

Michel Eyquem de Montaigne (1533-1592)

- **Le projet de « se peindre ».** Dans ses *Essais* (1580), Montaigne nous livre au jour le jour ses **réflexions**, son expérience, ses idées personnelles, ses anecdotes et ses emprunts aux auteurs de l'Antiquité, sans prétendre nous donner une leçon. « Je suis moi-même la matière de mon livre », écrit-il. Son projet est donc de « se peindre », de brosser son **portrait**.
- **Les *Essais* sont une œuvre en « mouvement »,** sans cesse complétée, **nuancée** jusqu'à son dernier jour et éditée trois fois par l'auteur lui-même. Comme le titre l'indique, son œuvre se fonde sur l'**expérimentation**. Montaigne revendique une **liberté de ton**.

Ex. : « Je veux qu'on m'y voie en ma façon simple, naturelle et ordinaire, sans contention et artifice : car c'est moi que je peins. Mes défauts s'y liront au vif, et ma forme naïve, autant que la révérence publique me l'a permis. »
Montaigne, *Avant-propos* des *Essais*, 1580.

- **Des thèmes chers aux humanistes.** Montaigne reprend les thèmes de prédilection des humanistes.

– **L'éducation.** Instruire consiste à former le « jugement ». *(cf. p. 97)*

– **L'amitié.** L'essayiste brosse le portrait élogieux de son ami Étienne de **La Boétie** et tente de définir ce qu'est l'amitié.

Ex. : « Si on me presse de dire pourquoi je l'aimais, je sens que cela ne se peut exprimer qu'en répondant : "parce que c'était lui, parce que c'était moi" ».
Montaigne, « De l'amitié », *Essais*, 1580.

– **L'autre.** Dans le premier livre des *Essais*, Montaigne explique que, pour se former, il faut « frotter et limer notre cervelle contre celle d'autrui ». Dans « Des cannibales », il réfléchit à la perception de l'autre et à la relativité des cultures. Humaniste curieux, Montaigne s'intéresse aux mœurs de ces **nouveaux peuples**. Il interroge les coutumes et en particulier celle de l'**anthropophagie**. Il développe dans ce chapitre l'idée du relativisme.

Ex. : « Or je trouve, pour revenir à mon propos, qu'il n'y a rien de barbare et de sauvage en cette nation, à ce qu'on m'en a rapporté ; sinon que chacun appelle barbarie ce qui n'est pas de son usage. »
Montaigne, « Des cannibales », *Essais*, 1580.

– **L'esclavage.** Montaigne fut parmi les premiers à dénoncer l'utilisation de la torture et l'extermination des Indiens d'Amérique et leur esclavage.

– **Des thèmes philosophiques** : le stoïcisme (dans le chapitre « Que philosopher c'est apprendre à mourir »), la douleur, la mort. Montaigne s'intéresse aussi à la doctrine philosophique du scepticisme selon laquelle l'esprit humain ne peut atteindre aucune vérité générale. Montaigne doute et se refuse à des affirmations dans ce monde qui change perpétuellement, il préfère se demander : « Que sais-je ? »

– **L'écriture elle-même.** Dans son livre III, Montaigne précise : « J'ajoute, mais je ne corrige pas. » L'auteur ajoute des éléments d'édition en édition, sans effacer le texte précédent. Son écriture est « à sauts et à gambades », elle est dictée par la liberté.

Ex. : « Je m'égare, mais plutôt par licence que par mégarde. Mes idées se suivent, mais parfois c'est de loin, et se regardent, mais d'une vue oblique. »
Montaigne, *Essais*, livre III, chapitre 9.

2 La littérature d'idées du XVIIe siècle

A Le « Grand Siècle »

Un monarque de droit divin

Le XVIIe siècle est marqué par la montée de l'**absolutisme royal** sous Louis XIII et par l'apogée de Louis XIV. Sous le règne de Louis XIII, les **affrontements** entre les catholiques et les protestants reprennent. Louis XIV prend le contrôle du gouvernement à la mort de son ministre, le cardinal **Mazarin**, et gouverne désormais **seul**.

Il instaure une **monarchie absolue** de **droit divin** et supprime la liberté de la presse. Sous son règne, marqué également par les guerres en Europe, la France acquiert une **prééminence européenne** économique, politique et militaire. On parle de **« Grand Siècle »** ou du « siècle de Louis XIV » pour désigner ce prestige. Le roi met en place un **État centralisé** dirigé depuis son château de **Versailles**.

Portrait de Louis XVI (1638-1715) de Hyacinthe Rigaud, 1701.

Vue des Écuries de Versailles prise de la seconde grille, Jean-Baptiste Rigaud, 1752-1761.

La fin de son règne est ternie par l'**exode** des protestants persécutés, par des **revers** militaires mais aussi par de grandes **famines**.
La consolidation du **pouvoir** royal fait du **roi** et de la **Cour** les maîtres du bon goût et de la pensée. Les **écrivains** sont souvent des gens de Cour qui n'hésitent cependant pas à critiquer leurs contemporains et à **débattre**. La littérature est ainsi fortement influencée par les événements politiques et reflète avant tout la vie des puissants.

Baroque et classicisme en littérature

Deux courants opposés traversent le XVIIe siècle : le **baroque** et le **classicisme**. Au début du siècle, les auteurs baroques représentent un monde **instable** et **fantaisiste**, mais le classicisme triomphe lors de la seconde partie du siècle. Le classicisme répond à un idéal d'**ordre** et de **règles** à l'image de la monarchie absolue, et **symbolise** le siècle de Louis XIV. Le classicisme privilégie l'**harmonie**, la hiérarchie, la **discipline** et la transparence.

B La place des moralistes

Définition

Le moraliste étudie les **mœurs**, c'est-à-dire les habitudes d'un individu ou d'une société. Les moralistes classiques s'opposent aux excès du mouvement baroque et lui préfèrent un idéal de **mesure** et d'**harmonie**. Ils décrivent et analysent les mœurs de leurs contemporains, notamment des gens de la **Cour** en dénonçant leurs **travers**.

Mot-clé

Moraliste : « Auteur qui écrit, qui traite de la morale. » Première définition tirée du dictionnaire d'Antoine Furetière (1690). Par extension, le terme désigne un écrivain qui peint les mœurs.

Peindre les caractères

Les moralistes développent l'art du **portrait**, souvent critique ou satirique. Les intellectuels, ne pouvant critiquer le régime en place de Louis XIV, s'attaquent aux individus. Plusieurs genres se développent : la **satire*** et les **caractères**.

- **Les *Satires* (1666) de Boileau.** L'auteur reprend le genre de la satire en s'inspirant du poète latin Juvénal afin de se moquer d'une personne ou d'un défaut de la société. Ses **attaques virulentes** à l'égard de ses contemporains (contre le surintendant Fouquet par exemple) alimentent les débats et les querelles dans les salons mondains.
- ***Les Caractères* (1688) de La Bruyère (voir p. 119).** Ce recueil, inspiré des *Caractères* d'un auteur grec antique, Théophraste, dresse un tableau critique et humoristique de la société du XVIIe siècle à travers des portraits. L'auteur y décrit d'une façon vive et piquante les hypocrites, les ridicules, les faux dévots, les riches, la mode vestimentaire de l'époque, les manies, la Cour, etc. Il parvient à mettre en lumière les gestes et les **détails significatifs**. La Bruyère crée ainsi des **types**. Chaque portrait est **singulier** et **universel** à la fois, les grands traits de la nature de l'homme sont ainsi isolés. Dans « Arrias », l'auteur brosse le portrait satirique* d'un bavard insupportable, antipathique et imbu de sa personne. L'hyperbole* inaugurale en est une parfaite illustration.

  Ex. : « Arrias a tout lu, a tout vu, il veut le persuader ainsi ; c'est un homme universel, et il se donne pour tel : il aime mieux mentir que de se taire ou de paraître ignorer quelque chose. On parle, à la table d'un grand, d'une cour du Nord : il prend la parole, et l'ôte à ceux qui allaient dire ce qu'ils en savent ; il s'oriente dans cette région lointaine comme s'il en était originaire ; il discourt des mœurs de cette cour, des femmes du pays, de ses lois et de ses coutumes ; il récite des historiettes qui y sont arrivées ; il les trouve plaisantes, et il en rit le premier jusqu'à éclater. »
  La Bruyère, « Arrias », *Les Caractères*, V, 1688.

Critiquer les mœurs

Louis XIV centralise tous les **pouvoirs** (législatif, exécutif et judiciaire). C'est particulièrement pour surveiller la haute noblesse qu'il a instauré la Cour. Les moralistes s'en prennent à ces hommes de pouvoir qui la peuplent.

- **La critique des courtisans et des princes.** François de La Rochefoucauld dénonce avec pessimisme dans ses *Maximes* l'**amour propre** et l'**égoïsme** qui président à toutes nos actions. De l'amour propre découlent l'orgueil, la vanité, l'intérêt et toutes les passions en général.

François de La Rochefoucauld (1613-1680)

L'auteur souligne le décalage entre l'**être** et le **paraître** des courtisans et des princes :

« Le refus des louanges est un désir d'être loué deux fois. » « La clémence des princes n'est souvent qu'une politique pour gagner l'affection des peuples. »

- **La critique des faux dévots.** La Bruyère et Molière (*Le Tartuffe*, 1664) s'en prennent à l'hypocrisie des **faux dévots**, c'est-à-dire à ces hommes qui, sous couvert d'une foi profonde et sincère, commettent de viles actions.
- **La critique de l'apparence et de la mode vestimentaire.** Dans « De la mode », La Bruyère brosse le portrait satirique d'Iphis, excessivement préoccupé de son apparence.

  Ex. : « Iphis voit à l'église un soulier d'une nouvelle mode ; il regarde le sien et en rougit, il ne se croit plus habillé. Il était venu à la messe pour s'y montrer et il se cache ; le voilà retenu par le pied dans sa chambre tout le reste du jour. »
  La Bruyère, « Iphis », *Les Caractères*, XIII, 1688.

  Cette critique de la mode se poursuivra au XVIIIe siècle.

C L'art de plaire et d'instruire

Les auteurs utilisent les genres de l'**argumentation indirecte** *(voir p. 209)* qui passent par la **fiction** et cherchent à la fois à **plaire** et à **instruire** le lecteur. Les contes et les fables mettent en scène la **comédie humaine**.

La fable

La fable se développe avec Jean de **La Fontaine** qui reprend les fables antiques d'**Ésope** et de **Phèdre** et les adapte à son époque. La Fontaine parle de ses *Fables* (1668) comme d'« Une ample comédie à cent actes divers, / Et dont la scène est l'Univers » (V, 1). Les récits brefs, ironiques* et vifs, mettant en scène des animaux, divertissent le lecteur et délivrent une **morale** qui pousse à la réflexion. Ces récits imaginaires font écho aux réalités sociales et politiques du Grand Siècle. Le lion, par exemple, représente le roi Louis XIV. Dans « Les Animaux malades de la peste », La Fontaine dénonce l'absolutisme royal comme l'indique explicitement la morale.

Illustration de la fable « La Cigogne et le Renard »

Ex. : « Selon que vous serez puissant ou misérable,
Les jugements de cour vous rendront blanc ou noir. »
Jean de La Fontaine, « Les Animaux malades de la peste », *Fables*, livre VII, 1668.

Le conte

Charles Perrault
(1628-1703)

Charles **Perrault** développe le **conte** nourri de **légendes populaires** souvent transmises à l'oral. Comme les fables, les contes sont de brefs récits qui délivrent une **morale**.

Ex. : « Il n'est pas malaisé de voir
Que le but de ce conte est qu'un enfant apprenne
Qu'il vaut mieux s'exposer à la plus rude peine
Que de manquer à son devoir ;

Que la vertu peut être infortunée,
Mais qu'elle est toujours couronnée ;

Que contre un fol amour et ses fougueux transports
La raison la plus forte est une faible digue,
Et qu'il n'est point de si riches trésors
Dont un amant ne soit prodigue ; [...] »
Charles Perrault, « Peau d'âne », 1694, *Contes de ma mère l'Oye*, 1697.

D Un idéal de raffinement

Le modèle de l'honnête homme

L'**idéal aristocratique** de la Cour est celui de l'**honnête homme**. Celui-ci incarne toutes les valeurs du classicisme : il fonde ses choix et ses actions sur la **raison** et non sur ses passions. Il doit avoir le sens de la mesure et de la **réserve**. Distingué, savant, généreux, son plus grand souci est de **plaire** à la Cour par ses manières, son cœur et son esprit. Il sait maîtriser les règles de **politesse** et de **galanterie**. La figure de l'honnête homme apparaît parallèlement à l'émergence de la bourgeoisie face à la noblesse.

L'art de la conversation

L'honnête homme est un être raffiné qui doit maîtriser l'art de parler en **société** et notamment dans les **salons littéraires** où se côtoient hommes et femmes de lettres et de sciences et où l'on débat *(voir p. 141)*.

L'art épistolaire*

Madame de **Sévigné** (1626-1696) établit une longue correspondance avec sa fille. Elle y partage des anecdotes savoureuses, des faits divers, des événements de la Cour non dénués d'ironie*. Ses lettres, réelles, ne seront éditées qu'au XVIIIe siècle où le genre **épistolaire** prendra un essor considérable.

E Le regard des philosophes

La littérature **rationaliste** de certains auteurs annonce la philosophie des Lumières du XVIIIe siècle.

René Descartes

René Descartes (1596-1650)

Philosophe, mathématicien et physicien français, René **Descartes** est considéré comme le fondateur de la **philosophie moderne**. Il s'intéresse essentiellement aux mathématiques pour leur certitude. Il fait confiance à la **raison** qu'il définit comme une « puissance de bien juger et distinguer le vrai d'avec le faux ». Descartes est un **rationaliste** : il reconnaît que le **doute** est toujours possible dans tous les domaines. Dans le *Discours de la méthode*, il affirme que la seule chose dont on ne peut douter, c'est notre **existence** : « je pense, donc je suis » (*cogito, ergo sum* en latin), c'est-à-dire, je suis, j'existe. Descartes s'interroge sur la façon de parvenir à un **savoir** solide. Le « bon sens » apparaît comme une faculté naturelle qui permet de bien juger, mais les hommes s'en servent mal. Pour bien penser, Descartes reconnaît alors la nécessité de se doter d'une **méthode**.

Parce qu'il place la raison au centre de sa pensée, René **Descartes** apparaît comme un des **précurseurs** du mouvement des Lumières du XVIIIe siècle.

> **À savoir**
>
> L'adjectif « cartésien » qui signifie logique, méthodique, rationnel est dérivé du nom Descartes.

Blaise Pascal

Blaise Pascal (1623-1662)

Mathématicien, physicien, théologien et philosophe, Blaise **Pascal** invente notamment la première machine à calculer. Dans ses *Pensées* (publiées après sa mort en 1670), il défend la **foi** chrétienne.

- **L'amour propre.** Blaise Pascal partage le pessimisme de certains moralistes et voit dans l'amour-propre, comme La Rochefoucauld, une **puissance trompeuse.**

  Ex. : « L'homme n'est donc que déguisement, que mensonge et hypocrisie, et en soi-même, et à l'égard des autres. » Blaise Pascal, *Pensées*, 1670.

- **Le « roseau pensant ».** D'un point de vue physique, l'homme semble **minuscule**, faible, vulnérable, mais il tient sa **dignité** et sa force de son pouvoir de **penser**. Blaise Pascal emploie la métaphore* du « roseau pensant ».

  Ex. : « L'homme n'est qu'un roseau, le plus faible de la nature ; mais c'est un roseau pensant » Blaise Pascal, *Pensées*, 1670.

F Les querelles esthétiques

Le « goût » au XVIIe siècle

- **Respecter le bon goût** est un impératif chez les penseurs classiques. Conformément à l'idéal de l'honnête homme, le bon écrivain doit être un homme de « goût » qui doit allier la **perfection** au **naturel**.
- ***Nihil nimis.*** Pascal fait sa devise d'une expression du poète latin Horace : *nihil nimis*, « rien de trop ». L'équilibre, la **modération**, la mesure et l'harmonie permettent d'atteindre cet idéal classique.

  Ex. : « Il faut se renfermer, le plus qu'il est possible, dans le simple naturel, ne pas faire grand ce qui est petit, ni petit ce qui est grand. Ce n'est pas assez qu'une chose soit belle, il faut qu'elle soit propre au sujet, qu'il n'y ait ni rien de trop ni rien de manque. »
  Blaise Pascal, *Pensées*, 1670.

La querelle des Anciens et des Modernes

La querelle des Anciens et des Modernes, appelée également querelle des classiques et des modernes, est un **débat** qui anime le monde littéraire et culturel de la fin du XVIIe siècle.

- **L'opposition de deux camps.**

	Les Anciens	Les Modernes
Auteurs	– Boileau – La Bruyère – La Fontaine – Racine – Fénelon	– Perrault – Charpentier – Fontenelle
Rapport aux Anciens	Culte des Anciens (Antiquité grecque et latine).	Renoncer à imiter les auteurs antiques qui peuvent être dépassés : « ils sont grands, il est vrai, mais hommes comme nous. » (Charles Perrault, *Le Siècle de Louis le Grand*)
Thèmes à valoriser	– Respecter les règles du théâtre classique héritées d'Aristote dans sa *Poétique*. – Reprendre les thèmes de l'Antiquité comme dans *Phèdre* de Racine.	– Choisir des formes et des sujets nouveaux. – Avoir foi dans le progrès et les techniques modernes.
Voie à suivre	Imiter les Anciens, sans perdre non plus l'idée d'originalité (La Fontaine : « Mon imitation n'est point un esclavage. » *Épître à Huet*)	Adhérer au progrès et innover.

- **Exemples de débats.**

– **Des inscriptions gravées en latin ou en français ?** Vers 1680, le Moderne **Charpentier** souhaite rédiger des inscriptions en français et non en latin, comme le veut l'usage, pour des tableaux de Versailles. Cette **supériorité** affichée de la langue française sur le latin est une façon d'attaquer le camp des Anciens. Charles **Perrault** convainc l'Académie d'opter pour le **français**.

– **L'Académie française** est le principal lieu de débat. Charles **Perrault** y présente son poème *Le Siècle de Louis le Grand* (1687) dans lequel il récuse l'idéal antique. Le **journal** *Le Mercure galant* joue un rôle important dans la querelle. Les Modernes y affirment leurs idées et tentent par l'intermédiaire de Fontenelle de s'opposer à l'élection de La Bruyère à l'Académie française.

3 La littérature d'idées du XVIIIe siècle

Le XVIIIe siècle est le « **siècle des Lumières** ». Il s'inscrit dans la continuité du XVIIe siècle : les classiques, comme Montaigne ou Descartes, plaçaient déjà la **raison** au centre de leurs préoccupations.

A Un siècle de progrès

- **Des changements en Europe.** L'**Angleterre** est devenue une **monarchie parlementaire** dans laquelle le pouvoir du roi est tempéré. **Frédéric II**, à la tête du Royaume de Prusse, ami de Voltaire, se veut un **monarque éclairé** et s'entoure d'une Cour d'intellectuels. Les idées et les savoirs se diffusent grâce aux **voyages** des penseurs et savants européens.

- **La montée des valeurs libérales en France.** À la mort de Louis XIV, en 1715, **Louis XV**, âgé de cinq ans, est trop jeune pour régner. La Régence est assurée par Philippe d'Orléans et dure jusqu'en 1723 à la montée sur le trône de Louis XV. **Louis XVI** lui succède, en 1774. La France traverse une **crise** grave durant laquelle la **monarchie** est fortement **contestée**. De mauvaises récoltes engendrent une crise économique importante. L'État connaît également de grandes difficultés financières alors que les tentatives de réforme pour mieux répartir l'impôt échouent. En 1789, le roi convoque les états généraux, point de départ de la **Révolution française**. La Déclaration des droits de l'homme et du citoyen est votée en 1789. Les **valeurs libérales** triomphent : souveraineté de la nation, liberté, propriété, égalité en droit. Louis XVI est guillotiné en 1793.

- **Des découvertes et des inventions scientifiques et techniques.**

– De nombreuses **inventions** marquent l'histoire des sciences et techniques comme le paratonnerre, le microscope, le télégraphe, etc.

– Par leurs travaux, les scientifiques contribuent à la diffusion des sciences. Émilie du **Châtelet** (1706-1749) traduit en français les *Principes mathématiques de la philosophie naturelle* d'Isaac Newton. Cette femme de lettres et mathématicienne incarne l'esprit des Lumières. Amante de Voltaire pendant quinze ans, elle rédige le *Discours sur le bonheur* (1779) après sa rupture.

– Antoine **Lavoisier** mène des travaux sur l'hydrogène qui conduisent à l'invention de la montgolfière ; Thomas **Newcomen** met au point la machine à vapeur qui permet de puiser l'eau dans les mines et de l'acheminer dans les villes ; **Buffon** établit une nouvelle classification des plantes et des animaux et écrit l'*Histoire Naturelle* (1749-1804), etc.

- **Un foisonnement culturel.**

– Le style **rococo**, héritier du baroque, se développe en **peinture** à partir de 1725 et se libère de la rigueur du classicisme pour témoigner d'une société aristocratique plus légère et libertine. Le peintre Jean-Honoré **Fragonard** (1732-1806) propose des scènes galantes. Denis **Diderot**, critique d'art pour les Salons, fait l'éloge des tempêtes et des marines représentées par son ami peintre Joseph **Vernet** (1714-1789).

– La **musique** témoigne aussi de cette nouvelle sensibilité avec des musiciens comme Antonio **Vivaldi** et Domenico **Scarlatti** en Italie et Jean-Sébastien **Bach** en Allemagne. L'Autrichien Wolfgang Amadeus **Mozart** propose des opéras dont la thématique n'est plus religieuse mais profane comme *La Flûte enchantée* ou *Les Noces de Figaro*. En France, Jean-Philippe **Rameau** développe l'opéra et François **Couperin** propose des œuvres pour clavecin. Dans le même temps, le **piano-forte** est conçu et la **harpe** à pédale, inventée en Allemagne, est introduite dans les compositions.

B Le siècle des Lumières

La métaphore des « Lumières »

Mouvement européen intellectuel et culturel porté par des **philosophes**, les **Lumières** touchent l'Allemagne, l'Angleterre, l'Italie, la Hollande et la France. Les philosophes dénoncent l'**obscurantisme,** c'est-à-dire l'opposition au progrès et au savoir, et s'appuient sur les « lumières » de la **raison**. Ces philosophes combattent l'**intolérance** religieuse, l'**absolutisme**

Citation

« Le prochain siècle sera de jour en jour plus éclairé ; en comparaison tous les siècles précédents ne seront que ténèbres. » Le philosophe Pierre **Bayle,** dès 1697, annonce le siècle des Lumières.

politique et l'**ignorance** par la diffusion des **savoirs**. **Éclairés par leur raison**, ils partent en quête de la **vérité**. Ce mouvement intellectuel prépare la Révolution française de 1789.

La diffusion des idées des Lumières

À partir de 1750, la diffusion des idées des Lumières s'accélère dans toute l'Europe grâce aux livres, mais aussi grâce aux **clubs**, aux **académies** et aux **salons**. Ces salons sont souvent tenus par des femmes comme Julie de **Lespinasse** (1732-1776) ou Madame **Geoffrin** qui soutient financièrement l'*Encyclopédie*. Les **cafés** tels que *Le Procope* à Paris forment également un autre lieu de circulation des idées. Les intellectuels de tous pays y débattent et échangent. Les philosophes sont aussi des **voyageurs**. Ils visitent les **villes** comme Paris, Amsterdam, Londres, Genève, Venise, etc., lieux de diffusion des savoirs.

Le salon de Madame Geoffrin en 1812.

L'*Encyclopédie*, l'œuvre emblématique des Lumières

L'*Encyclopédie ou Dictionnaire raisonné des sciences, des arts et des métiers* (1751-1772) est une œuvre monumentale rédigée sous la direction de Denis **Diderot** et Jean le Rond d'**Alembert**. Cent cinquante savants, philosophes, spécialistes de toutes les disciplines y participent. Elle comporte 71 000 articles, 17 volumes de textes et 11 de planches. Elle répertorie l'ensemble des savoirs de l'époque. Son objectif est de lutter contre les **préjugés** et de rendre le savoir accessible à tous pour que triomphent la **raison** et le **progrès**. Elle propose une réflexion sur la foi, le pouvoir (lutte contre l'absolutisme, les inégalités, la guerre) et la société. Les premiers volumes sont condamnés par la censure.

C Des philosophes engagés

La quête du bonheur

- **Les valeurs de liberté.** Les philosophes des Lumières croient en l'homme et défendent les valeurs de **liberté**, d'**égalité** et de **fraternité** qui seront reprises plus tard par la Révolution française.
- **La quête du Salut**, divin, dans l'au-delà, est remplacée par la quête d'un **bonheur terrestre**. « Il faut cultiver notre jardin » nous dit **Voltaire** en conclusion de *Candide ou l'Optimisme* (1759), un conte philosophique. Au terme des malheurs du monde rencontrés par Candide, cette morale implicite résume la nécessité du **travail**. Voltaire valorise la vie simple et modeste du travailleur à la fin de son conte. Dans un monde imparfait, où le mal domine, Candide choisit de bâtir son bonheur sur le travail et la **vie en communauté**, seuls moyens de faire **progresser** le monde.

Voltaire (1694-1778)

- **La question du bonheur.** Dans *Histoire d'un bon bramin* (1761), Voltaire pose la question du **rapport** entre le **savoir** et le **bonheur**. Le philosophe s'interroge : vaut-il mieux être instruit et malheureux ou sot et heureux ? Le lecteur est invité à s'interroger et la fin reste ouverte : « il y a là de quoi parler beaucoup. »
- **Le bonheur selon Rousseau.** Cependant les **avis divergent** selon les philosophes. Si certains, comme Voltaire, pensent que le bonheur se trouve en société, d'autres, comme Jean-Jacques **Rousseau**, affirment qu'il se situe dans la **nature**, loin de la civilisation (*Émile ou de l'éducation*, 1762).

Le combat contre le fanatisme religieux

Les philosophes, s'ils ne remettent pas en cause la foi, dénoncent les **fanatismes** et luttent contre les **injustices**. **Voltaire** en particulier s'attaque au catholicisme qu'il nomme « l'infâme », le « fantôme hideux », « cet hydre abominable qui empeste et qui tue » et en dénonce les dérives dans son conte philosophique *L'Ingénu* (1767). En 1763, Voltaire prend la défense de Jean **Calas**, commerçant protestant toulousain accusé, à tort, d'avoir assassiné son fils pour l'empêcher de devenir catholique. Voltaire parvient à faire reconnaître l'injustice et à réhabiliter le père trois ans après sa mort en 1765.

La lutte contre la torture

Les philosophes luttent contre la torture, cette pratique courante et légale pour faire avouer un présumé coupable et qu'on appelle « la question ». Voltaire la dénonce dans son *Dictionnaire philosophique* (1764).

La lutte contre l'esclavage

Le **commerce triangulaire** entre l'Afrique, l'Amérique et l'Europe connaît son apogée au XVIIIe siècle. Nantes et Bordeaux sont les premiers ports négriers de France. Mais parallèlement, les premières sociétés anti-esclavagistes voient le jour aux États-Unis, en Angleterre et en France. Les philosophes comme **Voltaire** dans *Candide ou l'Optimisme* (1759) ou **Montesquieu** dans *De l'esprit des lois* (1748) s'érigent contre l'esclavage. Montesquieu estime ainsi qu'il est « aussi opposé au droit civil qu'au droit naturel ».

La cause des femmes

- **L'émancipation des femmes.** Les femmes souhaitent aussi accéder aux affaires politiques et sociales. Olympe de **Gouges** (voir p. 122) rédige durant la Révolution la *Déclaration des droits de la femme et de la citoyenne* (1791).

  Ex. : « Homme, es-tu capable d'être juste ? C'est une femme qui t'en fait la question ; tu ne lui ôteras pas du moins ce droit. Dis-moi ? Qui t'a donné le souverain empire d'opprimer mon sexe ? Ta force ? Tes talents ? Observe le créateur dans sa sagesse ; parcours la nature dans toute sa grandeur, dont tu sembles vouloir te rapprocher, et donne-moi, si tu l'oses, l'exemple de cet empire tyrannique. » Olympe de Gouges, *Déclaration des droits de la femme et de la citoyenne*, 1791.

- **Une cause portée par Voltaire.** Sur le plan social, **Voltaire** critique la **soumission** des femmes à travers l'institution du **mariage** dans un **pamphlet** de 1768. Il y donne la parole à la Maréchale de Grancey qui, offusquée à la lecture d'une phrase tirée des Épîtres de saint Paul, (« Femmes, soyez soumises à vos maris ») expose à l'abbé de Châteauneuf son profond désaccord. Le pamphlet prend la forme d'un vif plaidoyer en faveur de l'**émancipation féminine**.

  Ex. : « Quand j'épousai M. de Grancey, nous nous promîmes d'être fidèles : je n'ai pas trop gardé ma parole, ni lui la sienne ; mais ni lui ni moi ne promîmes d'obéir. Sommes-nous donc des esclaves ? N'est-ce pas assez qu'un homme, après m'avoir épousée, ait le droit de me donner une maladie de neuf mois, qui quelquefois est mortelle ? N'est-ce pas assez que je mette au jour avec de très grandes douleurs un enfant qui pourra me plaider quand il sera majeur ? Ne suffit-il pas que je sois sujette tous les mois à des incommodités très désagréables pour une femme de qualité, et que, pour comble, la suppression d'une de ces douze maladies par an soit capable de me donner la mort sans qu'on vienne me dire encore : Obéissez ? » Voltaire, « Femmes, soyez soumises à vos maris », *Mélanges, pamphlets et œuvres polémiques*, 1759-1768.

D Les formes littéraires privilégiées

Le conte philosophique

- **Genre privilégié de l'argumentation indirecte** *(voir p. 209)*, le conte philosophique se développe au siècle des Lumières. Comme le conte traditionnel, il raconte une histoire fictive dans le but de délivrer une morale. Le conte philosophique traite de questions morales et philosophiques.
- **Les contes de Voltaire.** Voltaire a rédigé plusieurs contes philosophiques : *Candide ou l'Optimisme* (1759), *Micromégas* (1752), *Zadig ou la Destinée* (1747). *La Princesse de Babylone* (1768) constitue un modèle du genre. Les mésaventures du berger Amazan et de la princesse de Babylone, Formosante, dans la contrée utopique des Gangarides, permettent à Voltaire de faire une satire* politique de la France ainsi qu'une critique de la religion catholique.

L'essai

Les philosophes des Lumières abordent des questions variées. Par exemple, Denis Diderot s'interroge sur la question du **bonheur** et plus précisément sur la thématique du **luxe** à travers un court essai intitulé *Regrets sur ma vieille robe de chambre ou Avis à ceux qui ont plus de goût que de fortune* (1772). Il s'inspire d'une anecdote personnelle : Madame Geoffrin a profité de son absence pour refaire intégralement son appartement et changer son mobilier afin de le rénover. Elle jette ainsi sa vieille robe de chambre et la remplace par une nouvelle plus luxueuse. Dans cet essai, Denis Diderot déplore la perte de sa vieille robe de chambre. Cette anecdote est l'occasion pour lui de se livrer à une réflexion sur le luxe et sur la place qu'on accorde aux objets, aux tableaux et à l'art.

Ex. : « Mes amis, gardez vos vieux amis. Mes amis, craignez l'atteinte de la richesse. Que mon exemple vous instruise. La pauvreté a ses franchises ; l'opulence a sa gêne. » Denis Diderot, *Regrets sur ma vieille robe de chambre ou Avis à ceux qui ont plus de goût que de fortune*, 1772.

Le roman

- ***La Religieuse*** (1796) de Denis **Diderot** raconte l'histoire d'une jeune fille, Suzanne, fruit d'un amour illégitime, mise au couvent par ses parents. Ce récit à la première personne prend la forme de mémoires rédigés par Suzanne. L'auteur fait une critique virulente des institutions religieuses et particulièrement des couvents, lieux de promiscuité, d'enfermement et d'aliénation. L'auteur y décrit les souffrances qui poussent les religieuses au suicide ou à la folie.

  Ex. : « Il arriva un jour qu'il s'en échappa une de ces dernières de la cellule où on la tenait enfermée. Je la vis. [...] Elle était échevelée et presque sans vêtement ; elle traînait des chaînes de fer ; ses yeux étaient égarés ; elle s'arrachait les cheveux ; elle se frappait la poitrine avec les poings, elle courait, elle hurlait [...]. La frayeur me saisit, je tremblai de tous mes membres, je vis mon sort dans celui de cette infortunée, et sur le champ il fut décidé, dans mon cœur, que je mourrais mille fois plutôt que de m'y exposer. »

Le roman épistolaire

- **Les *Lettres persanes*** (1721) de Montesquieu rassemblent les lettres fictives de deux amis persans, Usbek et Rica qui visitent la France et font part de leurs impressions à leurs amis en Perse. L'auteur adopte le point de vue faussement naïf de deux étrangers qui observent le pays d'un œil neuf. Ces lettres sont ainsi l'occasion de porter avec ironie* un regard incisif sur les vices de la société du temps et d'inviter le lecteur à la réflexion. Les cibles de Montesquieu sont multiples : il s'en prend aux abus, aux préjugés, au roi, à la monarchie qui dégénère en despotisme, au pape, à l'esclavage, mais aussi à l'actualité parisienne ou à la mode.

Ex. : « Lettre XCIX. Rica à Rhedi. À Venise.

Je trouve les caprices de la mode, chez les Français, étonnants. Ils ont oublié comment ils étaient habillés cet été ; ils ignorent encore plus comment ils le seront cet hiver. Mais, surtout, on ne saurait croire combien il en coûte à un mari, pour mettre sa femme à la mode.

Que me servirait de te faire une description exacte de leur habillement et de leurs parures ? Une mode nouvelle viendrait détruire tout mon ouvrage, comme celui de leurs ouvriers ; et, avant que tu n'eusses reçu ma lettre, tout serait changé.

Une femme qui quitte Paris pour aller passer six mois à la campagne en revient aussi antique que si elle s'y était oubliée trente ans. [...]

Quelquefois, les coiffures montent insensiblement, et une révolution les fait descendre tout à coup. Il a été un temps que leur hauteur immense mettait le visage d'une femme au milieu d'elle-même. [...]

De Paris, le 8 de la lune de Saphar, 1717.

Montesquieu, Lettre 99, *Lettres persanes*, 1721.

La naissance de l'autobiographie

Avec l'avènement de l'individu, la fin du XVIIIe siècle voit l'émergence d'un genre nouveau : l'**autobiographie**. Face aux attaques concernant sa vie privée, notamment de la part de Voltaire, Jean-Jacques **Rousseau** entreprend dans *Les Confessions* (1765-1770) de se justifier et de retracer sa vie. « Je forme une entreprise qui n'eut jamais d'exemple et dont l'exécution n'aura point d'imitateur. Je veux montrer à mes semblables un homme dans toute la vérité de la nature ; et cet homme ce sera moi. » écrit-il, soulignant le caractère **inédit** de sa démarche.

Jean-Jacques Rousseau (1712-1778)

1 *Gargantua*, Rabelais
Parcours : Rire et savoir

1 L'auteur

▲ François Rabelais.

■ François Rabelais est né en 1483 ou en 1494 en Touraine. Fils d'avocat, il fait des études de droit avant d'entrer dans les ordres en 1510. Cependant, sa passion pour les textes de l'Antiquité grecque, qu'il traduit avec avidité, est vue d'un mauvais œil par l'ordre franciscain qui lui confisque ses livres !

■ Rabelais quitte la vie monastique (mais pas le clergé) en 1528. Il commence des études de médecine. En 1532, il s'installe à Lyon comme médecin et il évolue dans les cercles humanistes. La même année, il publie ses deux premières œuvres sous le pseudonyme anagrammatique d'Alcofribas Nasier. À cause de ses idées religieuses réformatrices, il est menacé lors de l'« affaire des Placards » en 1535 et fuit à Rome, protégé par le cardinal Jean du Bellay. Le pape Paul III l'autorise à exercer la médecine et l'absout du crime d'apostasie.

> **Mot-clé**
> **Apostasie :** le fait de renoncer publiquement à sa religion. À l'époque de Rabelais, c'est aussi le fait de renoncer à la vie religieuse sans y avoir été autorisé.

■ Rabelais enseigne l'anatomie et pratique les dissections, formellement interdites par l'Église. Il s'implique politiquement et continue à écrire malgré la censure catholique et royale. En 1550, il est aussi accusé d'impiété par le réformateur Calvin. Toujours protégé par Jean du Bellay, Rabelais obtient une place de curé près du Mans où il meurt en 1553.

2 L'œuvre

A. Contexte et résumé

■ *Gargantua* est publié en 1534/35, presque trois ans après *Pantagruel* qui avait été mal accueilli par les cercles lettrés. Malheureusement, il en est de même pour *Gargantua* : les intellectuels désapprouvent le rire grossier et démesuré de Rabelais et ne reconnaissent pas le sérieux implicite de l'œuvre.

■ En 1543, la Sorbonne condamne publiquement *Pantagruel* et *Gargantua* et le Parlement les censure. Le *Tiers Livre* sera aussi censuré en 1546. Avec le *Quart Livre* (1552) et le *Cinquième Livre* (publication posthume), ces œuvres forment un cycle romanesque avec des personnages récurrents.

■ Le récit de *Gargantua* suit un ordre chronologique, de la naissance de Gargantua, à la fondation de l'abbaye de Thélème.

Résumé

Gargantua, fils de Grangousier, naît un jour de banquet par l'oreille de sa mère Gargamelle et réclame aussitôt à boire. Éduqué selon des principes humanistes longuement détaillés, le géant aux goûts et aux habitudes démesurés se retrouve obligé de mener la guerre contre Picrochole (littéralement « bile amère ») après une dispute entre des bergers et des vendeurs de fouaces. Le récit se clôt sur l'épisode utopique de l'abbaye de Thélème, que Gargantua a offerte à Frère Jean des Entommeures pour le remercier de son soutien pendant la guerre.

B. Enjeux

■ Bien que livrant une œuvre inédite et qui fit date, Rabelais s'inspire de la littérature du Moyen Âge. La satire, le grotesque et l'outrance rappellent les fabliaux, les farces de foire et le carnaval ; la structure du récit fait écho aux épopées et certains motifs rappellent les romans de chevalerie et d'aventure.

■ Le style rabelaisien est unique, mêlant et parodiant toutes les tonalités* (épique, pathétique*, lyrique, burlesque, etc.) avec un travail sur la langue d'une grande richesse (néologismes, patois, accumulations, jurons, jeux linguistiques divers et foisonnants).

■ *Gargantua* est une œuvre-phare de l'humanisme par sa réflexion philosophique sur l'éducation, la guerre, les superstitions religieuses et le bien-gouverner, car Gargantua est aussi un modèle de prince.

3 Le parcours : « Rire et savoir »

A. Le comique au service de l'esprit critique ?

■ Le rire est-il un bon moyen de transmettre le savoir ? Chez Rabelais, le rire a une fonction pédagogique qui rappelle le « *placere et docere* ». Ainsi, le lecteur doit être capable de voir au-delà du comique. Ailleurs, le rire est surtout utilisé pour faire la satire de ceux qui pensent savoir (les pédants) et pour critiquer les dogmes et les croyances irrationnelles. Parfois, il permet d'avancer masqué dans la diffusion d'un savoir mal vu à l'époque, comme le matérialisme des libertins.

À retenir

On doit la formule latine « *placere et docere* » à Horace : « Il obtient tous les suffrages celui qui unit l'utile à l'agréable, et plaît et instruit en même temps. »

■ Le comique prend diverses formes : l'ironie comme dans les contes voltairiens, le carnavalesque comme chez Rabelais, le burlesque fantaisiste de Cyrano de Bergerac, etc. Les auteurs n'utilisent pas tant le rire pour affirmer le savoir que pour interroger les certitudes et susciter l'esprit critique.

■ Face à l'obscurantisme ou à la censure, le rire permet de rester prudent. Les auteurs dissimulent leurs intentions critiques ou subversives derrière des personnages comiques de « faux sachants » qui permettent de montrer, en creux, ce que doit être le « vrai savoir ». C'est ce que font Rabelais et Voltaire avec leurs personnages de précepteurs : Maître Thubal Holoferne et Pangloss, maître de métaphysico-théologo-cosmolo-nigologie. Par l'exemple de Ponocrates, Rabelais rappelle aussi que l'éducation doit se faire dans la joie.

B. Œuvres-clés liées au parcours

Éloge de la folie **d'Érasme (1509)**	Écrit en grec et en latin, ce texte se présente comme une prosopopée de la Folie. C'est à la fois une satire des fous (les grands de ce monde) et une réflexion philosophique sur la folie de l'humanité tout entière.
Histoire comique des États et Empires de la Lune **de Cyrano de Bergerac (1657)**	Dans ce récit à la première personne, le narrateur se rend sur la Lune grâce à une fusée et rencontre les Séléniens dont les mœurs et croyances sont étranges. La dimension « comique » annoncée dans le titre permet à Cyrano de remettre en cause les vérités de son temps et de promouvoir le matérialisme cher aux libertins érudits.
Le Malade imaginaire **de Molière (1673)**	Dans cette pièce, Molière poursuit sa satire des médecins par l'intermédiaire de deux personnages pédants et risibles dont le nom est d'emblée un signe de ridicule : les père et fils Diafoirus.
Candide **de Voltaire (1759)**	Ce conte philosophique, souvent comique et toujours ironique, permet à Voltaire de critiquer l'optimisme inconsidéré, la guerre ou encore l'esclavage en tournant en ridicule les prétendus savoirs de l'époque.

À retenir

- L'humanisme promeut la diffusion des savoirs, l'éducation et la juste place de l'homme dans la société. Il accorde également une place importante à la tolérance et aux références à l'Antiquité.
- *Gargantua* témoigne de cette influence humaniste par les thèmes qu'il aborde, et les réflexions qu'il propose aux lecteurs de son époque qui, pourtant, n'ont pas toujours su voir le sérieux derrière le rire. Le rire est-il un bon moyen pour accéder au savoir ?
- Le comique est surtout utilisé pour critiquer le « mauvais savoir », celui des pédants et des dogmatiques, et pour se protéger de la censure.

4 Les prolongements culturels et artistiques

A. En gravure

- Sur la gravure de Gustave Doré, le géant est tout à son étude, penché sur un globe terrestre, mettant en évidence son appétit de savoir. Les différents hommes représentent les précepteurs de Gargantua, en particulier le maître de théologie Thubal Holoferne qui meurt de la vérole et est remplacé par « un autre vieux tousseux », Jobelin Bridé. Rabelais se moque de ces précepteurs qui symbolisent l'éducation de la Sorbonne.

Gravure de Gustave Doré (1832-1883), *Merveilleux entendement de Gargantua*, 1873.

■ On peut comparer la gravure de Gustave Doré à la lithographie d'Honoré Daumier, graveur et caricaturiste du XIXe siècle : même leçon de géographie autour d'un globe, même critique satirique d'un enseignement dispensé sans joie ni humour. Cela est particulièrement visible dans le bâillement exagéré de l'élève au premier rang, le seul personnage tourné vers le spectateur.

▲ Lithographie d'Honoré Daumier (1808-1879), *Professeurs et Moutards*, « Demain nous nous occuperons de Saturne », 1845-1846.

B. En bande dessinée

Dans sa bande dessinée *Mes Hommes de lettres* (2008), précis d'histoire littéraire décalé, l'autrice et dessinatrice Catherine Meurisse retrace la vie et l'œuvre de François Rabelais par ses textes et ses dessins comiques, voire grotesques. Fidèle à l'humour rabelaisien, son œuvre incarne la vulgarisation scientifique moderne, qui met véritablement le rire au service de la transmission du savoir.

2 *Les Caractères* (livres V à X), La Bruyère
Parcours : La comédie sociale

1 L'auteur

▲ Jean de La Bruyère.

■ Jean de La Bruyère naît en 1645 dans une famille de roturiers. Après son diplôme de droit en 1665, il refuse de prendre la suite de son père, avocat, et il achète un titre de noblesse avec l'argent d'un héritage.

■ Il entre au service de la maison de Bourbon, d'abord comme précepteur du petit-fils du Grand Condé, puis comme « gentilhomme ordinaire de M. le Duc ». Il aurait exercé en tant que bibliothécaire à Chantilly. Il a mené une vie très discrète et il est l'homme d'un seul livre, *Les Caractères*, édité pour la première fois en 1688. Il réussit à être élu à l'Académie française en 1693.

■ On ne sait quasiment rien de La Bruyère. Voici comment le décrit l'abbé d'Olivet, historien de l'Académie française : « un philosophe qui ne songeait qu'à vivre tranquille avec des amis et des livres ; [...] toujours disposé à une joie modeste et ingénieux à la faire naître ; poli dans ses manières et sage dans ses discours ; craignant toute sorte d'ambition, même celle de montrer de l'esprit » (1729). C'est là le portrait d'un honnête homme de l'âge classique.

■ Il meurt d'une attaque en 1696, alors qu'il avait entrepris l'écriture d'une nouvelle œuvre intitulée *Dialogues sur le quiétisme*.

2 L'œuvre

A. Contexte et structure

■ *Les Caractères* connaissent huit éditions différentes du vivant de leur auteur, qui augmente son texte à chaque fois : on compte 420 chapitres en 1688 et 1 120 en 1694. L'œuvre est complétée et modifiée d'édition en édition, par touches successives, à la manière d'un Montaigne (voir p. 100).

Structure

Seize livres composent cette œuvre. Les quatre premiers traitent de l'homme naturel à travers ses goûts, ses passions, son « cœur » (IV).
Les livres V à X au programme du Bac forment une étude de l'homme en société :
– V. « De la société et de la conversation » ;
– VI. « Des biens de fortune » ;
– VII. « De la ville » ;
– VIII. « De la Cour » ;
– IX. « Des grands » ;
– X. « Du souverain ou de la République ».
Les livres XI à XIV portent sur les usages mondains.
Les deux derniers livres ont une tonalité plus religieuse.

La Bruyère se place dans la continuité de la philosophie morale dont les sources remontent à Aristote et surtout aux *Caractères* de Théophraste. Il commence son œuvre par une traduction de ce texte grec, auquel il emprunte également son titre, et par un *Discours sur Théophraste*. La Bruyère se place en héritier, en même temps qu'il devient à son tour un modèle pour les moralistes.

À savoir

Théophraste, dont le nom signifie « divin parleur », était un philosophe antique du IVe siècle av. J.-C. qui a été l'élève d'Aristote.

B. Enjeux

Les Caractères sont une œuvre fragmentaire et variée. Les longueurs des textes vont de la simple phrase à plusieurs pages, et on retrouve toutes les formes de la littérature mondaine : dialogues, portraits, maximes à la manière de celles de La Rochefoucauld…

Le sous-titre de cette œuvre est *Les Mœurs de ce siècle*, ce qui rappelle bien la visée moraliste du tableau que brosse La Bruyère, fin observateur de la société des gens de Cour qui cherche à édifier ses contemporains. Dans les livres V à X, il rend compte des mécanismes qui président aux relations sociales.

Citation

« [Le public] peut regarder avec loisir ce portrait que j'ai fait de lui d'après nature, et s'il se connaît quelques-uns des défauts que je touche, s'en corriger. » La Bruyère, « Préface », *Les Caractères*, 1688.

3 Le parcours : « La comédie sociale »

A. « Le monde est un théâtre » (Shakespeare)

L'intitulé « comédie sociale » est une expression qui se rapporte au théâtre. Le parcours invite à s'interroger sur le jeu de la sociabilité. La courtisanerie est très codifiée et tout le monde doit jouer son rôle dans le grand théâtre versaillais de Louis XIV.

Questionner la comédie sociale, c'est aussi dénoncer l'hypocrisie de la Cour. Il faut rappeler que le terme « hypocrite » désigne d'abord un comédien dans le théâtre antique. Ainsi, les relations sociales pourraient être vues comme une mise en scène dans laquelle chacun jouerait le rôle qui lui est assigné.

Au-delà de la Cour, toutes les relations sociales peuvent être observées sous l'angle d'un jeu où chacun est en représentation constante.

Citation

Le « monde est un théâtre » est un *topos* de la littérature baroque, qu'on retrouve chez Shakespeare : « Le monde entier est un théâtre, / Et tous, hommes et femmes, n'en sont que les acteurs » (*Comme il vous plaira*, 1599).

B. Œuvres-clés liées au parcours

***L'Honnête Homme* de Nicolas Faret (1630)**	Sous-titrée *L'Art de plaire à la Cour*, cette œuvre donne des conseils pour devenir un honnête homme. Respectueux de l'ordre et de l'harmonie, l'honnête homme n'est ni un hypocrite, ni un courtisan. C'est l'homme idéal d'une société de Cour idéale.
***Les Peintures morales* de Pierre Le Moyne (1640)**	Prêtre et poète, Le Moyne mêle tradition morale et style mondain dans ses peintures car il est convaincu que les « charactères » (avec un « h » sous sa plume) sont plus édifiants s'ils sont présentés en action. Chaque caractère « peut passer pour une pièce sans masque et sans théâtre ».

Réflexions ou sentences et maximes morales **de La Rochefoucauld (1665)**	Avec un art affirmé de la formule brève et percutante, La Rochefoucauld brosse le tableau pessimiste d'une société qui ne fonctionne que par la vanité des hommes prêts à accepter ce jeu de faux-semblants par amour-propre : « Les hommes ne vivraient pas longtemps en société s'ils n'étaient les dupes les uns des autres. »

À retenir

- Conformément à la tradition des moralistes, *Les Caractères* utilisent des tons et des formes variés mais cherchent aussi à édifier le lecteur en lui offrant une critique de la comédie sociale.
- La comédie sociale est un *topos* littéraire : toutes les relations sociales peuvent être vues comme un jeu dont nous sommes les acteurs.

4 Les prolongements culturels et artistiques

A. En peinture

▲ Jean-Léon Gérôme (1824-1904) *Réception du Grand Condé par Louis XIV*, 1878, Paris, Musée d'Orsay.

■ Ce tableau du peintre français Jean-Léon Gérôme met en scène la société de La Bruyère, qui était d'ailleurs attaché à la famille du Grand Condé.

■ Peinte deux siècles plus tard, cette toile représente toutefois parfaitement la société de Cour versaillaise et son goût pour la théâtralité. Tous les courtisans semblent être au spectacle dans un décor d'escalier qui rappelle les amphithéâtres. La disposition des personnages permet les jeux de regards : tout le monde voit et est vu, à la fois acteur et spectateur de la comédie sociale.

B. Au cinéma

■ Bien que le film de Patrice Leconte, *Ridicule*, se déroule sous le règne de Louis XVI, la société dépeinte reste celle de l'Ancien Régime, avec ses vices et son hypocrisie généralisée.

Citation

« Ici les vices sont sans conséquences, mais le ridicule tue. », accroche de la bande-annonce du film *Ridicule* de Patrice Leconte, 1996.

■ Les dialogues rendent compte du goût pour le mot d'esprit ingénieux et la recherche de la formule percutante qui font tout l'art de la conversation mondaine. Dans cette société, qui était déjà celle de Louis XIV peinte par La Bruyère, l'apparence et l'art de plaire sont la seule manière de sortir victorieux de la comédie sociale.

3 Déclaration des droits de la femme et de la citoyenne, Olympe de Gouges

Parcours : Écrire et combattre pour l'égalité

1 L'autrice

▲ Olympe de Gouges.

■ Marie Gouze, future Olympe de Gouges, est née à Montauban en 1748. Mariée au boucher Pierre Gouze, sa mère, Anne-Olympe Mouisset, était la maîtresse du dramaturge Jean-Jacques Le Franc de Pompignan, père biologique d'Olympe de Gouges.

■ À 17 ans, Marie Gouze se marie à un traiteur de trente ans son aîné, qui meurt un an plus tard. Mère d'un fils et veuve, elle adopte alors le pseudonyme d'Olympe de Gouges.

■ Elle suit son amant Jacques Bietrix de Rozières à Paris en 1773 où elle mène une vie bourgeoise. Femme libre, elle a une réputation de courtisane. Elle fréquente l'opéra, le théâtre et les salons comme celui de la marquise de Montesson ou de Mme Helvetius. Elle fait également la connaissance de l'écrivain Louis-Sébastien Mercier. Elle monte sa troupe de théâtre et écrit des pièces entre 1784 et 1789, essayant de les faire jouer par la Comédie-Française.

■ Le 26 août 1789, l'Assemblée nationale vote l'abolition des privilèges et adopte la *Déclaration des droits de l'homme et du citoyen* dont Olympe de Gouges rédige le pendant féminin en 1791 : la *Déclaration des droits de la femme et la citoyenne*. Engagée, Olympe de Gouges avait écrit, dès novembre 1789, une *Lettre au peuple* dans laquelle elle propose des réformes sociales afin de porter assistance aux plus pauvres.

■ Olympe de Gouges dénonce aussi les violences commises pendant la Terreur (mars 1793-juillet 1794). En juillet 1793, elle fait placarder une affiche qui appelle les citoyens à choisir librement leur gouvernement. Cette affiche ne plaît pas aux Montagnards qui l'emprisonnent.

À savoir

Pour être au plus près des événements politiques, Olympe de Gouges déménage à Versailles en 1789 et assiste à l'ouverture des États Généraux.

■ Elle est condamnée à la peine de mort et guillotinée le 3 novembre 1793.

2 L'œuvre

A. Contexte et structure

■ Olympe de Gouges est une révolutionnaire qui fait de son écriture un combat pour l'égalité, notamment entre les sexes.

■ Elle présente son projet de *Déclaration des droits de la femme et de la citoyenne* à la Convention, le 28 octobre 1791, demandant notamment l'adoption du droit de vote pour les femmes. Le projet est alors refusé, mais cette déclaration n'en demeure pas moins une étape fondamentale dans l'histoire de l'émancipation des femmes.

■ La question de l'égalité juridique et politique entre les deux sexes est alors dans l'air du temps : au même moment, une loi fait du mariage un contrat civil et plus seulement un engagement sacré et religieux. Dans *Nécessité du divorce* (1790), Olympe de Gouges milite pour l'instauration du divorce. Le divorce par consentement mutuel sera adopté en 1792 mais aboli en 1816 pour n'être pleinement possible qu'en… 1975 !

Structure

Adresses : on trouve d'abord une adresse à la reine Marie-Antoinette, puis une adresse aux hommes en général : « *Homme, es-tu capable d'être juste ?* ».
Déclaration des droits de la femme et de la citoyenne
***Le préambule :** il justifie la déclaration qui suit.
***Les 17 articles**
***Le postambule :** il appelle les femmes à lutter pour l'égalité des sexes. Notons que cette construction en miroir rend compte formellement de l'équilibre entre les sexes.
Forme du Contrat social de l'homme et de la femme : la déclaration propose un modèle de contrat suivi de commentaires à propos de ce « *bizarre écrit* » et d'une anecdote personnelle.
Le PS : brèves considérations sur de récents événements politiques.
*Parties du texte au programme.

B. Enjeux

■ Une œuvre de combat. Dès le préambule, de Gouges dénonce la tyrannie masculine et fait du « mépris des droits des femmes » la cause des « malheurs publics ». Elle revendique le statut de citoyenne et demande le droit de vote et d'éligibilité des femmes. Les différents articles dénoncent le pouvoir des pères et maris sur les femmes en s'appuyant sur des exemples ou cas possibles. L'autrice critique aussi le fait que les femmes subissent des lois écrites par les hommes.

■ Un pastiche critique de la *Déclaration des droits de l'homme et du citoyen*. De Gouges reprend les articles et remplace le mot « homme » par « la femme et l'homme », ce qui confère au texte une dimension polémique (voir p. 224) et parfois subtilement ironique.

Citation

« La femme a le droit de monter sur l'échafaud ; elle doit avoir également celui de monter à la Tribune. »
Olympe de Gouges, *Déclaration des droits de la femme et de la citoyenne*, article x, 1791.

■ Un appel aux femmes. L'apostrophe suivie de l'impératif (« Femme, réveille-toi ! ») invite les femmes au combat. L'autrice use de nombreux procédés rhétoriques : effets de rythmes, ponctuation expressive, questions rhétoriques…

3 Le parcours : « Écrire et combattre pour l'égalité »

A. Écrire, est-ce combattre ?

■ Le parcours invite à s'interroger sur le lien entre écriture et combat : la plume peut-elle devenir une arme ? Écrire permet-il de changer la société ? La biographie d'Olympe de Gouges constitue un bel exemple quand on sait que l'affiche appelant les citoyens à choisir leur gouvernement la conduira à la guillotine. Pour elle, l'écriture semble ainsi être le prolongement d'actions révolutionnaires bien réelles.

■ Au siècle des Lumières, plusieurs penseurs luttent au nom de l'égalité. De Gouges s'engage ainsi pour l'égalité des sexes mais aussi contre l'esclavage dont Montesquieu estime qu'il est « aussi opposé au droit civil qu'au droit naturel » (voir p. 112).

■ Écrire et combattre pour l'égalité, c'est chercher à toucher les lectrices et lecteurs pour mieux les mener à l'action. Les auteurs ont ainsi recours à des tonalités* (ironique ou pathétique) et à des stratégies diverses (proposition d'articles, conte philosophique, lettre...). Ainsi, dans la *Déclaration des droits de la femme*, le préambule tient à la fois de l'essai et du discours, par l'emploi de tournures oralisées. L'emphase marquée du postambule contraste aussi avec le vocabulaire juridique précis des articles de loi dont on perçoit discrètement l'ironie*. Le texte se clôt par une anecdote personnelle racontée cette fois sur un ton léger.

À savoir

L'Esclavage des nègres ou l'Heureux Naufrage est une pièce anti-esclavagiste écrite par Olympe de Gouges qui a suscité une violente polémique avec le parti des esclavagistes.

B. Œuvres-clés liées au parcours

De l'esprit des lois **de Montesquieu (1748)**	Dans « De l'esclavage des Nègres » tiré de l'essai *De l'esprit des lois*, le philosophe des Lumières prend position contre l'esclavage. Grâce à l'ironie* et aux antiphrases*, Montesquieu feint de justifier l'esclavage pour mieux en montrer l'absurdité et le dénoncer.
Le Tableau de Paris **de Mercier (1781-1788)**	Dans le chapitre 845 de son *Tableau de Paris*, cet ami d'Olympe de Gouges prend la défense des femmes qu'il encourage à écrire et blâme le comportement jaloux, manipulateur et dominateur des hommes.
Traité sur la tolérance à l'occasion de la mort de Jean Calas **de Voltaire (1783)**	Le protestant toulousain Jean Calas est accusé, à tort, d'avoir assassiné son fils pour l'empêcher de devenir catholique. Voltaire prend alors sa défense dans une véritable œuvre de combat, *Traité sur la tolérance*, et dénonce l'erreur judiciaire. Malgré l'interdiction de l'ouvrage, Calas sera réhabilité trois ans plus tard.
Le Couvent ou Les Vœux forcés **d'Olympe de Gouges (1791)**	Pour ce drame en trois actes, Olympe de Gouges s'inspire des débats sur l'utilité des couvents et sur la liberté des femmes qui ont eu lieu à l'Assemblée constituante. La pièce dénonce l'injustice faite à Julie, jeune orpheline forcée d'entrer au couvent.

À retenir

- La plume peut devenir une véritable arme pour des écrivains qui s'engagent au nom de l'égalité : égalité entre les sexes, égalité aux yeux de la justice, combat contre l'esclavage...
- Qu'ils aient recours à la fiction ou qu'ils dénoncent de façon directe les inégalités, les auteurs cherchent à la fois à persuader et à convaincre les lecteurs, de manière à changer les mœurs ou même les lois !

4 Les prolongements artistiques et culturels

A. En peinture

■ On imagine parfois que la Révolution a essentiellement été animée par des figures masculines. Pourtant, de nombreux tableaux rendent compte de l'importance des femmes pendant la période révolutionnaire.

■ Jean-Baptiste Lesueur a représenté à la gouache sur des cartons découpés une série de scènes de la Révolution. On y voit la présence des femmes. Si les femmes n'avaient aucune légitimité politique, elles étaient pourtant très présentes au sein des assemblées révolutionnaires.

Citation

« Tant que les femmes ne s'en mêlent pas, il n'y a pas de véritable révolution. » Mirabeau

■ D'autres femmes se réunissaient dans des clubs politiques, notamment celui de la « Société des citoyennes républicaines révolutionnaires de Paris ».

■ Dans ce groupe révolutionnaire exclusivement féminin, les citoyennes revendiquaient aussi le droit au port d'armes. Le gouvernement révolutionnaire demandera la dissolution de tous ces « clubs » en 1793.

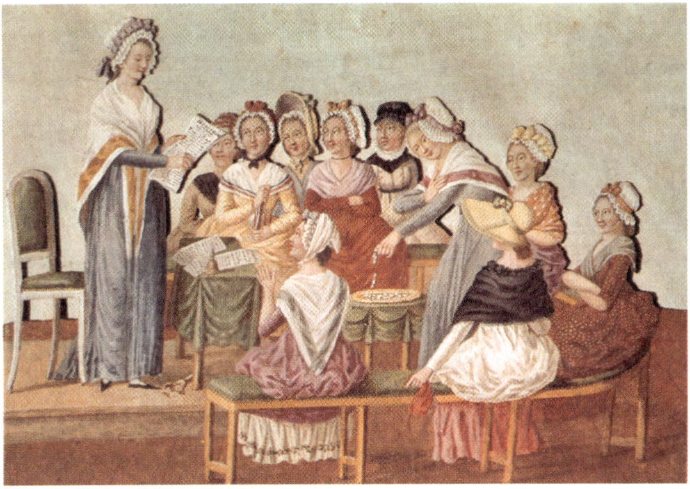

▲ Gouache de Jean-Baptiste Lesueur (1749-1826), *Club patriotique de femmes*, vers 1793, Paris, Musée Carnavalet.

B. En musique

■ Joseph Bologne de Saint-George (1745-1799), dit « chevalier de Saint-George », est un esclave « mulâtre » (métis) né en Guadeloupe. Amené très jeune en métropole, il reçoit une éducation d'aristocrate. Il apprend les armes et est reconnu comme un des meilleurs escrimeurs de son temps.

■ Véritable homme des Lumières, il manie aussi bien le fleuret que l'archet. Violoniste, chef d'orchestre connu, il a composé des sonates, symphonies mais aussi des quatuors et concertos pour violon. On dit même que Mozart le jalousait.

■ Il a également été le professeur de clavecin de Marie-Antoinette qui a voulu le nommer directeur de l'Opéra Royal. Cependant, nommer un « mulâtre » provoque une polémique et deux chanteuses s'y opposent au prétexte de sa couleur de peau. Le chevalier de Saint-George rejoint alors la Société des Amis des Noirs, aux côtés de Condorcet. Il rencontre aussi Olympe de Gouges.

SUJET DU BAC

Commentaire 20 pts *Objet d'étude :* La littérature d'idées du XVIe au XVIIIe siècle 4 h

Vous ferez le commentaire de cet extrait de la préface des *Contes en vers* (1694) de Charles Perrault.

[Les gens de bon goût] ont été bien aises de remarquer que ces bagatelles n'étaient pas de pures bagatelles, qu'elles renfermaient une morale utile, et que le récit enjoué dont elles étaient enveloppées n'avait été choisi que pour les faire entrer plus agréablement dans l'esprit et d'une manière qui instruisît et divertît tout ensemble. Cela devrait me suffire pour ne pas craindre le reproche de m'être amusé à des choses frivoles. Mais comme j'ai affaire à bien des gens qui ne se payent pas de raisons et qui ne peuvent être touchés que par l'autorité et par l'exemple des anciens, je vais les satisfaire là-dessus. Les fables milésiennes si célèbres parmi les Grecs, et qui ont fait les délices d'Athènes et de Rome, n'étaient pas d'une autre espèce que les fables de ce recueil. [...]

La plupart de celles qui nous restent des anciens n'ont été faites que pour plaire sans égard aux bonnes mœurs qu'ils négligeaient beaucoup. Il n'en est pas de même des contes que nos aïeux ont inventés pour leurs Enfants. Ils ne les ont pas contés avec l'élégance et les agréments dont les Grecs et les Romains ont orné leurs fables ; mais ils ont toujours eu un très grand soin que leurs contes renfermassent une moralité louable et instructive. Partout la vertu y est récompensée, et partout le vice y est puni. Ils tendent tous à faire voir l'avantage qu'il y a d'être honnête, patient, avisé, laborieux, obéissant et le mal qui arrive à ceux qui ne le sont pas. Tantôt ce sont des fées qui donnent pour don à une jeune fille qui leur aura répondu avec civilité, qu'à chaque parole qu'elle dira, il lui sortira de la bouche un diamant ou une perle ; et à une autre fille qui leur aura répondu brutalement, qu'à chaque parole il lui sortira de la bouche une grenouille ou un crapaud. Tantôt ce sont des enfants qui pour avoir bien obéi à leur père ou à leur mère deviennent grands seigneurs, ou d'autres, qui ayant été vicieux et désobéissants, sont tombés dans des malheurs épouvantables. Quelque frivoles et bizarres que soient toutes ces fables dans leurs aventures, il est certain qu'elles excitent dans les enfants le désir de ressembler à ceux qu'ils voient devenir heureux, et en même temps la crainte des malheurs où les méchants sont tombés par leur méchanceté. N'est-il pas louable à des pères et à des mères, lorsque leurs enfants ne sont pas encore capables de goûter les vérités solides et dénuées de tous agréments, de les leur faire aimer, et si cela se peut dire, les leur faire avaler, en les enveloppant dans des récits agréables et proportionnés à la faiblesse de leur âge. Il n'est pas croyable avec quelle avidité ces âmes innocentes, et dont rien n'a encore corrompu la droiture naturelle, reçoivent ces instructions cachées ; on les voit dans la tristesse et dans l'abattement, tant que le héros ou l'héroïne de conte sont dans le malheur, et s'écrier de joie quand le temps de leur bonheur arrive ; de même qu'après avoir souffert impatiemment la prospérité du méchant ou de la méchante, ils sont ravis de les voir enfin punis comme ils le méritent. Ce sont des semences qu'on jette qui ne produisent d'abord que des mouvements de joie et de tristesse, mais dont il ne manque guère d'éclore de bonnes inclinations. [...]

J'aurais pu rendre mes Contes plus agréables en y mêlant certaines choses un peu libres dont on a accoutumé de les égayer ; mais le désir de plaire ne m'a jamais assez tenté pour violer une loi que je me suis imposé de ne rien écrire qui pût blesser ou la pudeur ou la bienséance. Voici un madrigal qu'une jeune demoiselle de beaucoup d'esprit a composé sur ce sujet, et qu'elle a écrit au-dessous du conte de Peau d'Âne que je lui avais envoyé.

Le Conte de Peau d'Âne est ici raconté
Avec tant de naïveté,
Qu'il ne m'a pas moins divertie,
Que quand auprès du feu ma Nourrice ou ma Mie
Tenaient en le faisant mon esprit enchanté.
On y voit par endroits quelques traits de Satire,
Mais qui sans fiel et sans malignité,
À tous également font du plaisir à lire :
Ce qui me plaît encore dans sa simple douceur,
C'est qu'il divertit et fait rire,
Sans que Mère, Époux, Confesseur,
Y puissent trouver à redire.

Charles Perrault, préface des *Contes en vers*, 1694.

→ *Corrigé p. 128*

CORRIGÉ

Corrigé du sujet de la p. 126.

Travail préparatoire

Analyse du texte

Le commentaire est toujours en lien avec un des **objets d'étude** du programme. Le texte de Charles Perrault s'inscrit dans l'objet d'étude suivant : « La littérature d'idées du XVIe au XVIIIe siècle ».

Replacez le texte dans son **contexte historique** et **culturel**. Ici, lors de la querelle des Anciens et des Modernes, Charles Perrault, chef de file des Modernes, s'oppose à Boileau, La Fontaine et La Bruyère.

Travail au brouillon

Notez toutes vos remarques au brouillon dans le désordre : préface, fin de l'extrait en vers, le destinataire du texte, la structure du texte, les arguments clés, etc.

Passez ensuite à l'**analyse** du texte *(voir méthode générale du commentaire p. 12)*.

Plan détaillé

Problématique

En quoi cette préface est-elle pour Charles Perrault l'occcasion de défendre ses contes ?

1. Un texte en écho à la querelle des Anciens et des Modernes

a) L'inscription dans une tradition antique

– « Anciens » a deux sens dans le texte : les auteurs antiques ainsi que les destinataires de cette préface, ceux qui s'opposent à l'auteur lors de la querelle *(voir p. 107)*.

– L'auteur évoque les « Grecs » et les villes d' « Athènes » et de « Rome » qui font office d'argument d'autorité. Il établit une analogie de nature entre ses propres écrits et les fables antiques grâce à la litote : « n'étaient pas d'une autre espèce ».

b) Une tradition renouvelée

– Pour les Modernes, les textes antiques ne sont pas adaptés au bon goût du siècle de Louis XIV, aux « bonnes mœurs ». C'est aussi l'époque où la littérature devient mondaine et s'ouvre aux lectrices (salons), un nouveau public incarné par la « demoiselle de beaucoup d'esprit ».

– Charles Perrault refuse la tradition des Anciens. Le conditionnel passé 2e forme « j'aurais pu » montre que c'est un refus délibéré d'introduire « certains choses un peu libres ». Il faut comprendre « libres » dans le sens de « licencieux, qui s'écarte des bonnes mœurs » comme l'indique l'antithèse « pudeur et bienséance » / « violer et blesser ».

c) La supériorité des Modernes, et donc de l'auteur, sur les Anciens

– Pour l'auteur, la morale est capitale. Charles Perrault en appelle donc à la tradition des « aïeux », c'est-à-dire aux auteurs des contes populaires qui renferment

une vraie morale, contrairement aux textes antiques.
– C'est autour de cet argument que l'auteur organise sa défense personnelle dès l'ouverture du texte : « le reproche de m'être amusé à des choses frivoles ». Il sous-entend que le lecteur n'apprécie pas les contes à leur juste valeur par manque de perspicacité. Les contes « renferment une morale utile », ont des « instructions cachées » qui sont « enveloppées dans des récits agréables ». À trois reprises, Charles Perrault utilise des images pour montrer qu'il ne faut pas se fier aux apparences : « ces bagatelles n'étaient pas de pures bagatelles. »

2. Une défense habile des contes

a) Imagination et sensibilité au service de la raison

– Charles Perrault fait l'éloge de l'imagination et de la sensibilité pour leur valeur éducative. C'est par le sentiment que les « Enfants » (terme écrit avec une majuscule pour souligner leur valeur) accèdent à la pensée, à la raison. Un long processus est nécessaire pour atteindre cet objectif (le champ lexical* des sentiments à la fin du troisième paragraphe rend compte de cette lente maturation).
– L'auteur affirme que ces contes sont destinés aux parents qui lui seront reconnaissants. Cet intérêt pédagogique est visible dans la métaphore* de la graine : « ce sont des semences… éclore de bonnes inclinations ».

b) Une argumentation à l'image des contes

– L'argumentation est habile : on relève de nombreux connecteurs logiques qui rythment la pensée, des questions rhétoriques* (« n'est-il pas louable... ») pour remporter l'adhésion du lecteur, l'emploi des temps pour désamorcer les critiques par anticipation (« j'aurais pu... »), le destinataire pris à partie (« gens qui ne se payent pas de raison »).
– L'argumentation est très vivante grâce aux saynètes comportant les péripéties habituelles des contes populaires (fées, crapaud). Cette argumentation a bien pour objectif de donner envie de lire.
– La préface mêle la pensée sérieuse et l'art de plaire.

c) Une conclusion brillante

– La fin de la préface est l'acmé de l'argumentation. L'auteur a recours à un procédé ingénieux en attribuant le petit poème à « une demoiselle de beaucoup d'esprit ». Le poème reprend très fidèlement tous les points de l'argumentation : la lectrice a été « divertie, enchantée », le conte s'inscrit dans la tradition de « [s]a Nourrice ou [s]a Mie », il n'y a pas de « malignité », il est « simple, divertit et fait rire » tout en respectant la morale incarnée par le trio « Mère, Époux, Confesseur » qui représente les trois formes de vertu : filiale, conjugale et religieuse.
– En attribuant ce poème à une lectrice, qui représente le destinataire mondain du XVIIe siècle, Charles Perrault déplace l'argument d'autorité : les Anciens ne sont pas les plus à même de juger ses contes, seul le lecteur peut en reconnaître la valeur.

CHAPITRE 6 Le roman et le récit du Moyen Âge au XXIe siècle

Le programme de première invite à revenir aux **origines** du roman et à observer ses évolutions thématiques et formelles.
Le **roman** est un long **récit en prose** constitué de personnages*, d'une intrigue et d'un cadre spatio-temporel. Il relève de la **fiction** mais peut être nourri de **réel**. Le roman est un genre d'une incroyable **variété** : roman d'aventures, roman policier, roman de science-fiction, roman naturaliste, etc. Le roman est toujours le **miroir** d'une époque, d'un auteur et d'un contexte littéraire, historique et culturel.

1 Le récit médiéval du XIe au XVe siècle

A Panorama du Moyen Âge

Rappels historiques

Couvrant une période de dix siècles, le Moyen Âge commence à la chute de l'Empire romain en 476 et se termine à la prise de Constantinople (Byzance) par les Turcs en 1453. On distingue en général trois époques :
– **le haut Moyen Âge** (de la fin du Ve siècle au Xe siècle) marqué par les dynasties mérovingienne (avec Clovis) et carolingienne (Charlemagne étend les limites du royaume et diffuse le christianisme en Europe) ;
– **le Moyen Âge central** (de la fin du Xe siècle au XIIIe siècle) avec la dynastie des Capétiens (c'est le temps des châteaux forts et des croisades, les chevaliers partant pour délivrer Jérusalem, la Terre sainte, des infidèles, les musulmans) ;

À savoir

Le XIIIe siècle constitue l'apogée du Moyen Âge.

– **le Moyen Âge tardif** (XIVe-XVe siècles) marqué par les mauvaises récoltes déclenchant des famines (1315-1317), la peste noire (1348-1358) et la guerre de Cent Ans (1337-1475) opposant les royaumes de France (dynastie des Capétiens) et d'Angleterre (dynastie des Plantagenêts).

L'organisation sociale du monde médiéval

- **Une société d'ordres.** La société médiévale est très inégalitaire et repose sur **trois ordres** : le clergé, la noblesse et le tiers-état.

- **Le système féodal** organise le pays, divisé en plusieurs **fiefs** (les terres qui appartiennent à de grands seigneurs). Le **vassal** doit obéissance et service à son **suzerain** qui, en échange, lui assure protection. Chaque suzerain dépend lui-même d'un seigneur qui dépend du roi.

B La naissance du « roman » (XIe-XIIe siècles)

Des récits écrits en langue romane

- **Langue d'oïl et langue d'oc.** Au Moyen Âge, le **latin** est utilisé à l'écrit et pour les textes officiels. À l'oral, on distingue les dialectes (langues régionales) de la **langue d'oïl** (langue romane) parlés dans le **nord** de la France, des dialectes de la **langue d'oc** parlés dans le **sud**. C'est finalement la langue d'oïl qui s'affirme.
- **Naissance des écrits en langue romane.** Les premiers textes du Moyen Âge ne sont pas écrits mais transmis à l'**oral** par les trouvères et les troubadours qui les chantent ou les récitent. Les premiers textes écrits en langue romane (qu'on appelle aujourd'hui « ancien français ») sont des textes racontant la **vie de saints** (hagiographie) ou des **textes juridiques**.
  Les ***Serments de Strasbourg*** (842) sont le premier texte écrit en roman au IXe siècle pour être compris par le plus grand nombre. Ces serments scellent une alliance capitale entre Charles le Chauve et Louis le Germanique contre leur frère Lothaire Ier (tous trois étant les petits-fils de Charlemagne).
- **Les textes appelés « romans »** désignent au Moyen Âge les textes écrits en « roman », c'est-à-dire en langue romane. Le nom du genre dérive donc de la langue employée.

> **À savoir**
>
> **« Mettre en roman »** est une expression datant de 1150 qui signifie traduire des textes latins en **langue romane.**

La chanson de geste : *La Chanson de Roland*

La **chanson de geste** est un long **poème épique** relatant des exploits guerriers. ***La Chanson de Roland*** (1070) est la plus ancienne des chansons de geste. Elle a été écrite dans un dialecte anglo-normand et comporte 4 002 décasyllabes. Elle prend comme base un **fait historique** du VIIIe siècle : le roi Charles, futur Charlemagne, en lutte contre les musulmans, franchit avec son armée les Pyrénées et assiège Saragosse. Mais il est rappelé en hâte en France et doit rentrer. Son arrière-garde, dont fait partie son neveu Roland, est surprise par des montagnards chrétiens et massacrée. *La Chanson de Roland* reprend et **embellit** les faits historiques pour célébrer les exploits de Roland, brave et généreux, partisan de la guerre jusqu'à la mort, et magnifier Charlemagne qui met toute son énergie à le venger après sa mort. *La Chanson de Roland* transforme une défaite en victoire. Elle prône les valeurs de la guerre sainte contre les musulmans et prend la forme d'une épopée qui célèbre les actions guerrières des héros dotés de hautes valeurs morales.

Ex. : « Quand Roland voit qu'il y aura bataille, il se fait plus fier que lion ou léopard. Il s'adresse aux Français, il appelle Olivier : "[...] Pour son seigneur, on doit souffrir de grands maux et endurer le grand froid, le grand chaud ; on doit perdre du sang et de la chair. Frappe de ta lance et moi de Durandal, ma bonne épée que le roi me donna. Si je meurs, il pourra dire, celui qui l'aura, qu'elle fut à un noble vassal." » *La Chanson de Roland*, 1070.

C La littérature courtoise (XIIe-XIIIe siècles)

Les lais de Marie de France (XIIe siècle)

Les premiers romans apparaissent au XIIe siècle. Ils sont d'abord écrits en vers, comme les **lais**.

> **À savoir**
>
> Le **lai** est un **court poème** lyrique ou narratif. Il est souvent chanté.

- **Marie de France** (XIIe siècle) est une poétesse française à la Cour d'Henri II d'Angleterre et d'Aliénor d'Aquitaine. Pour composer ses lais (1160-1178), elle s'inspire de vieilles **légendes bretonnes**. Il nous reste une douzaine de ces lais composés en octosyllabes* rimés et écrits en anglo-normand. Ces contes et ces légendes sont teintés de **merveilleux** romanesque et féerique. Dans *Le Lai du Laostic* (*rossignol* en français), une dame ne peut voir son amant qu'en allant à sa fenêtre, prétextant à son mari que c'est pour écouter le chant du laostic. Le mari, jaloux, fait attraper le laostic et lui brise cruellement le cou.

Les romans courtois

- **La courtoisie.** La **littérature courtoise** est destinée à un public de **Cour**, la résidence d'un souverain. La courtoisie est un **art de vivre** et d'**aimer** qui s'inscrit en réaction aux mœurs rudes de l'époque. Elle place l'**amour** au centre des préoccupations et prône une conduite élégante et polie à l'égard de la dame courtisée. Les poèmes et romans des XIIe et XIIIe siècles racontent les exploits des chevaliers et l'amour passionné pour leur dame.
- **La courtoisie à la Cour d'Aliénor d'Aquitaine (1122-1204).** Reine de France par son mariage avec Louis VII puis reine d'Angleterre par son mariage avec Henri Plantagenêt, **Aliénor d'Aquitaine** s'entoure d'une Cour fastueuse, cultivée et raffinée accueillant les **troubadours** et protégeant les poètes comme Chrétien de Troyes. Elle-même était la petite fille du premier troubadour, Guillaume IX.

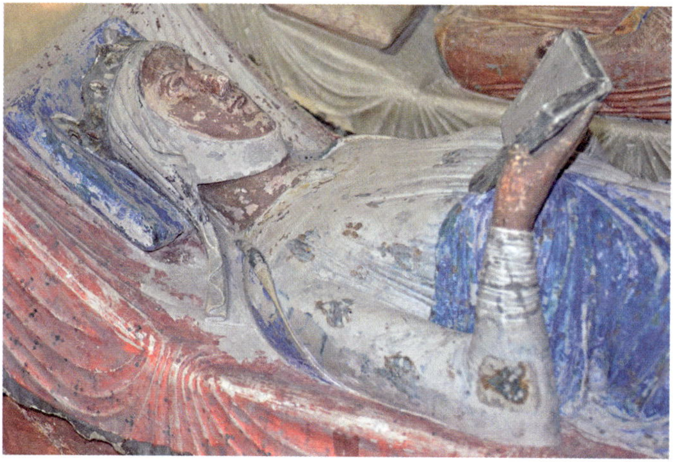

Gisant d'Aliénor d'Aquitaine à l'abbaye de Fontevraud. Aliénor tient dans ses mains un livre ouvert pour rappeler qu'elle fut l'amie des poètes durant sa vie.

- La *fin'amor* (« amour parfait ») désigne les **sentiments** qui lient le chevalier à sa dame, devenue suzeraine de son cœur. C'est une véritable **religion** de l'amour qui est placée au-dessus de toutes les règles sociales. André le **Chapelain** dans son *Tractatus de amore* (*Traité de l'amour*, 1184) en rappelle les **règles de conduite**. Cet amour doit être pur et partagé. Il est également codifié par des **étapes** : la rencontre doit être suivie d'échange de regards, puis viennent les promesses, le baiser et le don de soi. Le jeune chevalier accomplit des **exploits** afin de plaire à la femme aimée et de la mériter. Sur le modèle de la vassalité, la *fin'amor* repose sur la **soumission** totale de l'homme à la femme. Le chevalier devra tout accepter, même l'humiliation et le déshonneur. C'est à ce prix qu'il atteindra la **perfection**. Les mariages de l'époque étant fréquemment arrangés par les familles, l'amour courtois était une relation hors mariage.

Les romans de chevalerie de Chrétien de Troyes

Les romans de chevalerie appartiennent à la catégorie des romans courtois.

- **Chrétien de Troyes** (vers 1135 - vers 1190) est le grand auteur des romans du **cycle arthurien** (les aventures se passent à la Cour du roi Arthur) et des chevaliers de la Table Ronde. Son œuvre est riche : *Érec et Énide*, *Cligès*, *Lancelot ou Le Chevalier à la charrette*, *Yvain ou le Chevalier au lion*, ou *Perceval ou le Conte du Graal*.
- **Le héros* chez Chrétien de Troyes** est un **chevalier errant** qui parcourt le royaume en quête d'**aventures**, parfois mêlées de **merveilleux**, afin de prouver sa valeur et de se montrer digne de sa dame et de la société, selon les principes de la *fin'amor*. Dans

À savoir

Chrétien de Troyes est le **premier auteur** à créer un véritable univers romanesque avec le **retour des personnages** d'un roman à l'autre.

Lancelot ou Le Chevalier à la charrette, Lancelot est amoureux de la femme du roi Arthur, Guenièvre. Il entreprend de folles aventures pour lui prouver son amour et en vient à accepter le **déshonneur** de monter dans la charrette conduite par un nain, ce qui est un signe d'infamie à l'époque médiévale.
Mais, chez Chrétien de Troyes, l'amour pour la dame ne demeure pas **platonique** (Lancelot passera une nuit avec la reine Guenièvre). Par ailleurs, le **merveilleux** est très présent dans les personnages et les lieux (certains objets sont magiques, comme un anneau invisible ou un lit qui s'enflamme).

La légende de *Tristan et Iseut* (XIIe siècle)

- **La légende de *Tristan et Iseut*** constitue un **modèle** de l'amour courtois. Tristan, le neveu du roi Marc, est amoureux de la femme de ce dernier, Iseut. Une servante leur a donné à boire par erreur un philtre d'amour alors qu'il était destiné à Iseut et au roi. La folle passion qui anime dès lors les deux amants leur est **interdite**.
- **La réécriture de *Tristan et Iseut*.** Plusieurs auteurs comme **Béroul** ou **Thomas** ont réécrit cette histoire au Moyen Âge. Cette légende, maintes fois modernisée et adaptée à travers les siècles, est devenue l'image occidentale de l'amour passionné et malheureux.

Tristan boit le philtre d'amour. Enluminure, 1470.

D La littérature satirique

Simultanément à la littérature courtoise se développe une littérature **satirique*** où le code de l'honneur et toutes les valeurs chères aux chevaliers sont tournés en **dérision**.

Le *Roman de Renart* (1175-1250)

Le *Roman de Renart* est un ensemble de poèmes composés par plusieurs auteurs anonymes, souvent des **clercs**. Ces récits ont été rassemblés par « branches » qui correspondent à des chapitres.

- **Une satire* de la société féodale.** Ces poèmes mettent en scène **Renart**, le goupil triomphant et cynique, espiègle et rusé, grand ennemi d'Isengrin le loup, fort mais toujours dupé.
  Dans l'extrait ci-dessous, Renart se fait passer pour mort afin d'être ramassé par deux poissonniers intéressés par sa fourrure. Ils le mettent dans leur chariot, mais Renart s'échappe emportant sans remords harengs et anguilles.

  Ex. : « "Dieu vous maintienne en joie, beaux vendeurs de poisson !", leur cria-t-il. "J'ai fait avec vous un partage de frère : j'ai mangé vos plus gros harengs et j'emporte vos meilleures anguilles ; mais je laisse le plus grand nombre." Quelle ne fut pas alors la surprise des marchands ! Ils crient : "Au Goupil, au Goupil !" Mais le goupil ne les redoutait guère : il avait les meilleures jambes. "Fâcheux contre-temps !" disent-ils, "et quelle perte pour nous, au lieu du profit que nous pensions tirer de ce maudit animal ! Voyez comme il a dégagé nos paniers ; puisse-t-il en crever au moins d'indigestion !"
  "Tant qu'il vous plaira", dit Renart, "je ne crains ni vous ni vos souhaits." »
  Le Roman de Renart, branche III, XIIe-XIIIe siècles.

- **Le monde animalier** du roman est organisé à l'image de la **société de l'époque** et les animaux agissent comme les hommes. Les clercs se livrent à une transposition et à une **parodie** de leur propre monde et culture. Ils prennent plaisir à singer la littérature de chanson de geste et l'amour courtois.

> **À savoir**
>
> C'est du nom propre **« Renart »** (avec un *-t*) que vient l'actuel **« renard ».** Ce mot a été formé par antonomase : on a fait du nom propre (Renart), un nom commun (renard). Au Moyen Âge, on utilisait le mot « goupil » pour désigner le renard.

Les fabliaux (XIIIe-XIVe siècles)

- **Les fabliaux sont de courtes histoires satiriques*** plaisantes, rédigées en vers* (octosyllabes). La plupart sont anonymes.
- **Les fabliaux mettent en scène** des bourgeois, des **petites gens**, des *vilains* qui trompent les puissants et prennent leur revanche. À la différence des romans chevaleresques et courtois, l'action se déroule dans le **quotidien** et retrace des histoires d'adultère parfois obscènes.

- **Tous les ressorts comiques** (comique de gestes, de situation, de mots, de caractère) sont utilisés pour dépeindre les **défauts humains**. L'humour est souvent **grossier** et vise à faire rire sans chercher à moraliser.

E Les récits du XIIIe au XVe siècle

La Cité des Dames (1405)

- **Christine de Pizan** (1364-1431) est la **première femme** de lettres à vivre de sa plume. Ses œuvres sont écrites en français. Elle dénonce la misogynie de son époque.
- ***La Cité des Dames*** est un récit **allégorique*** : à l'aide de trois figures allégoriques, Raison, Droiture et Justice, Christine de Pizan construit une cité parfaite, la cité des Dames, qui met les femmes à l'abri des calomnies. Elles y incarnent une grande noblesse d'esprit.

Le déclin des romans de chevalerie

- **« L'automne du Moyen Âge »** désigne la période marquée par la peste et la guerre de Cent Ans. On se détourne des valeurs chevaleresques. Le roman de chevalerie laisse place à d'autres formes de récit.
- **La littérature bourgeoise** (c'est-à-dire la littérature des « bourgs », des villes), se développe, en réaction à la littérature des Cours, dite « courtoise ».

2 Le roman et le récit humanistes au XVIe siècle

A Rappels historiques

Voir p. 92.

- **Le XVIe siècle marque la fin du Moyen Âge** et l'entrée dans la **modernité** : c'est la Renaissance, incarnée par le roi **François Ier**. Il gouverne de façon moderne et entreprend de centraliser le pays. Le français devient la langue officielle dans l'administration et le droit en 1539 avec l'ordonnance de Villers-Cotterêts.
- **La découverte du Nouveau Monde (1492)** par Christophe **Colomb** repousse les frontières du connu. **Vasco de Gama** entreprend son premier voyage en Inde et **Magellan** fait le premier tour du monde. La carte du monde se redessine. Cette période est également marquée par le massacre des populations indigènes par les Européens.
- **Les guerres de Religion** occupent la seconde moitié du XVIe siècle. Elles opposent **catholiques** et **protestants** (le massacre de la Saint-Barthélemy le 25 août 1572 provoque la mort de 2 000 protestants).

B L'humanisme

Voir p. 95.

- **L'humanisme est un mouvement intellectuel européen** qui prône le retour à la **culture antique** et met l'**homme** au centre des préoccupations et de tous les savoirs.
- **Les érudits qui fuient Constantinople** à la chute de l'Empire Byzantin (1453) permettent la diffusion et la redécouverte des **œuvres de l'Antiquité** dont vont s'inspirer les penseurs humanistes.
- **Le mouvement humaniste cherche à éduquer un homme nouveau** et s'interroge sur la transmission des **savoirs** (Érasme, Montaigne). Les humanistes réfléchissent également aux questions politiques (le philosophe Érasme sera conseiller de Charles Quint, Montaigne sera maire de Bordeaux).

C La fin des romans de chevalerie

Roland Furieux de l'Arioste (1532)

Roland Furieux est considéré comme le **dernier roman** de chevalerie. L'intrigue mêle l'**histoire** (la guerre entre Charlemagne et le roi sarrasin Agramant) et le **merveilleux** (monstres marins, prophéties, mythes antiques, etc.). Le texte original, écrit dans un dialecte italien, est encore dans la tradition médiévale au niveau de la forme puisqu'il s'agit d'une **épopée en vers**. Largement réécrit et réadapté, son succès fut considérable.

D Les romans rabelaisiens

François Rabelais, auteur-clé de l'humanisme (voir p. 115)

- **Une vie d'érudit.** Contemporain du roi François Ier, François Rabelais est une grande **figure de l'humanisme**. Moine bénédictin, prêtre séculier, médecin et écrivain, cet érudit capable de lire les textes grecs dans leur version originale, est essentiellement connu pour ses quatre romans dont les héros sont des **géants** : *Pantagruel* (1532), *Gargantua* (1534/35), *Tiers Livre* (1546) et *Quart Livre* (1552). Le *Cinquième Livre* est posthume et son authenticité est contestée.

François Rabelais (1494-1553)

- **Des œuvres censurées.** Esprit ouvert et nouveau, Rabelais est passionné par les problèmes relatifs à l'**éducation**, à la **politique** et à la **religion**. Grand contestataire des pratiques de l'Église, de la justice et de l'éducation donnée au Moyen Âge, ses œuvres sont condamnées par les théologiens et **censurées** par la Sorbonne.

Un univers romanesque dense

- **Un sens caché à découvrir.** Derrière les apparences fantaisistes et le comique de ses textes, Rabelais invite le lecteur à réfléchir à son sens caché, à « rompre l'os et sucer la **substantifique moelle** » comme il le précise dans son avertissement de *Gargantua*.

  Ex. : « C'est pourquoi faut ouvrir le livre et soigneusement peser ce qui y est déduit. Lors connaîtrez que la drogue dedans contenue est bien d'autre valeur que ne promettait la boîte. C'est-à-dire que les matières ici traitées ne sont tant folâtres comme le titre au-dessus prétendait. »
  François Rabelais, Avertissement, *Gargantua*, 1534/35.

- **Des thèmes de prédilection.** Les thèmes abordés par Rabelais sont riches. Il s'en prend avec une raillerie féroce aux **théologiens** de la Sorbonne, les « sorbonicoles », aux **moines**, aux **juges**, aux **avocats**, aux **procureurs** et tourne en dérision ceux qu'il qualifie de **pédants**.
  – **L'éducation.** Dans *Gargantua*, Rabelais dénonce les méthodes du Moyen Âge qui faisaient la part belle à l'apprentissage par cœur assimilé à du bourrage de crâne, aux multiples messes de la journée, à la paresse physique, à la goinfrerie, etc. Le géant Gargantua sera placé sous la responsabilité de Ponocratès qui lui donnera une éducation **fidèle à l'humanisme** de la Renaissance : étudier tous les domaines du savoir, en privilégiant la **réflexion** plutôt que l'apprentissage par cœur, l'exercice physique, l'hygiène, l'étude directe et sans intermédiaires des textes sacrés.
  – **La critique des religieux** hypocrites qui font la guerre et recherchent leurs propres intérêts. Dans *Gargantua*, Rabelais ridiculise le roi Picrochole qui saisit le premier prétexte pour aller faire la guerre sans se soucier de ses sujets. Le bon roi Grandgousier excelle par sa piété, sa sagesse et son **désir de paix**.

- **Le retour des mêmes personnages d'un livre à l'autre.** Gargantua (2e livre) est le **père** de Pantagruel (1er livre) dont on suit les voyages (3e et 4e livres).

- **Une utopie littéraire.** Le frère Jean des Entommeures reçoit de Grandgousier de quoi faire construire l'abbaye de Thélème qui a pour devise : **« Fais ce que voudras. »** Pour

Citation

« Science sans conscience n'est que ruine de l'âme. » François Rabelais, *Pantagruel*, chapitre 8, 1532.

Gravure de Jonard d'après Gustave Doré (1873) pour *Pantagruel* de François Rabelais.

que la paix y règne, seuls les gens cultivés et bien éduqués sont acceptés.

- **Des innovations formelles.** Écrites en prose, les œuvres de Rabelais offrent une langue nouvelle. Le ton est **comique**, souvent grossier et fondé sur l'**exagération*** grâce au gigantisme des personnages. Rabelais manie tous les **styles** qu'il associe selon l'effet recherché : la farce, la satire*, etc. Il mélange aussi tous les **registres** de langue (médical, juridique, religieux, etc.) et crée de nombreux **néologismes*** (mots inventés), des expressions fantaisistes, des calembours, des contrepèteries, etc.

Anecdote

Rabelais a eu recours à deux **pseudonymes** en forme d'anagrammes : **Alcofribas Nasier** et **Séraphin Calobarsy,** qui témoignent de son goût pour les mots !

3 Le roman aux XVIIe et XVIIIe siècles : un genre en construction

A Rappels historiques

Voir p. 101.

Le « Grand Siècle »

Le XVIIe siècle est appelé le « Grand Siècle » par les historiens. Il commence après l'assassinat de Henri IV par Ravaillac en 1610.
Ce siècle est marqué par le règne absolutiste de **Louis XIV**, appelé « Roi-Soleil ». Pour centraliser son pouvoir et « surveiller » la haute noblesse, Louis XIV instaure une Cour qui, en 1682, s'installe au château de Versailles.

Baroque et classicisme

Deux mouvements **opposés** se développent durant le « Grand Siècle » : le baroque et le classicisme. Là où le **baroque** fait l'éloge du **mouvement** et de l'instabilité, le **classicisme** s'inspire de l'**Antiquité** et a un goût prononcé pour la mesure, l'équilibre, la **régularité**.

B Le roman baroque

Définition

Étymologiquement, le mot vient du portugais *barroco* (« **perle irrégulière** »). Le baroque s'oppose aux formes régulières, c'est-à-dire contraintes par des règles. Le baroque naît à la fin du XVIe siècle en Italie, mais il ne s'épanouit en France qu'au XVIIe siècle. En art comme en littérature, le baroque rejette les lignes droites et privilégie les **détours**, les arabesques, les illusions, la folie, les **rêves**, la **métamorphose**, les **changements**, etc.

Les caractéristiques baroques

Les **romans baroques** imitent cette **instabilité** : ils foisonnent de **descriptions**, d'éléments imaginaires (merveilleux, allégories, grotesque, etc.) et mélangent les genres. Les personnages se déguisent, apparaissent masqués ou trichent et sont victimes d'illusions ou de leurs rêves. Le thème de la **mort** est également très présent.

En France, les romans baroques héroïques comportent de nombreuses **digressions** et des intrigues compliquées, parfois un peu oubliées au fil d'un très long récit. Ces romans, souvent sentimentaux, présentent des héros traversant de multiples aventures pour tenter de se retrouver.

Les Aventures de Télémaque (1699) de François Fénelon

François Fénelon (1651-1715)

Les Aventures de Télémaque est un long roman baroque de plus de six cents pages inspiré de l'*Odyssée* d'Homère. François Fénelon, précepteur du duc de Bourgogne, petit-fils de Louis XIV, compose pour son élève ce **roman d'apprentissage** dans le but de l'**initier** à la **morale** et à la **politique.** Le héros, Télémaque, accompagné de Mentor, son précepteur, parcourt le monde à la recherche de son père, Ulysse, et rencontre tous les peuples de l'Antiquité.

Ex. : « – Quel est donc votre père que vous cherchez ? – reprit la déesse.
– Il se nomme Ulysse – dit Télémaque – c'est un des rois qui ont, après un siège de dix ans, renversé la fameuse Troie. Son nom fut célèbre dans toute la Grèce et dans toute l'Asie, par sa valeur dans les combats et plus encore par sa sagesse dans les conseils. Maintenant, errant dans toute l'étendue des mers, il parcourt tous les écueils les plus terribles. Sa patrie semble fuir devant lui. Pénélope, sa femme, et moi, qui suis son fils, nous avons perdu l'espérance de le revoir. Je cours, avec les mêmes dangers que lui, pour apprendre où il est. Mais que dis-je ? peut-être qu'il est maintenant enseveli dans les profonds abîmes de la mer. Ayez pitié de nos malheurs ; et, si vous savez, ô déesse, ce que les destinées ont fait pour sauver ou pour perdre Ulysse, daignez en instruire son fils Télémaque. »
François Fénelon, *Les Aventures de Télémaque*, 1699.

Ce roman, prônant la paix entre les hommes, sera perçu comme une **critique de l'absolutisme royal** et provoquera la disgrâce de son auteur.

C Le roman picaresque

Définition

Étymologiquement, le mot vient de l'espagnol *picaro* qui signifie « aventurier », « vaurien ». La traduction la plus fidèle serait « coquin » regroupant l'idée de « bandit » et d'« espièglerie ». Le roman picaresque est un **roman d'aventures**.

Les caractéristiques du roman picaresque

- **Une narration à la première personne.** Le roman prend la forme d'une autobiographie fictive du *picaro*. Le héros, jeune homme pauvre, mais rusé, voleur ou mendiant, mène une vie de vagabond. Le roman reflète la **réalité sociale** de l'Espagne du XVIe siècle.
- **Le roman picaresque s'est exporté en France au XVIIe siècle.** Comme dans le roman baroque, le lecteur suit le héros partant à la découverte du monde et de lui-même. Les **péripéties** se succèdent, les histoires étant souvent **enchâssées**. Les intrigues, rarement vraisemblables, tournent à la **satire*** burlesque. Le clergé est pris pour cible ainsi que les médecins et la justice.

Histoire de Gil Blas de Santillane (1715-1735) de Alain-René Lesage

Ce long roman (douze livres) raconte à la première personne, sur un ton satirique*, les multiples **aventures** de Gil Blas dans l'Espagne du XVIIe siècle. Le héros* pauvre, tour à tour bandit, acteur, domestique, observe toutes les **classes de la société** et en gravit les échelons jusqu'à devenir secrétaire du premier ministre espagnol.

D Le roman précieux

La mode des salons

La **préciosité** s'inscrit dans la continuité de la **littérature courtoise** médiévale. C'est un mouvement qui se développe dans la première moitié du XVIIe siècle et qui se caractérise par des **réunions littéraires mondaines**. Des femmes cultivées comme Madeleine de Scudéry font salon et reçoivent l'élite parisienne. Le salon précieux le plus connu est tenu à l'**hôtel de Rambouillet** par Catherine de Vivonne, marquise de Rambouillet. On s'y livre à des débats intellectuels, on lit des textes, on invente des jeux littéraires. La recherche du **raffinement** et du bon goût, particulièrement dans le langage, s'impose. La femme est mise en valeur par l'honnête homme qui doit se montrer galant, courtois et faire preuve d'esprit.

La littérature précieuse

- **L'amour, thème de prédilection.** L'amour précieux obéit aux mêmes codes que l'amour courtois, régi par la recherche d'un idéal de pureté et d'absolu.
- ***L'Astrée* (1612),** roman précieux et pastoral de cinq mille pages d'**Honoré d'Urfé**, met en scène les amours de bergers et de bergères dont Céladon et Astrée.
- ***Clélie* (1654)** de **Mademoiselle de Scudéry** est un très long roman inspiré de l'histoire antique, resté dans les mémoires pour sa *Carte de Tendre* qui illustre de manière allégorique et géographique la conception de l'amour de l'époque.

> **À savoir**
>
> Un des personnages de ***L'Astrée*, Céladon,** a donné son nom à une couleur **vert pâle** légèrement bleutée. De façon familière et ironique, un céladon désigne aussi un **amoureux** fidèle et sentimental, peu entreprenant.

- ***La Princesse de Clèves* (1678)** de **Madame de Lafayette** est le premier roman d'**analyse psychologique**. L'intrigue se déroule à la Cour du roi Henri II. L'héroïne, Mademoiselle de Chartres, mariée au prince de Clèves, tombe amoureuse du duc de Nemours. Par fidélité à son mari, l'héroïne ne cède pas à ses sentiments et avoue même à son mari qu'elle en aime un autre. Ce dernier en meurt de tristesse. Veuve et libre, la princesse de Clèves se refuse toujours au duc de Nemours malgré son amour. Ce roman, à la croisée de la galanterie et de la préciosité, est l'un des premiers romans « modernes ». Personnage classique, la princesse de Clèves incarne une « vertu inimitable », expression qui clôt le roman.

4 Le roman libertin du XVIIIe siècle

A Rappels historiques

Suite à la Révolution française de 1789, la monarchie absolue disparaît pour laisser place à un régime politique inspiré par l'**esprit des Lumières**. Idées nouvelles et connaissances se diffusent partout en France et en Europe *(voir p. 108)*.

B Le roman libertin

Définition

Du latin *libertinus* qui signifie « esclave affranchi », le **libertinage** est un état d'esprit qui naît au XVIIe et se développe au XVIIIe siècle. Le libertinage prône la **liberté**. Il remet en cause l'**ordre moral** et **religieux**. Le libertinage d'**esprit** peut s'accompagner d'un libertinage de **mœurs** et exalter les plaisirs de la chair.

Deux romans en vogue au XVIIIe siècle

- ***L'Histoire du chevalier des Grieux et de Manon Lescaut* (1731)** de l'**abbé Prévost.** Le roman narre l'amour du chevalier des Grieux pour Manon qui l'entraîne dans une vie de **débauche**. Jugé scandaleux, le livre a été condamné.

Gravure de Maurice Blot (1732-1806) d'après *Le Verrou* de Jean-Honoré Fragonard.

- ***Les Liaisons dangereuses* (1782)** de Pierre Choderlos de **Laclos**. Ce roman épistolaire retrace les **manipulations cyniques** de la marquise de Merteuil et du vicomte de Valmont qui cherchent à détruire l'innocence de jeunes personnes. Ces deux libertins mettent toute leur intelligence au service de la tromperie, afin d'assouvir leurs envies et d'asseoir leur domination sur les autres.
  Dans cet extrait, le vicomte de Valmont savoure sa victoire sur Madame de Tourvel qu'il a longuement séduite :

Ex. : « Tandis que je parlais ainsi, je sentais son cœur palpiter avec violence ; j'observais l'altération de la figure, je voyais, surtout, les larmes la suffoquer et ne couler cependant que rares et pénibles. Ce ne fut qu'alors que je pris le parti de feindre de m'éloigner ; aussi, me retenant avec force : – "Non, écoutez-moi, dit-elle vivement.– Laissez-moi, répondis-je. – Vous m'écouterez, je le veux. – Il faut vous fuir, il le faut ! – Non !" s'écria-t-elle… À ce dernier mot, elle se précipita ou plutôt tomba évanouie entre mes bras. Comme je doutais encore d'un si heureux succès, je feignis un grand effroi ; mais tout en m'effrayant, je la conduisais, ou la portais vers le lieu (un fauteuil) précédemment désigné pour le champ de ma gloire ; et en effet elle ne revint à elle que soumise et déjà livrée à son heureux vainqueur. »
Pierre Choderlos de Laclos, *Les Liaisons dangereuses*, 1782.

5 Le siècle d'or du roman : le XIXe siècle

A Rappels historiques : un siècle de mutations politiques, sociales et techniques

- **La Révolution française de 1789** met fin à la monarchie absolue et à la société d'**Ancien Régime**. Ce tournant majeur provoque une **instabilité politique** durant tout le siècle : la France hésite entre un retour à l'ordre social et la préservation des acquis de la Révolution française. Ces profondes **mutations sociales et politiques** s'accompagnent de grands **progrès scientifiques et techniques**. La France entre dans l'**ère industrielle** avec notamment le développement de la machine à vapeur, des réseaux ferrés et de l'électricité.

■ **L'instabilité politique.**

Le Consulat et le Premier Empire (1799-1814)	– Louis Napoléon Bonaparte sacré empereur en 1804. Il devient Napoléon Ier. – Napoléon Ier, par ses conquêtes, étend sa domination sur l'Europe.
La Restauration (1814-1830)	– Mise en place d'une monarchie constitutionnelle par Louis XVII. – Charles X monte sur le trône en 1825. – Renversement de Charles X durant les Trois Glorieuses.
Monarchie de Juillet (1830-1848)	– Monarchie constitutionnelle de Louis-Philippe d'Orléans. – Révolution de 1848.
IIe République (1848-1851)	– Suffrage universel masculin. – Louis-Napoléon Bonaparte est élu président de la République. – Coup d'État de Louis-Napoléon Bonaparte le 2 décembre 1851.
Second Empire (1852-1870)	– Louis-Napoléon Bonaparte devient Napoléon III. – Défaite de Sedan : capitulation de Napoléon III.
IIIe République (1870-1940)	– Commune de Paris (1871) : ce mouvement insurrectionnel favorable à une République sociale est réprimé dans le sang. – Instruction gratuite, laïque et obligatoire (lois de Jules Ferry de 1881-1882). – Légalisation des syndicats (1884) : la loi Waldeck-Rousseau institue la liberté syndicale. Les ouvriers peuvent désormais se regrouper pour revendiquer une augmentation de salaires ou des améliorations de leurs conditions de travail. – Affaire Dreyfus (1894-1906) : Alfred Dreyfus, un capitaine de confession juive, est accusé faussement d'espionnage. Cette « affaire » va diviser profondément la société française.

B Le roman romantique

Définition

Le **romantisme**, mouvement littéraire et artistique, est né en Allemagne et en Angleterre et couvre la première moitié du XIXe siècle. C'est **Germaine de Staël** qui utilise le terme la première pour traduire le mot allemand *romantisch*. Le mot sert ensuite à désigner le mouvement de **libération du moi** et l'expression des états d'âme qui se sont développés en **opposition** à la régularité classique et au rationalisme du XVIIIe siècle.

Le roman d'inspiration autobiographique

- ***René* (1802)** de François-René de **Chateaubriand** annonce le **romantisme** : le héros*, très proche de l'auteur, sensible, inquiet, est en proie à un **« vague à l'âme »** et au **« vague des passions »**. Le mal de René deviendra le « mal du siècle » et inspirera de nombreux romantiques.

  Ex. : « "Levez-vous vite, orages désirés qui devez emporter René dans les espaces d'une autre vie !" Ainsi disant, je marchais à grands pas, le visage enflammé, le vent sifflant dans ma chevelure, ne sentant ni pluie, ni frimas, enchanté, tourmenté, et comme possédé par le démon de mon cœur. » Chateaubriand, *René*, 1802.

François-René de Chateaubriand (1768-1848)

- ***Adolphe* (1816)** de Benjamin **Constant** (1767-1830) propose une analyse fine d'un amour cruel entre le narrateur et Ellénore, une Polonaise qui lui sacrifie sa famille et sa position sociale.
- ***La Confession d'un enfant du siècle* (1836)** d'Alfred de **Musset** retrace sa passion tumultueuse avec l'autrice George Sand.

C Le roman réaliste et le roman naturaliste

Le roman réaliste

Le **réalisme** s'affirme à partir des années 1850. Par réaction au romantisme, il cherche à reproduire fidèlement le **réel,** sans chercher à l'embellir. Avec la Révolution industrielle et les bouleversements politiques, les romans s'intéressent aux changements de société et aux mœurs. Cette volonté **« d'être vrai »,** selon la formule de Stendhal, touche tous les genres littéraires et artistiques. Le photographe **Nadar** et le peintre Gustave **Courbet** (*Un enterrement à Ornans*, 1849-1850) en témoignent. Chaque artiste a l'ambition de créer une **impression de réalité**.

- **L'analyse des sentiments chez Stendhal. Stendhal** est un observateur méticuleux de la **passion** chez les êtres. Il est en quête de vérité : « un roman, c'est un miroir que l'on promène le long d'un chemin. » Ses romans prennent comme base des **faits réels** et dépeignent leur **époque** avec précision : *Le Rouge et le Noir* (1830) s'inspire d'une affaire criminelle réelle, l'affaire Antoine Berthet (1827) ; *Lucien Leuwen* (1894) a pour cadre la société de la monarchie de Juillet.

Henri Beyle, dit Stendhal (1783-1842)

- ***La Comédie humaine*, Honoré de Balzac.** Ce titre regroupe plus de quatre-vingt-dix œuvres.

Honoré de Balzac (1799-1850)

– **Une peinture des mœurs de la Restauration et de la monarchie de Juillet.** Balzac a l'ambition de « peindre les deux ou trois mille personnages saillants de son époque ». Cette monumentale fresque relie les personnages entre eux d'un roman à l'autre. Balzac reproduit avec une **réalité** et une complexité étonnantes les **hommes** et leur attrait pour l'**argent** ou le **pouvoir**, les **lieux** et les **objets**.

Ex. : « En dressant l'inventaire des vices et des vertus, en rassemblant les principaux faits des passions, en peignant les caractères, en choisissant les événements principaux de la Société, en composant des types par la réunion des traits de plusieurs caractères homogènes, peut-être pouvais-je arriver à écrire l'histoire oubliée par tant d'historiens, celle des mœurs. »
Honoré de Balzac, Avant-propos, *La Comédie humaine*, 1842-1848.

Les portraits et les descriptions sont minutieux. Le vocabulaire précis, voire technique ou scientifique, permet d'assurer la vraisemblance*.

– **La description au service du portrait psychologique.** La description du personnage chez Balzac sert à révéler sa **psychologie**. Balzac crée des **types** qui sont à la fois individualisés mais aussi représentatifs (l'avarice du père Grandet, l'amour paternel du père Goriot, l'arrivisme d'Eugène de Rastignac). Parfois, le titre révèle cette intention (*La Femme de trente ans*, 1842 ; *La Vieille Fille*, 1836). Le personnage* réaliste n'est pas un héros*, il est souvent un être **ordinaire** doté de qualités et de défauts.

- **L'ironie de Flaubert.**

Gustave Flaubert (1821-1881)

– **Une méthode scientifique.** Flaubert explore également la réalité et s'appuie sur une **documentation** très précise et de vastes **enquêtes** pour écrire ses romans. Il consulte plusieurs traités médicaux par exemple pour décrire l'empoisonnement d'Emma Bovary.

– **Une description objective.** Flaubert explore l'âme humaine et dépeint le « moi » avec délectation, mais cherche à conserver « l'**impartialité** qu'on met dans les sciences physiques ». L'auteur souhaite ainsi demeurer **absent** de son œuvre et retranscrit le plus objectivement possible les sentiments, le langage, le milieu et les idées de ses personnages qu'il scrute à distance. Ce sont souvent de médiocres héros* dépeints avec **ironie*** laissant voir ainsi leur vanité ou leur sottise.

À savoir

Le « bovarysme » est une **insatisfaction** qui pousse à rêver à des bonheurs inaccessibles, caractéristique du personnage d'Emma Bovary du roman *Madame Bovary* de Gustave Flaubert.

- **Guy de Maupassant, « l'illusionniste ».**
  Pour servir son intention réaliste, Guy de **Maupassant** (1850-1893) veut être un « illusionniste de talent » (préface de *Pierre et Jean*, 1888). Le romancier donne l'**illusion** du réel, mais transcrit toujours un point de vue et recompose cette réalité. Dans *Une Vie* (1883), *Bel-Ami* (1885), *Pierre et Jean* (1888), l'auteur livre ainsi une peinture **pessimiste** de personnages égoïstes et médiocres.

Le roman naturaliste

Le **naturalisme** apparaît dans la seconde moitié du XIXe siècle. Prolongement du réalisme avec lequel il partage la volonté de **« faire vrai »**, il s'intéresse particulièrement au quotidien, aux **problématiques sociales**, au monde **populaire** et à la **misère du monde ouvrier**. Le naturalisme veut rendre compte de la réalité par l'**observation** et l'**expérimentation** scientifiques.

- **Émile Zola : chef de file du naturalisme.** Émile Zola est passionné par le rôle de l'**hérédité**. *Les Rougon-Macquart* (1871-1893), « Histoire naturelle et sociale d'une famille sous le Second Empire », retrace, sur vingt romans et sur cinq générations successives, l'histoire d'une famille marquée par des troubles psychiques héréditaires.

  Ex. : « L'hérédité a ses lois, comme la pesanteur. Je tâcherai de trouver et de suivre, en résolvant la double question des tempéraments et des milieux, le fil qui conduit mathématiquement d'un homme à un autre homme. Et quand je tiendrai tous les fils, quand j'aurai entre les mains tout un groupe social, je ferai voir ce groupe à l'œuvre, comme acteur d'une époque historique, je le créerai agissant dans la complexité de ses efforts, j'analyserai à la fois la somme de volonté de chacun de ses membres et la poussée générale de l'ensemble. »
  Émile Zola, *préface* des *Rougon-Macquart*, 1871.

Émile Zola
(1840-1902)

Écrivain **engagé** (notamment dans l'affaire Dreyfus), Émile Zola se bat contre les injustices sociales et dépeint les ouvriers exploités, le milieu populaire qui souffre dans la misère : les mineurs dans *Germinal* (1885), les cheminots dans *La Bête humaine* (1890), les vendeuses des grands magasins dans *Au bonheur des dames* (1883). Il veut montrer à quel point l'homme est **déterminé** par son **milieu**.

D Le roman historique

Le **roman historique** se développe durant la seconde moitié du XIXe siècle. Il prend pour toile de fond un événement, ou une période, **historique réel**. Alexandre **Dumas** s'illustre dans le domaine, notamment avec *Les Trois Mousquetaires* (1844), mais aussi Théophile **Gautier** (*Le Capitaine Fracasse*, 1863).

6 Le roman multiforme du XXᵉ siècle

A Rappels historiques

- **Historiquement,** le siècle est caractérisé par la **Première Guerre mondiale** (1914-1918) et la **Seconde Guerre mondiale** (1939-1945) dont la France sort victorieuse mais profondément marquée par la guerre des tranchées et les camps de concentration. La **décolonisation** (1946-1962) la plonge de nouveau dans des guerres avec son empire colonial. La **guerre froide** (1947-1991) l'amène à redéfinir ses rapports avec les deux Grands qui s'opposent, les États-Unis et l'URSS. Mais c'est aussi, depuis 1948, le siècle de la **construction européenne** où la France s'affirme.
- **Culturellement,** la littérature vit de grands changements. Le public s'élargit par les **échanges internationaux**, les **traductions** qui se développent et les **éditions de poche**, à partir des années 1950. De nouveaux **médias** voient le jour (cinéma, théâtre, bandes dessinées) auxquels participent les écrivains. La poésie se marginalise tandis que le roman a la part belle.

B Les romans de la première moitié du XXᵉ siècle

De multiples thématiques

Alain-Fournier se tourne vers le monde du rêve avec *Le Grand Meaulnes* (1913) ; **Colette** vers l'amour (série des *Claudine*, 1900-1903) ; Jean **Giono** vers la nature (*Regain*, 1930) ; Boris **Vian** (*L'Écume des jours*, 1947) ou encore Raymond **Queneau** (*Zazie dans le métro*, 1959) vers la fantaisie.

De nouvelles écritures romanesques

- **La mémoire involontaire de Marcel Proust.** Dans *À la recherche du temps perdu* (1913-1927), Marcel Proust travaille sur la **mémoire involontaire** qui a le pouvoir de faire **ressurgir** un **passé enfoui** et perdu et d'échapper au **temps** : une madeleine trempée dans une cuillerée de thé ressuscite des souvenirs oubliés chez le narrateur.

  Ex. : « Mais, quand d'un passé ancien rien ne subsiste, après la mort des êtres, après la destruction des choses, seules, plus frêles mais plus vivaces, plus immatérielles, plus persistantes, plus fidèles, l'odeur et la saveur restent encore longtemps, comme des âmes, à se rappeler, à attendre, à espérer, sur la ruine de tout le reste, à porter sans fléchir, sur leur gouttelette presque impalpable, l'édifice immense du souvenir. »
  Marcel Proust, *Du côté de chez Swann*, 1913.

Marcel Proust (1871-1922)

L'intrigue n'est plus **linéaire** chez Proust. Le lecteur suit le regard du narrateur qui déchiffre les **signes** pour atteindre la **vérité** de son être.

- **Des innovations formelles** notamment avec l'apparition de la technique de la **« mise en abyme »** (un récit dans un récit) dans *Les Faux-monnayeurs* (1925) d'André **Gide** ou avec le **style révolutionnaire** et brutal de **Céline** dans *Voyage au bout de la nuit* (1932) qui mêle langues écrite et orale.

Une littérature engagée

Le roman reflète les préoccupations **politiques** et **philosophiques** de l'époque : André **Malraux** célèbre la lutte des Espagnols contre la dictature franquiste dans *L'Espoir* (1937) ; Jean-Paul **Sartre** expose son sentiment de l'**absurdité de l'existence** et sa **philosophie existentialiste** dans *La Nausée* (1938). Le traumatisme né de la Seconde Guerre mondiale s'exprime à travers la littérature **concentrationnaire** de Primo **Levi**, Charlotte **Delbo**, et chez des écrivains comme Albert **Camus** (*La Peste*, 1947).

C Le Nouveau Roman : la crise du roman

Définition

Le **Nouveau Roman** est un mouvement littéraire né dans les années 1950. Le mouvement réunit des romanciers aux styles variés publiés aux Éditions de Minuit comme Nathalie **Sarraute**, Michel **Butor**, Marguerite **Duras**, Samuel **Beckett**, etc. Ces romanciers sont en proie au **doute** et s'interrogent sur la forme même du roman. Nathalie **Sarraute** (1900-1999) désigne cette période comme « l'ère du soupçon », du titre de l'une de ses œuvres parue en 1956. À la fois romanciers et théoriciens, les auteurs du Nouveau Roman portent aussi un **regard critique** sur leur production. De nombreux essais* proposent une théorie de ce mouvement, comme *Pour un nouveau roman* (1963) d'Alain **Robbe-Grillet** qui précise : « Le Nouveau Roman n'est pas une théorie, c'est une recherche. »

Caractéristiques

- **La remise en cause du personnage traditionnel.** Le **personnage réaliste**, avec un nom, une classe sociale, un destin, une histoire cohérente est **dépassé**. Les personnages sont à présent définis « **de l'intérieur** ». Le lecteur a accès au « flux de conscience », c'est-à-dire à toutes les pensées souvent **désordonnées** du personnage. L'auteur use du monologue intérieur comme le fait Nathalie **Sarraute** dans *Le Planétarium* (1960).

  Par ce biais, les nouveaux romanciers explorent les **failles** et les **pulsions** des individus, comme Marguerite **Duras** qui nous plonge dans la folie de son personnage éponyme* dans *Le Ravissement de Lol V. Stein* (1964). Le **nom** des personnages est également déconstruit. Le narrateur de *La Jalousie* (1957) d'Alain **Robbe-Grillet** n'est jamais nommé, tandis que sa femme se limite à une seule initiale : A.

- **Le refus de l'organisation traditionnelle du récit.** Le but du roman n'est plus de raconter une histoire vue de l'extérieur par un narrateur omniscient, mais de s'intéresser à l'**intériorité** des personnages. L'**intrigue** passe alors au **second plan**.
- **Un questionnement sur la forme du roman.** Les nouveaux romanciers refusent « l'effet de réel » propre aux écrivains réalistes. L'objectif n'est plus de faire croire à la véracité du récit mais de rendre compte de l'**étrangeté** du monde. Pour Jean **Ricardou**, le roman n'est plus l'écriture d'une aventure mais « l'aventure d'une écriture ». La forme que doit prendre le roman devient le sujet même de l'écriture, le roman se transformant en un **laboratoire d'écriture** où tous les codes traditionnels sont brouillés. Dans *La Modification* (1957), Michel **Butor** choisit d'écrire à la deuxième personne du pluriel. Le personnage, « vous », n'est autre que le lecteur. Celui-ci, déstabilisé, est invité à être actif : c'est à lui d'assembler les pièces de ce puzzle et d'en trouver le sens.

D L'essor du roman policier

Dès le début du XXe siècle, le **roman policier** s'impose comme un genre à succès avec la série des *Arsène Lupin* de Maurice **Leblanc** ou les œuvres de Gaston **Leroux** (*Le Mystère de la chambre jaune*, 1907). Au début du XXIe siècle, les romans de Fred **Vargas** (*L'Homme à l'envers*, 1999 ; *Temps glaciaires*, 2015) mettent en scène le commissaire Adamsberg. L'autrice adapte les motifs traditionnels du policier pour brosser un tableau de la société contemporaine. Le **roman à suspense (thriller)** se développe également avec notamment Georges **Simenon** et Didier **Daeninckx** (*Meurtres pour mémoire*, 1984 ; *Lumière noire*, 1987).

7 Le roman aujourd'hui

A Rappels historiques

La **chute du mur de Berlin** en 1989 a mis fin à la guerre froide mais d'autres défis apparaissent. Le début de notre siècle est marqué par de graves **crises** économiques (2008), par la **guerre en Irak** (2003-2011), par une longue suite d'**attentats** et par la **crise climatique**.

Le roman français est pris dans le tourbillon d'**Internet** et de la **révolution numérique**. Le livre se désacralise, chacun pouvant publier et diffuser sur les réseaux sociaux.

B Un nouveau genre autobiographique : l'autofiction

Face aux événements dramatiques de notre époque, de nombreux auteurs témoignent de leur **angoisse** ou de leur émotion dans des récits autobiographiques. Un **nouveau genre** apparaît : l'**autofiction**, **récit personnel** et **réel** contenant des passages de **fiction**. L'auteur recompose son expérience vécue pour en faire émerger un sens.

- **Annie Ernaux** s'inscrit ainsi dans une démarche sociologique. Elle décrit son enfance et l'ascension sociale de ses parents dans *La Place* (1983), son avortement dans *L'Événement* (2000) et les évolutions de la société dans *Les Années* (2008).
- **Philippe Forest** interroge le pouvoir du langage face à la souffrance du deuil et évoque la mort de sa fille dans ses romans (*L'Enfant éternel*, 1998 ; *Toute la nuit*, 1999 ; *Le Chat de Schrödinger*, 2013), ainsi que la vie de ses parents (*Le Siècle des Nuages*, 2010).
- **Patrick Modiano** fait le récit de son enfance sous l'Occupation (*Un Pedigree*, 2005).
- **Delphine de Vigan** raconte la folie de sa mère (*Rien ne s'oppose à la nuit*, 2011).

C Le roman, miroir de la société

- **Des romanciers partagent leur regard sur le monde,** parfois cyniquement comme Michel **Houellebecq** dans *Les Particules élémentaires* (1998). La **crise politique** et **économique** nourrit aussi les romanciers qui peignent les milieux **marginaux** et la misère sociale, comme Virginie **Despentes** dans la trilogie *Vernon Subutex* (2015-2017) ou Nicolas **Mathieu** dans *Leurs Enfants après eux* (prix Goncourt 2018).

Virginie Despentes (née en 1969)

- **La réflexion sur les sujets de société** est abordée sous l'angle du **fait divers** comme dans *Chanson douce* de Leïla **Slimani** (prix Goncourt 2016) qui relate un infanticide, ou dans *Réparer les vivants* (2014) de Maylis de **Kerangal** qui suit un processus de don d'organes après l'accident de la route d'un jeune adolescent.

Leïla Slimani
(née en 1981)

- **Le rôle des femmes** devient central comme dans les œuvres de Marie **Darrieussecq** (*Truismes*, 1996 ; *Clèves*, 2011) ou de Marie **NDiaye** (*Trois Femmes puissantes*, 2009). Pierre **Lemaître**, dans *Couleurs de l'incendie* (2018), utilise le roman historique pour parler de la condition des femmes dans l'entre-deux-guerres.
- **Le thème de l'exil.** Avec la mondialisation et les migrations, l'exil devient un thème important dans la littérature **francophone**, notamment sous la plume des académiciens comme le Haïtien Dany **Laferrière** (*L'Énigme du retour*, 2009) ou le Libanais Amin **Maalouf** (*Les Désorientés*, 2012).

D Les littératures de l'imaginaire

Les littératures de l'imaginaire connaissent un **succès** croissant à partir des années 1960 avec notamment Pierre **Boulle** (1912-1994) qui publie *La Planète des singes* en 1963 : l'auteur décrit une planète imaginaire, Soror, peuplée de singes humanisés, intelligents et cultivés, qui se livrent à des expériences sur l'homme resté à l'état sauvage et réduit en esclavage. S'inspirant des travaux de Charles **Darwin**, l'auteur s'interroge ainsi sur l'évolution et la propension de l'homme à dominer.
Plus récemment, Alain **Damasio** (né en 1969) propose des **dystopies** politiques (*La Zone du Dehors*, 1999) et des romans de **science-fiction** (*La Horde du Contrevent*, 2004).
L'imaginaire s'empare aussi de la littérature jeunesse et jeune adulte avec la série des *Harry Potter* (1997-2007) de l'Anglaise Joanne **Rowling** (née en 1965).

1 *Manon Lescaut*, Abbé Prévost
Parcours : Personnages en marge, plaisirs du romanesque

1 L'auteur

▲ Abbé Prévost.

■ Antoine-François Prévost (1697-1763) naît dans une famille bourgeoise. En 1721, il devient moine, commence à écrire puis, ordonné prêtre, il mène une vie mondaine.

■ Il écrit alors, anonymement, les premiers tomes des *Mémoires et aventures d'un homme de qualité qui s'est retiré du monde* (1728). Ses écrits et son mode de vie l'amènent à fuir en Angleterre puis en Hollande en 1729.

■ Il y écrit *Manon Lescaut* en 1731. Cette même année, il commence une liaison tumultueuse avec Hélène Eckardt dont les ressemblances avec la liaison entre Des Grieux et Manon sont troublantes. Bientôt, il est emprisonné pour tentative d'escroquerie.

■ Deux ans après son absolution par le Pape en 1734, il devient aumônier du libertin Prince Conti. Il fréquente les salons, se lie d'amitié avec Mme de Pompadour et Jean-Jacques Rousseau, entretient des maîtresses. Il finit sa vie sous la protection du Prince et meurt d'apoplexie en 1763.

2 L'œuvre

A. Contexte et résumé

■ *Manon Lescaut*, qui a pour titre original *Histoire du chevalier Des Grieux et de Manon Lescaut*, a été initialement publié dans les *Mémoires et aventures d'un homme de qualité* en 1731. La première édition rencontre un succès immédiat… mais cause aussi un grand scandale. Le roman est interdit mais continue de circuler grâce aux rééditions clandestines.

> **À savoir**
> Quand il désigne le genre littéraire, *mémoires* est un nom masculin pluriel.

Résumé

Première partie. Des Grieux rencontre Manon alors qu'elle s'apprête à être déportée. Il fuit avec elle mais elle le trahit avec M. de B… Des Grieux, retourné finir ses études, s'enfuit de nouveau avec elle lors de sa soutenance. Ils rencontrent son frère qui voulait la prostituer. Elle le trahit encore avec M. de G… M… qu'ils entreprennent d'escroquer mais ils se font emprisonner. Des Grieux s'enfuit et fait évader Manon.

Seconde partie. Après quelques semaines de bonheur, le fils de M. de G… M… tombe amoureux de Manon. Elle trahit une troisième fois Des Grieux avant qu'ils ne se retrouvent et essayent de séquestrer le fils. Le père G… M… les fait arrêter. Manon et Des Grieux sont déportés. En Louisiane, le Gouverneur refuse de les marier malgré leur vie vertueuse. Ils fuient et elle meurt en route. Des Grieux rentre en France, retrouve son rang, mais est condamné à une vie sans bonheur.

B. Enjeux

■ Ce roman a de multiples facettes : mémoires fictifs, roman d'aventures, peinture sociale, roman d'analyse psychologique… Mais avant tout, *Manon Lescaut* est le roman d'un amour sincère et passionné d'un homme pour une femme qui n'est pas de son rang. L'intrigue repose sur les obstacles à cet amour.

■ Le système énonciatif de *Manon Lescaut* est essentiel : en 1717, le marquis de Renoncour raconte (c'est le récit cadre) qu'il a rencontré Des Grieux qui lui expose ses malheurs (c'est le récit enchâssé). La voix de Des Grieux qui a vécu ces aventures entre 1712 et 1715 se mêle alors à la voix du même Des Grieux qui commente son histoire en 1717.

■ Manon, qui a pourtant donné son nom au roman, n'existe qu'à travers le regard que Des Grieux porte sur elle, et comme objet de désir ou de mépris des autres hommes du roman. Elle n'est jamais décrite, le lecteur n'a jamais accès à son intériorité. À l'inverse, la parole de Des Grieux est omniprésente et il mêle sincérité et mauvaise foi, dans un registre pathétique, voire tragique, mais en se trouvant toujours des excuses.

Citation-clé

« Je suis sûr qu'en me condamnant, vous ne pourrez pas vous empêcher de me plaindre. »
Des Grieux.

3 Le parcours : « Personnages en marge, plaisirs du romanesque »

A. Une société marginale source de romanesque

■ Ce roman nous offre un tableau réaliste de la Régence, période marquée par un goût démesuré pour le luxe, le divertissement et… l'argent ! Tout s'achète, y compris les faveurs de Manon qui ne voit pas en quoi cela contredit son amour sincère pour Des Grieux. Le roman fourmille de personnages marginaux et la fréquentation de ces milieux interlopes est prétexte aux événements romanesques : enlèvements, évasions, guet-apens, etc.

■ Manon et Des Grieux sont marginaux par obligation. L'ordre moral incarné par le père de Des Grieux leur interdit le mariage et les force donc à la clandestinité. Des Grieux est marginal par amour et Manon parce qu'elle cherche à échapper à la pauvreté. En Louisiane, prétendant être mariés, ils peuvent enfin mener une vie vertueuse jusqu'à ce que le Gouverneur les pousse à leur perte. Leur amour se heurte à une forme de fatalité sociale.

B. Œuvres-clés liées au parcours

***La Vie de Marianne* de Marivaux (1731-1745)**	Dans ces mémoires fictifs, une orpheline élevée par une lingère tente de retrouver la noblesse de ses origines. Ce roman mêle lui aussi l'analyse de soi aux péripéties romanesques.
***Madame Bovary* de Gustave Flaubert (1857)**	Emma Bovary rêve d'une vie romanesque, à l'image de tous les romans qu'elle a lus avidement, mais son mariage avec Charles n'est qu'ennui. Pour y échapper, elle flirte avec la marginalité, prenant des amants et contractant des dettes. Considéré comme immoral, ce roman réaliste est censuré à sa parution.
***Nana* d'Émile Zola (1880)**	Nana, pauvre et prostituée, connaît une ascension sociale en tant que « cocotte » sous le Second Empire. Contrairement à *Manon Lescaut* qui occulte totalement son personnage féminin, ce roman naturaliste explore le point de vue de la courtisane.

À retenir

- *Manon Lescaut* est un récit-mémoires dans lequel Des Grieux et Manon sont poussés vers la marginalité parce que l'ordre moral leur interdit de se marier.
- Le roman accumule les événements romanesques qui dégradent de plus en plus la situation des personnages.

4 Les prolongements artistiques et culturels

A. À l'opéra

■ Giaccomo Puccini crée en 1893 l'opéra *Manon Lescaut*, considéré comme son premier vrai succès. Le livret de ce drame lyrique en quatre actes est écrit en italien par Luigi Illica, Giuseppe Giacosa et Marco Praga, à partir du roman de l'Abbé Prévost.

■ L'opéra de Puccini simplifie considérablement la trame romanesque d'origine, tout en accentuant les émotions vives entre les deux protagonistes.

■ La forme de l'opéra permet de donner, littéralement, une voix à Manon, son intériorité peut s'exprimer par le chant. Par l'opéra, elle devient un personnage à part entière.

▲ Scène de l'opéra *Manon Lescaut* de Puccini, mis en scène par Didier Flamand à Séville en 2013.

B. En chanson et au cinéma

■ En 1968, Serge Gainsbourg écrit et compose la chanson « Manon » pour l'adaptation au cinéma de Jean Aurel avec Catherine Deneuve et Sami Frey et qui a pour titre *Manon 70*.

■ Les paroles, courtes, sont articulées autour du vers « Perfide Manon » qui fait directement référence à la citation de Des Grieux dans le roman : « Perfide Manon ! Ah ! Perfide ! Perfide ! ». Serge Gainsbourg a fait le choix d'une interprétation réduite du personnage féminin, comme si la chanson reflétait uniquement les scènes de doute de Des Grieux, partagé entre son humiliation d'avoir été trompé (« Je te hais ») et ses sentiments pour elle (« Je t'aime »).

Mot-clé

Perfide : étymologiquement, qui transgresse *(per)* sa foi *(fides)*, donc sa parole, sa fidélité. Manon est perfide parce qu'elle trompe Des Grieux.

2 *La Peau de chagrin*, Honoré de Balzac
Parcours : Les romans de l'énergie : création et destruction

1 L'auteur

▲ Honoré de Balzac.

■ Honoré Balzac (1799-1850) – il n'adoptera la particule qu'en 1830 – naît à Tours d'un père athée fervent lecteur de Voltaire et d'une mère qui apprécie la vie mondaine. Quand il a 15 ans, sa famille s'installe à Paris où il reçoit une bonne éducation jusqu'à l'obtention d'un diplôme de droit, puis il exerce quelques années comme clerc de notaire. À 20 ans, il décide de devenir homme de lettres.

■ Pendant les dix années suivantes, il publie peu et avec difficulté. Pour vivre, il diversifie ses activités dans le monde du livre : rééditions de Molière et La Fontaine, brevet d'imprimeur, création d'une fonderie de caractères d'imprimerie… Malheureusement, il accumule de lourdes dettes qui le suivront, car il vivra toujours au-dessus de ses moyens. Écrire beaucoup répond aussi à une nécessité financière.

■ En 1829, il commence à fréquenter les salons et fait paraître le premier roman de ce qui deviendra *La Comédie humaine* : *Les Chouans*. Jusqu'à sa mort, il écrit alors plusieurs romans par an, s'essaie à d'autres genres comme les essais politiques, crée et dirige des revues, travaille frénétiquement, mène une vie mondaine et voyage beaucoup, souvent sous le patronage de nobles fortunés.

■ Ses liaisons sentimentales sont nombreuses et on lui connaît au moins deux enfants naturels, de deux aristocrates différentes. C'est avec Mme Hanska, qu'il surnomme « l'Étrangère », qu'il connaît le grand amour. Pendant seize ans, ils entretiennent une correspondance amoureuse, jusqu'à ce que son mari décède. Ils vivent leur amour au grand jour durant deux années et accueillent un fils mort-né. Balzac décède de mort naturelle six mois après leur mariage.

> **À savoir**
> Les « enfants naturels » sont des enfants nés hors mariage.

2 L'œuvre

A. Contexte et résumé

■ *La Comédie humaine* regroupe plus de 90 œuvres écrites entre 1829 et 1850. De nombreux personnages se retrouvent et se croisent dans plusieurs romans qui sont regroupés en sections. *La Peau de chagrin* appartient aux *Études philosophiques*. Le roman est publié en 1830, c'est le premier grand succès de Balzac, qui le fait connaître aussi par-delà les frontières.

Résumé

Le Talisman. Prêt à se jeter dans la Seine, Raphaël de Valentin entre chez un antiquaire et découvre une peau de chagrin sur laquelle il est inscrit : « Si tu me possèdes, tu posséderas tout, mais ta vie m'appartiendra. » Le vieil homme le met en garde mais Raphaël demande et obtient un véritable banquet royal.

Résumé (suite)

La Femme sans cœur. Raphaël raconte à son ami Émile ce qui l'a mené au suicide : ses relations avec son père autoritaire ; sa vie d'étudiant misérable ; Pauline, la fille de sa logeuse qu'il éconduit ; la Comtesse Fœdora, la « femme sans cœur ». Il noie ses malheurs dans la débauche et révèle le secret de la peau à Émile en souhaitant devant lui 2 000 livres de rente, qu'il obtient le lendemain.

L'Agonie. Devenu marquis quelques années plus tard, Raphaël vit reclus dans un hôtel particulier alors que sa santé décline à mesure que la peau rétrécit à chaque fois qu'il formule involontairement un vœu. Ne réussissant pas à s'en débarrasser, il se rend en cure où il retrouve Pauline. Il lui révèle tout et alors qu'elle tente de se donner la mort pour qu'il cesse de la désirer, il meurt.

B. Enjeux

■ *La Peau de chagrin* peut se lire comme une nouvelle fantastique qui emprunte aussi aux contes orientaux (écriture en sanskrit sur la peau). Le talisman trouvé chez le vieil antiquaire est un objet magique. Pourtant, le roman autorise aussi une lecture réaliste sans surnaturel, Raphaël mourant finalement de phtisie.

■ Ce roman hybride emprunte à divers genres et courants. Balzac joue avec plusieurs héritages littéraires. La peau magique évoque le conte *Peau d'âne* de Perrault ; Raphaël, écrivain déçu prêt à se suicider, est un personnage romantique. La fin où le désir amoureux et la mort coïncident s'inscrit dans la veine du roman noir. L'ensemble est aussi une vive critique réaliste de la nouvelle grande bourgeoisie de la monarchie de Juillet, notamment dans la scène du festin chez Taillefer.

■ Le roman pose au personnage mais aussi au lecteur une question philosophique : vaut-il mieux « vivre avec excès » une vie courte ou avoir une vie plus longue faite de désirs inassouvis ?

Citation

« L'invention d'une peau qui représente la vie. Conte oriental. » (note écrite par Balzac sur son manuscrit).

3 Le parcours : « Les romans de l'énergie : création et destruction »

A. Romans de l'énergie et énergie romanesque

■ L'énergie peut d'abord s'entendre dans le sens de vitalité, de force intérieure. Dans *La Peau de chagrin*, la durée de vie de Raphaël est inversement proportionnelle à la réalisation de ses désirs. L'énergie se voit prise entre un pôle positif et un pôle négatif, comme dans un aimant. Du côté du positif, on trouverait les désirs, la passion mais aussi la création et, de l'autre, la destruction et la mort.

■ Le pacte avec le diable apparaît comme un *topos* de ces romans de l'énergie. Balzac fait plusieurs fois référence au *Faust* de Goethe et l'antiquaire est ainsi comparé à Méphistophélès.

■ *La Peau de chagrin,* mais plus largement le projet de *La Comédie humaine*, témoigne d'un projet romanesque de très grande ampleur. L'écriture balzacienne, à la fois réaliste et fantastique, est, elle aussi, animée par une forte énergie créatrice.

B. Œuvres-clés liées au parcours

« Le Portrait ovale » in *Nouvelles histoires extraordinaires* d'Edgar Allan Poe (traduit par Baudelaire en 1842)	Dans cette nouvelle fantastique, un narrateur-personnage passe la nuit dans un château abandonné. Il observe longuement le portrait ovale d'une jeune femme, frappé par la qualité de sa réalisation. Il se plonge alors dans un volume qui explique l'histoire de ce tableau. À mesure que le peintre donne vie au tableau qui représente sa femme, cette dernière perd en vitalité. La dernière touche du portrait coïncide avec la mort de la femme.
Faust de Goethe (1808-1832)	*Faust* est le titre de deux pièces de théâtre de Goethe. Balzac y fait explicitement référence dans *La Peau de chagrin*. Faust, vieillard désabusé, est prêt à se suicider. Le diable lui propose un pacte : sa jeunesse lui est redonnée, en échange de son âme.
Frankenstein ou Le Prométhée moderne de Mary Shelley (1818)	Roman épistolaire dans lequel un jeune savant, Frankenstein, donne vie à un nouvel être à partir de cadavres. La créature monstrueuse se venge…

À retenir

- Plusieurs romans du XIXe siècle mettent en scène des héros désabusés, souvent savants ou artistes, prêts à tout pour conserver un fort élan vital.
- Les personnages sont alors tiraillés entre création et destruction, principe de vie, de plaisir, d'absolu et principe de mort, de destruction, d'anéantissement.
- Les romans de l'énergie, souvent fantastiques, jouent avec les frontières entre le réel et le surnaturel.

4 Les prolongements artistiques et culturels

A. Illustration de *La Peau de chagrin*

■ Cette illustration en noir et blanc correspond au moment où Raphaël se livre à ses dernières méditations dans le cabinet de curiosités, juste avant de découvrir la peau de chagrin. Il est alors en compagnie non pas du vieil antiquaire mais de son serviteur, « jeune garçon à figure fraîche et joufflue ».

Illustration de *La Peau de chagrin* (éditions Marescq et Cie, 1851-1853). ▶

■ Raphaël entre dans le magasin pour voir une dernière fois les merveilles du monde, avant de se suicider. Il est assis sur un haut fauteuil, la tête posée sur sa main, dans une pose mélancolique.

■ Le cabinet de curiosités est marqué par le désordre et l'accumulation : singe empaillé, meubles sculptés, vase peint, armes accrochées au mur, luth… Le lieu apparaît comme un « miroir plein de facettes dont chacune représentait un monde » et reflète un goût certain pour la science qui contraste avec la posture du héros abattu. Cette tension entre génie et mélancolie rappelle l'opposition entre « création et destruction » de notre parcours.

Mot-clé

Cabinet de curiosités : pièce où sont entreposés des objets divers et précieux. C'est à la fois un lieu de science et d'émerveillement.

B. En musique

■ *Faust* est un mythe qui trouve son origine en Allemagne au XVIe siècle. Le *Faust* le plus connu est celui de Goethe mais le mythe a aussi inspiré de nombreuses œuvres musicales : le *Lied Marguerite au rouet* de Beethoven (1803), celui de Schubert (1814), *Faust-ouverture* de Wagner (1840), la *Faust-Symphonie* de Liszt (1857).

■ Charles Gounod a adoré les pièces de Goethe. Il compose son opéra en cinq actes sur un livret écrit par Jules Barbier et Michel Carré. Son *Faust* est joué pour la première fois au Théâtre Lyrique, à Paris, en 1859.

■ Dans le premier acte, Faust veut se suicider. On trouve ici un point commun avec le personnage de Raphaël. *La Peau de chagrin* a d'ailleurs parfois été qualifiée de « Faust balzacien ». Faust convoque alors le diable, Méphistophélès, qui lui propose un pacte : la jeunesse contre son âme, une fois mort.

■ Le thème du pacte est lui aussi commun à *La Peau de chagrin*. Les personnages peuvent choisir la vie qu'ils vont mener : vie de plaisirs, de jeunesse, de désirs… mais tout cela a un prix !

3 *Sido* suivi de *Les Vrilles de la vigne*, Colette
Parcours : La célébration du monde

1 L'autrice

■ Gabrielle-Sidonie Colette naît en 1873. Elle est la fille de Sidonie Langloy, dite « Sido », et du capitaine Colette.

■ À vingt ans, elle se marie avec Henry Gauthier-Villars et part à Paris. Il lui fait fréquenter les cercles musicaux et littéraires et Colette y rencontre Proust, Debussy ou Ravel. Si elle écrit, c'est son mari qui signe ses œuvres, notamment la série des quatre *Claudine* (1900-1903) en utilisant le pseudonyme « Willy ». Elle publie pour la première fois sous son nom, Colette Willy, ses premiers *Dialogues de bêtes* en 1904.

▲ Colette.

■ Deux ans plus tard, Colette divorce et écrit *La Retraite sentimentale* (1907). *Les Vrilles de la vigne* paraissent en 1908 et *La Vagabonde* en 1910. Colette évolue dans le monde du music-hall : elle embrasse une carrière de comédienne et de mime et mène une vie jugée scandaleuse.

■ En 1912, elle se remarie avec le journaliste Henry de Jouvenel. Elle aura une liaison avec le fils de son mari (qui la trompait) et qui lui inspirera *Le Blé en herbe* (1923). Elle publie *La Maison de Claudine* en 1922. En 1929, elle revient sur les souvenirs de son enfance et publie *Sido*.

> **À savoir**
> Derrière la dédicace « Pour M... » dans « Nuit blanche », « Jour gris » et « Le Dernier Feu », se cache Mathilde de Morny dite Missy, amante de Colette.

■ Elle se marie pour la troisième fois avec Maurice Goudeket en 1935. Elle est la deuxième femme à être élue à l'Académie Goncourt en 1945. Elle meurt en 1954 à Paris.

2 L'œuvre

A. Contexte et résumé

■ Le texte au programme est constitué de deux ouvrages que la date de composition (1929 pour *Sido*, 1908 pour *Les Vrilles de la vigne*) et le genre (récit de souvenirs pour le premier, recueil de textes épars pour le second) distinguent *a priori* l'un de l'autre.

■ *Sido* est composé de trois parties qui chantent la jeunesse heureuse de Colette dans sa maison et son jardin, en compagnie de sa famille.

■ *Les Vrilles de la vigne* rassemble vingt-trois textes, dont cinq en annexes. Colette a rassemblé ces textes pour les constituer en un recueil qu'elle désigne comme « [s]on dernier né fait de pièces et de morceaux ». Le recueil a été maintes fois remanié. On y trouve ainsi pêle-mêle : des textes déjà publiés sous forme d'articles, des dialogues animaliers, des poèmes en prose, etc.

> **À savoir**
> *Les Vrilles de la vigne* désigne le recueil mais c'est aussi le titre de la première nouvelle du recueil.

Résumé

Sido. Le texte peut se lire comme un portrait de famille et un autoportrait de l'autrice enfant. Chacune des trois parties du texte se focalise sur un membre de la famille. *Sido* s'ouvre ainsi sur le portrait de la mère, Sidonie Langloy, véritable reine du jardin. La deuxième partie, intitulée « Le capitaine » revient sur la figure paternelle. Enfin, « Les sauvages » de la partie III désignent Achille et Léo, demi-frère et frère de Colette mais également Juliette, sa demi-sœur.

Les Vrilles de la vigne. Les textes rassemblés se différencient les uns des autres à la fois par leur genre mais aussi par leurs thématiques. Le premier texte est une sorte de conte allégorique racontant la manière dont le rossignol doit lutter pour échapper aux vrilles de la vigne qui l'empêchent de prendre son envol. C'est un éloge de la liberté. On trouve également trois textes qui peuvent s'apparenter à des poèmes en prose (« Nuit blanche », « Jour gris » et « Le Dernier Feu »), mais aussi des textes animaliers plus légers mettant en scène chiens et chats comme « Nonoche ». Les thèmes de la nature et de la nostalgie de l'enfance côtoient ainsi une critique de la mode dans « Belle de jour ». Finalement, tels une vrille, tous les textes s'enroulent autour d'un support unique : le regard que Colette porte sur le monde.

B. Enjeux

■ Le thème de l'enfance parcourt les deux textes. Dans *Sido*, l'autrice revient, une fois adulte, sur ses souvenirs de jeunesse. Dans *Les Vrilles de la vigne*, elle se remémore volontiers des souvenirs de la pré-adolescence. C'est souvent une anecdote ou un moment du présent qui déclenche en elle la rêverie du passé : « voilà ce que je revois, en me penchant ce soir sur mon passé » écrit-elle dans « Rêverie de nouvel an ».

■ On peut affirmer que les textes de Colette relèvent d'une esthétique du fragment. Chaque texte du recueil des *Vrilles de la vigne* est bref et s'arrête sur un moment ou un thème en particulier. Dans *Sido*, plusieurs extraits s'apparentent à des saynètes, par exemple la contemplation par Sido du merle noir dévorant les cerises. La description de la baie de Somme, dans « Partie de pêche » apparaît quant à elle comme un tableau. Les textes saisissent un instant, un paysage et se développent comme autant de vignettes.

■ L'écriture du monde est à la fois poétique et sensible. Ce sont d'abord des couleurs, nommées avec minutie, mais aussi des odeurs et surtout des sons. Colette, mélomane, s'attarde à décrire les beautés et harmonies du chant du monde.

À savoir

Le mot *vrille* désigne, en botanique, un organe qui permet à la plante de s'enrouler autour d'une base et de se fixer. Le terme contient l'idée de spirale, d'enroulement.

3 Le parcours : « La célébration du monde »

A. Célébrer pour rendre hommage

■ « Célébrer » signifie « glorifier, exalter, louer quelque chose ». Célébrer le monde reviendrait pour les auteurs et artistes à chanter ses beautés. La prose poétique apparaît ainsi comme un moyen efficace de décrire les beautés du monde qui nous entoure : forêt, jardin, nature sauvage. Le lien entre l'homme et la nature est également questionné : l'homme n'est-il que le spectateur du monde ? Quelle fusion est-elle possible ?

■ Les artistes célèbrent aussi le monde comme si c'était une fête. Le terme *célébrer* met du reste en évidence une dimension quasi religieuse et mystique du monde. L'écriture permet de fixer cette beauté et de la vénérer, que ce soit sous la forme de rêveries, de méditations, de contemplations, de récits.

B. Œuvres-clés liées au parcours

***Les Rêveries du promeneur solitaire*, « Cinquième promenade » de Rousseau (1776-1778)**	À la fin de sa vie, Rousseau écrit ses rêveries de « promeneur solitaire », qui sont en fait des réflexions philosophiques. Dans la cinquième promenade, il évoque un séjour sur l'île Saint-Pierre, en Suisse. Tout est placé sous le signe du calme et de la sérénité. Rousseau exprime dans ces pages la plénitude et l'harmonie qu'il partage avec le monde qui l'entoure.
***Le Chant du monde* de Jean Giono (1934)**	Ce roman en trois parties raconte l'histoire du « besson » (personnage dont le jumeau est mort) qui disparaît au début du roman. Le roman, à la fois épique et lyrique, est rythmé par les saisons et met en lumière la fusion de l'homme avec la nature. Les sens, comme chez Colette, sont très souvent convoqués.
***La Panthère des neiges* de Sylvain Tesson (2019)**	Dans ce récit de voyage à la fois lyrique et philosophique, l'écrivain-voyageur Sylvain Tesson, accompagné par le photographe Vincent Munier et sa compagne Marie Amiguet, et Léo-Pol Jacquot partent au Tibet pour tenter d'apercevoir la panthère des neiges. L'auteur décrit le voyage mais aussi la nature, les animaux et les hommes. La figure de la mère de Tesson, décédée, plane aussi sur le texte.

À retenir

■ Célébrer le monde, c'est d'abord apprendre à le regarder. Les auteurs nous invitent ainsi à dessiller nos yeux et à redécouvrir la magie du monde.

■ Célébrer le monde débouche souvent sur une réflexion d'ordre philosophique qui interroge notre rapport au monde, à l'espace qui nous entoure mais aussi au temps qui passe.

4 Les prolongements artistiques et culturels

A. En tapisserie

■ *Le Chant du monde* est une tapisserie réalisée par Jean Lurçat que l'on peut aujourd'hui voir à Angers, dans l'ancien hôpital Saint-Jean. Cette gigantesque tapisserie est composée de dix panneaux qui retracent la catastrophe d'Hiroshima mais aussi la renaissance du monde, la célébration de la nature et de la paix retrouvée.

■ Le panneau « Champagne » représente un tonneau d'où jaillissent, comme un feu d'artifice, des guirlandes colorées de fleurs et de papillons.

■ Le titre du panneau, « Champagne », connote la fête et la joie. Les arabesques colorées sont comme autant de bulles qui pétillent et célèbrent la joie de l'après-guerre.

■ Toutefois, le spectateur attentif peut percevoir en bas à droite un crâne renversé qui rappelle, au-delà de la joie et de la fête, notre statut de mortel. Dans un ultime renversement, ce crâne symbole de mort porte aussi la vie puisque des fleurs en sortent.

▲ *Le Chant du monde* (panneau « Champagne »), tapisserie de Jean Lurçat (1959).

B. En musique

■ *L'Enfant et les Sortilèges* est une pièce lyrique composée par Maurice Ravel et dont le livret a été écrit par Colette. C'est le directeur de l'opéra de Paris, Jacques Rouché, qui demande d'abord à Colette d'écrire un ballet-féérie.

■ Cette fantaisie lyrique raconte l'histoire d'un garçon qui se met en colère au moment où il fait ses devoirs. Il martyrise notamment un écureuil et tire la queue du chat. Fatigué, il s'endort et les sortilèges commencent. En effet, tous les êtres offensés cherchent alors à se venger...

■ La pièce se compose d'une succession de tableaux-saynètes. Notons par exemple le « duo miaulé » qui clôt la première partie ou la « musique d'insectes, de rainettes » qui ouvre la seconde. Le livret donne une voix à la rose, aux chats, aux rainettes, à l'écureuil, etc.

■ Des instruments pour le moins originaux, comme une râpe à fromage ou un fouet, sont utilisés, de manière à respecter les onomatopées du livret de Colette !

■ La pièce, à la fois féerique et drôle, célèbre aussi, à sa façon, le monde qui nous entoure et la candeur de l'enfance.

SUJET DU BAC

Dissertation	20 pts	*Œuvre : Sido* suivi des *Vrilles de la vigne* de Colette *Parcours :* La célébration du monde	4 h

Dans « Le Miroir », tiré du recueil *Les Vrilles de la vigne*, Colette écrit : « Vous n'imaginez pas quelle reine de la terre j'étais à douze ans ! » Dans quelle mesure cette citation éclaire-t-elle votre lecture de *Sido* et des *Vrilles de la vigne* de Colette ?

CORRIGÉ

Travail préparatoire

Contextualisation du sujet

Le sujet proposé part d'une citation tirée du texte « Le Miroir » (*Les Vrilles de la vigne*) dans lequel Colette dialogue avec son double qu'elle nomme « Claudine ». L'autrice revient alors sur la différence entre son « moi » passé d'enfant et son « moi » présent pour mettre en évidence le fait qu'elle n'ait pas tant changé, marquée par « le même goût passionné pour tout ce qui respire à l'air libre et loin de l'homme – arbre, fleur, animal peureux et doux, eau furtive des sources inutiles ». Ce qu'elle dit avoir perdu, c'est « la secrète certitude d'être une enfant précieuse ». Une fois recontextualisée, la citation peut être analysée.

Analyse de la citation

- Le *vous* désigne ici Claudine, double de Colette. L'expression « reine de la terre » est une image qui insiste sur la proximité entre Colette enfant et le monde naturel qui l'entoure. Si on file la métaphore royale, le jardin devient alors royaume.
- D'autre part, l'imparfait « j'étais » et la précision temporelle « à douze ans » indiquent un écart entre la période de la pré-adolescence et l'âge adulte, entre le temps des souvenirs d'enfance et celui de l'écriture.
- La citation ouvre alors sur deux enjeux : le lien entre Colette et la nature d'une part, le regard du « moi » présent sur le « moi » passé d'autre part.

Travail au brouillon

- Le travail au brouillon permet d'organiser vos idées afin de construire un plan dynamique qui montre une pensée en mouvement.
- Le verbe « éclairer » vous demande de mettre en perspective la citation avec votre lecture des deux textes afin de l'appuyer, de l'étayer, de la questionner et de la nuancer.

Questionnements

Pourquoi Colette peut-elle être considérée comme une « reine de la terre » ? La reine ne serait-elle pas plutôt Sido ? Quel serait alors le royaume ? Le royaume n'appartiendrait-il qu'au temps révolu de l'enfance ?

Plan détaillé

Introduction

En 1930, le journaliste critique Albert Cahuet, revenant sur *Sido*, souligne que « sous la plume de Colette, tout vit et tout vibre : la pierre et le brin d'herbe, le seuil et le toit et, chez les êtres, le trait, la manie, l'expression et le souvenir ». Le lien entre Colette et son attention au monde d'une part et l'importance des souvenirs d'enfance d'autre part sont ainsi mis en lumière. En effet, ces thématiques éclairent deux ouvrages parus en 1930 et 1908 : *Sido* et *Les Vrilles de la vigne*. Colette, dans le texte intitulé « Le Miroir » dialogue avec son double, nommé « Claudine ». Ces pages offrent ainsi une réflexion méta-textuelle dans la mesure où elle revient sur l'acte créatif lui-même. **[rappel de la citation]** « Vous n'imaginez pas quelle reine de la terre j'étais à douze ans ! » La citation pose elle aussi la question du lien entre Colette et la nature, et plus précisément le jardin de son enfance.

[problématique] Il semble alors intéressant de se demander si le portrait de la petite fille en « reine de la terre » est une image suffisante pour caractériser le rapport de Colette au monde. **[annonce du plan]** Pour ce faire, nous verrons d'abord les raisons qui font de Colette une « reine de la terre », ce qui nous amènera à nuancer ce propos avant de montrer que Colette est sans doute avant tout, et grâce à l'écriture, une reine des souvenirs.

1. Colette enfant : une « reine de la terre » ?

a) La princesse d'un jardin merveilleux, celui de l'enfance

– Dans *Sido*, le jardin d'enfance apparaît comme un *locus amoenus* (un lieu idyllique), sorte de paradis perdu d'un âge d'or révolu. Songeons à la scène où Colette, petite fille curieuse, veut déterrer des bulbes enfouis dans la terre comme un trésor. Au-delà du jardin, c'est toute la nature qui offre un terrain de jeu à Colette qui va jusqu'à se faire réveiller « à trois heures et demie » pour arpenter les terres afin de cueillir fraises, cassis, groseilles.

– Dans « Jour gris », Colette se remémore son enfance et écrit : « j'appartiens à un pays que j'ai quitté ». L'anaphore « dans mon pays » rappelle ce lien très fort entre Colette et cette nature perdue de l'enfance. Le jardin d'enfance devient l'éden merveilleux de la princesse surnommée « Beauté, Joyau-tout-en-or » par sa mère.

b) Une sensibilité exacerbée et une vision poétique du monde

– Si Colette peut être qualifiée de « reine de la terre », c'est parce qu'elle entretient un lien sacré avec la nature qui se traduit par des descriptions lyriques marquées par des tournures exclamatives et la fréquente utilisation de l'interjection « ô » : « ô géraniums, ô digitales... » (*Sido*).

– Tous les sens sont convoqués et Colette brouille les frontières entre l'homme et la nature. Ainsi, dans « La Dame qui chante », elle compare les « notes brûlantes » de la chanteuse à de « rondes roses pures ». Les métaphores florales permettent de dire la beauté d'un son. *A contrario*, dans « En marge d'une plage blanche I », ce sont les oiseaux nommés « La Religieuse », « Piedrouge » et « Arlequin » qui sont assimilés à des acteurs de la *commedia dell'arte*.

2. « Reine de la terre » : une expression à nuancer

a) Moins une reine qu'une spectatrice du monde

– Colette est loin de régenter le jardin ou la nature qui l'entoure. Au contraire, elle en est souvent la spectatrice, sous l'injonction maternelle du « regarde ». Les paysages s'apparentent souvent à des tableaux et les scènes décrites à de courtes saynètes.

– Sa contemplation et sa célébration du monde sont extrêmement sensibles et embrassent tous les éléments : fleurs, arbres, animaux mais aussi sources. Les cinq sens sont présents et parfois même sous forme de synesthésie. Colette sent le monde « avec des narines ouvertes pour boire le parfum » (« En marge d'une plage blanche II »).

– Dans « Rêverie du nouvel an », Colette revient sur l'amour que l'enfant portait au monde, amour décrit comme une véritable religion. Plutôt qu'une reine, elle serait bien davantage une prêtresse païenne « engourdie par l'encens des fleurs chaudes ».

b) Sido, la véritable reine mère

– Si Colette ne régente pas le monde et ne peut que partiellement être qualifiée de « reine de la terre », pour autant, cette expression désignerait davantage sa mère. Sido apparaît comme celle qui organise le royaume : « mon imagination, mon orgueil enfantins situaient notre maison au centre d'une rose de jardins, de vents, de rayons, dont aucun secteur n'échappait tout à fait à l'influence de ma mère ». Les oiseaux et les fleurs observées apparaissent ainsi comme autant de sujets du royaume maternel : « Elle avait une manière étrange de relever les roses par le menton pour les regarder en plein visage. »

– La scène où la mère refuse de donner une rose pour fleurir la tombe de M. Enfert témoigne de cette domination maternelle, à la fois du jardin mais peut-être aussi de toute la famille. C'est d'ailleurs le personnage éponyme de ce portrait de famille. La liberté de Colette semble commencer au-delà de la grille du jardin et donc du royaume maternel : « Bien que ma liberté [...] dépendît d'une escalade facile – une grille, un mur [...]. »

3. Colette, reine des souvenirs

a) Du présent au passé

– La citation de notre sujet insiste sur un décalage entre le présent de l'écriture et le passé. En effet, *Les Vrilles de la vigne* mettent souvent en évidence ce hiatus entre le moment présent et les souvenirs sensibles convoqués de façon nostalgique : « Ô tous les hivers de mon enfance, une journée d'hiver vient de vous rendre à moi ! » (« Rêverie de nouvel an »).

– Dans « Le Dernier Feu », l'autrice contemple le printemps qui arrive et invite son amie à respirer les violettes devenues « philtre qui abolit les années ». Les « violettes de [l]'enfance » apparaissent comme une réminiscence du temps passé.

b) La magie de l'écriture

– Les diverses images (comparaisons et métaphores), la forte dimension poétique des textes, la peinture de saynètes qui apparaissent comme des tableaux rendent compte de cette magie et de l'amour de Colette pour la nature.

– « Maquillages » (*Les Vrilles de la vigne*) se clôt sur une autre figure d'enfant, celle de la fille de Colette, nouvelle princesse de la terre avec « son teint de pêche claire », appelée à devenir « un brugnon très foncé, sous une poudre aussi rousse que le pollen des fleurs du sapin ». Et c'est bien ici la métaphore et la magie de l'écriture qui associent la petite fille à la nature.

Conclusion

À l'écoute du monde, Colette fait du jardin d'enfance un royaume merveilleux qui tient presque du conte de fées. Si elle est attentive au monde, la véritable « reine de la terre » n'en demeure pas moins sa mère, Sido. Colette célèbre le monde qui l'entoure, dans son immédiateté, mais se souvient avec nostalgie du temps passé. Les deux œuvres au programme font ainsi dialoguer le temps présent de l'écriture avec l'évocation des souvenirs. L'écriture lui permet à la fois de cristalliser ses souvenirs mais aussi de prendre conscience de ce qui a été perdu et du temps qui passe. Au-delà des figures terrestres, Colette est peut-être aussi une reine des cieux. En effet, les textes témoignent d'un affranchissement de Colette qui, comme le rossignol du conte allégorique « Les Vrilles de la vigne », fait un effort pour échapper au conformisme et prendre son envol : « Je ne connais plus le somme heureux, mais je ne crains plus les vrilles de la vigne. »

CHAPITRE 7 Le théâtre du XVIIe au XXIe siècle

Le terme « théâtre » vient du grec *theatron* qui signifie « le lieu où l'on regarde ». Le texte théâtral est donc destiné à être **joué**, il est écrit en vue de sa **représentation** devant des spectateurs : c'est cette spécificité et les caractéristiques de ce genre que vous allez étudier durant votre année de première, dans la continuité du programme de seconde.
Vous devez analyser chaque texte en fonction de son **époque** pour bien comprendre et interpréter les évolutions des intentions des dramaturges et de la **mise en scène** au cours des siècles.

1 Le XVIIe : le siècle d'or du théâtre

A Rappels historiques

Voir p. 101.

Louis XIV, protecteur des arts et des sciences

- **Une politique artistique.** Le **goût** prononcé du Roi-Soleil pour les arts se transforme au cours du siècle en véritable **politique** artistique et culturelle. L'**Académie royale de peinture et de sculpture** est réformée en 1663, sont créées l'**Académie royale de danse** en 1661, l'**Académie d'architecture** en 1671 et l'**Académie d'opéras** en 1669 qui deviendra l'**Académie royale de musique** en 1672.
  Louis XIV protège les arts, mais entend également les **contrôler** en nommant les membres des différentes Académies et en institutionnalisant la censure royale.
- **Le soutien aux écrivains et aux artistes.** Louis XIV consacre la **renommée** de nombreux écrivains comme **Racine**, **Boileau** et **Bossuet**. Il se passionne pour le théâtre et le ballet et soutient financièrement **Molière** (qui installe sa troupe au Théâtre du Palais-Royal) puis Racine (qui devient son historiographe) et confie la musique de Versailles à Jean-Baptiste **Lully**.
- **La création de l'Académie française.** Sous le règne de Louis XIII, l'Académie française est fondée par le cardinal de **Richelieu** en 1635. Elle a comme

fonction de fixer les **règles** de la langue française et travaille à la **pureté** de la langue. Elle entreprend la rédaction d'un **dictionnaire** renfermant tous les termes légitimes. La première édition paraît en 1694.

Baroque et classicisme en littérature

Voir p. 102.

Le XVIIe siècle est le grand siècle du théâtre. Deux courants coexistent : le **classicisme** et le **baroque**.

B La tragédie classique

Les origines de la tragédie classique

- **La naissance de la tragédie en Grèce.** La tragédie est née en **Grèce** antique au VIe siècle av. J.-C. de la célébration du culte de **Dionysos**, dieu du vin et du théâtre. Cette **fête religieuse** comportait à l'origine le sacrifice d'un bouc ainsi que des chants et des danses, le **dithyrambe**.

> **À savoir**
>
> **Tragédie** vient du nom grec *tragôidia* qui désigne à l'origine « le chant du bouc » offert en l'honneur de Dionysos. Le sens exact demeure néanmoins controversé.

Théâtre de Delphes en Grèce construit au IVe siècle av. J.-C.

- **La *Poétique* d'Aristote.** Au IVe siècle av. J.-C., le philosophe **Aristote** compose un **traité** sur la **tragédie** (***Poétique***) dans lequel il expose sa **théorie**. Il y explique notamment que les actions dramatiques jouées sur scène par des acteurs suscitent chez les spectateurs des **sentiments** de **crainte** et de **pitié.** La crainte est inspirée par la **fatalité** qui s'abat sur le héros, et la pitié par les **malheurs** du héros. Terreur et pitié ont un effet **cathartique** chez le spectateur puisqu'elles lui permettent, par procuration, d'expurger ses passions violentes et de s'en **libérer**. La tragédie permet donc la **catharsis**, la purgation des passions.

Les caractéristiques de la tragédie classique

- **La forme.** La tragédie classique se codifie vers **1630** : pièce de théâtre en **vers**, écrite en **cinq** actes, dans un **registre** de langue **soutenu**.
- **Les thèmes.** La tragédie s'empare de grands thèmes **universels** traitant de l'**amour**, la **politique**, la **justice** ou la **vengeance** dans une tonalité tragique. Le sujet des intrigues peut être historique, biblique ou mythologique.
- **Les personnages.** La tragédie met en scène des personnages **nobles** confrontés à de funestes événements.
- **Le héros (ou l'héroïne)** tragique possède de nombreuses qualités : loyauté, courage, réflexion, générosité, etc., mais il peut aussi être cruel et faillible. Il est souvent déchiré entre ses sentiments et son honneur ou son devoir. À la fois **victime** et **coupable**, le héros tragique est soumis à la **fatalité** : son **destin** funeste est **inéluctable** quelle que soit la lutte qu'il mène.

À savoir

Lorsque le héros est face à un choix impossible qui le déchire, on parle de **dilemme.**

Des règles strictes

- **La règle de bienséance** interdit de représenter sur scène une action **violente** ou **choquante** telle qu'un duel, un combat ou un suicide. Seul un personnage-narrateur peut évoquer une scène violente. Ainsi, dans *Phèdre* de Racine, Théramène raconte la mort d'Hippolyte qui n'a pas eu lieu sur scène. Le registre de langue doit rester **soutenu**, sans termes crus ou familiers.
- **La règle de la vraisemblance.** L'intrigue, les actions, les sentiments doivent être **réalistes**, sans éléments fantastiques ou merveilleux.
- **La règle des trois unités.** S'inspirant d'**Aristote**, la règle des trois unités a été énoncée par Nicolas **Boileau** dans son *Art poétique* (1674).

Unité de lieu	**Un seul lieu.** Souvent l'action se déroule dans un palais.
Unité de temps	**Pas plus de 24 heures.** L'intrigue doit se dérouler sur une seule journée. L'unité de temps est liée à la règle de vraisemblance : le temps de l'action doit se rapprocher le plus possible du temps de représentation de la pièce.
Unité d'action	**Une seule action.** Toutes les péripéties doivent être reliées au même enjeu principal, à la même intrigue, sans digressions.

Nicolas Boileau (1636-1711)

Citation

« Qu'en un lieu, qu'en un jour, un seul fait accompli
Tienne jusqu'à la fin le théâtre rempli. »
Nicolas Boileau, *Art poétique*, 1674.

C Les deux grands auteurs de la tragédie classique

Pierre Corneille

Pierre Corneille (1604-1684)

- **Une œuvre composite.** Auteur très prolifique, Corneille a écrit pour tous les **genres** du théâtre : des comédies (*L'Illusion comique*, 1636), des comédies héroïques (*Tite et Bérénice*, 1670), une tragi-comédie (*Le Cid*, 1637), dix-sept tragédies (*Horace*, 1640 ; *Cinna*, 1641 ; *Polyeucte*, 1642, etc.). Corneille tente constamment de se renouveler, son style passant du **baroque** au **classicisme**.
- **Des libertés prises avec les règles.** Corneille n'hésite pas à faire des entorses aux règles classiques. La règle des **trois unités** n'est **pas respectée** dans ***Le Cid*** : l'unité de lieu n'existe pas ; l'action centrée sur l'amour de Chimène et Rodrigue est doublée par l'amour de l'Infante pour Rodrigue ; l'intrigue s'étend sur deux jours. Ces manquements aux règles entraînent une querelle, mais n'empêchent pas le franc succès de la pièce.
- **Le conflit cornélien.** Corneille souhaite privilégier l'**étude psychologique** de ses héros déchirés par de **cruels dilemmes** : Rodrigue doit-il choisir son devoir qui lui dicte de venger son père ou choisir son amour pour Chimène ? Les héros cornéliens obéissent de leur pleine volonté à leur **devoir** et à leur **honneur**. C'est la **raison** qui l'emporte sur les **passions** et les persuade d'agir pour leur « gloire », c'est-à-dire le respect qu'ils se doivent à eux-mêmes. Chez Corneille, la grandeur d'âme des personnages suscite l'**admiration** du spectateur plus que la pitié ou la crainte.

Jean Racine

Jean Racine
(1639-1699)

- **Le maître de la tragédie.** Protégé par Louis XIV, Jean Racine devient son historiographe en 1677. Il fait représenter ses premières pièces vers 1665 : *Andromaque* (1667), *Britannicus* (1669), *Bérénice* (1670), *Iphigénie* (1674), *Phèdre* (1677), etc. Racine respecte scrupuleusement les **règles classiques** et puise ses sujets dans l'Antiquité grecque et romaine.
- **Le mécanisme de la passion destructrice.** L'action se concentre sur la **violence** destructrice de la **passion** et son **mécanisme** inéluctable. La passion coupable de Phèdre pour son beau-fils Hippolyte entraînera leur mort. Les héros, marqués par leur **destin, conscients** de leur fin tragique, ne peuvent échapper à leur sort funeste, contrairement aux héros cornéliens libres de leur choix.
- **Une langue ciselée et poétique.** La langue racinienne est à la fois **efficace**, **précise** et **harmonieuse**, faite de monologues lyriques classiques et de narrations épiques.

D La comédie classique

Les origines de la comédie classique

Aristophane
(v. 445 av. J.-C.-
v. 380 av. J.-C.)

- **La naissance de la comédie.** Comme la tragédie, la comédie est née dans l'Antiquité. **Aristophane**, dramaturge grec, tourne en dérision les hommes et les institutions dans ses nombreuses comédies (*L'Assemblée des femmes, Les Guêpes*).
- **Au Moyen Âge,** le mot **« comédie »** apparaît en **français** et désigne le théâtre en général, d'où le terme « comédien » pour caractériser l'acteur qui joue des comédies, mais aussi d'autres genres de pièce.
- **À la Renaissance,** **« comédie »** commence à désigner un genre théâtral qui s'oppose à la tragédie, mais qui ne fait pas systématiquement rire, le rire étant réservé aux **farces populaires** méprisées par les érudits et les gens de la haute société.

L'apogée de la comédie au XVIIe siècle

- **Le succès de la comédie.** Celle-ci attire un public populaire qui se presse pour assister aux farces et aux pièces comiques que donnent des troupes ambulantes dans la rue. Certaines troupes sont résidentes et ont un théâtre pour jouer (l'**Hôtel de Bourgogne**, l'**Hôtel du Marais** et le **Théâtre-Italien** au Palais-Royal à Paris). La comédie s'inspire alors du théâtre **espagnol** et **italien** (*commedia dell'arte*).

- **La *commedia dell'arte*** naît en Italie au milieu du XVIᵉ siècle. Elle repose sur l'**improvisation**. Les dialogues improvisés se basent sur un **canevas**. Ils sont accompagnés d'acrobaties, de mimes et de *lazzi* (plaisanteries comiques sans rapport avec l'intrigue).

Décor de comédie pour farces françaises et italiennes :
Molière et les personnages classiques de la comédie italienne.

Les caractéristiques de la comédie classique

La comédie est considérée comme un genre **moins noble** que celui de la tragédie. **Molière** en est la figure de proue et lui donne cependant ses lettres de noblesse.

- **La forme.** La comédie est écrite en **vers** ou en **prose** et se déroule en un, trois ou cinq **actes**. L'unité de **lieu**, de **temps** et d'**action** est respectée.
- **Les personnages.** La comédie met en scène des personnages de la **bourgeoisie**, de la petite noblesse ou des valets dans un registre de langue **courant**.

- **Les intrigues** traitent du **mariage**, de l'**amour** contrarié, de la **famille** ou de l'**argent** dans une tonalité **comique**.
- **Le dénouement** est toujours **heureux**.
- **La visée** de la comédie est de **plaire** et d'**instruire**. Elle a comme objectifs de proposer une morale et de **corriger les mœurs** par le rire.

Les comédies de Molière

Jean-Baptiste Poquelin, dit Molière (1622-1673)

- **De la province à Paris.** Avant son installation à Paris en 1658 où il joue devant le **roi** qui lui accorde sa protection, Molière a parcouru la province avec sa **troupe itinérante** jouant diverses farces et pièces comiques. En 1661, il s'installe au théâtre du **Palais-Royal**, devenant **auteur** mais aussi **directeur de troupe** et **comédien**.
- **L'objectif de « plaire ».** Molière a exposé ses **idées** sur la comédie dans les préfaces des *Précieuses ridicules* (1659), de *Tartuffe* (1664), dans l'avertissement des *Fâcheux* (1661), la *Critique de l'École des femmes* (1663) et *L'Impromptu de Versailles* (1663). Dans la *Critique de l'École des femmes*, Molière fait dire à Uranie :

> « Quand je vois une comédie, je regarde seulement si les choses me touchent ; et, lorsque je m'y suis bien divertie, je ne vais point demander si j'ai eu tort, et si les règles d'Aristote me défendaient de rire. »

Grandmesnil dans le rôle d'Harpagon dans *L'Avare* de Molière.

- **Une peinture de la nature humaine.** Molière veut peindre la **nature humaine** et « entrer comme il faut dans le ridicule des hommes ». En faisant la peinture des **mœurs** de la société de son temps, en représentant les **défauts** des hommes de son siècle, comme ceux des médecins (*Le Malade imaginaire*, 1673), des précieux (*Les Précieuses ridicules*, 1659), des faux dévots (*Le Tartuffe*, 1664), des séducteurs (*Dom Juan*, 1665), etc., Molière donne une **portée universelle** à ces portraits humains et crée des **types**. Il souhaite « peindre d'après nature » (*Critique de l'École des femmes*). Le rire est donc mis au service d'une peinture réaliste et souvent satirique*.

Citation

« Le devoir de la comédie étant de **corriger** les hommes en les **divertissant**, j'ai cru que dans l'emploi où je me trouve, je n'avais rien de mieux à faire que d'attaquer par des peintures ridicules les vices de mon siècle. »
Molière, préface de *Tartuffe*, 1664.

- **Des genres variés.** Molière expérimente des formes très variées : les comédies, les farces, mais également les **comédies-ballets**, comme *Le Bourgeois gentilhomme* (1670), pour lequel il a travaillé avec le musicien Jean-Baptiste Lully, et *Le Malade imaginaire* (1673) où se mêlent comédie, musique et danse.

E Le théâtre baroque

La tragi-comédie

Le théâtre baroque se caractérise par l'**irrégularité**, l'**excès** et le **désordre**. Il refuse les règles et préfère la **tragi-comédie** dont le **dénouement** est **heureux**. Le genre se caractérise par la **démesure**, la **complexité** de l'intrigue, les sentiments **exacerbés** et l'absence d'unité de ton ou d'action.

« Le théâtre dans le théâtre »

Le théâtre baroque s'appuie sur les motifs du **trompe-l'œil** et de la **mise en abyme**. Corneille reprend ce principe dans sa comédie *L'Illusion comique* (1636) où l'on passe de la réalité au **rêve** par le biais d'un magicien. Un père, à la recherche de son fils disparu, s'adresse à un magicien qui met en scène l'histoire de ce fils devenu comédien. Corneille fait ainsi un éloge du théâtre. Les frontières se brouillent entre **réalité** et **illusion**.

Œuvre-clé

La Vie est un songe (1635) de Pedro **Calderón** de la Barca est une pièce du théâtre baroque espagnol qui propose une réflexion sur l'**illusion** et la **réalité**.

2 Le théâtre au XVIIIe siècle

A La modernisation du théâtre : le théâtre « à l'italienne »

Outre la **Comédie-Française** et l'**Opéra**, de nombreux **théâtres privés** se créent sur les boulevards parisiens, attirant essentiellement les bourgeois, tandis que le peuple se presse encore dans les **théâtres de foire** et de **tréteaux**. Le théâtre devient un loisir prisé.

Le XVIIIe siècle voit la création du théâtre « **à l'italienne** ». Désormais le spectateur est placé **devant le spectacle** et n'entoure plus l'espace de la représentation comme c'était le cas dans les théâtres antiques et du Moyen Âge. Le spectateur est donc **coupé** de la représentation. La scène autrefois ouverte devient **fermée**. La **complicité** entre les acteurs et le public **disparaît**. Le théâtre « à l'italienne » reflète la **hiérarchie sociale**, chacun doit tenir son rang. Les gradins sont remplacés par des **galeries**, des **loges** et des **balcons** superposés et **disposés en « U »** autour du parterre. Celui-ci, sans sièges, accueille le public le moins aisé. Les loges face à la scène sont réservées aux plus riches tandis que le public se répartit dans les balcons. Plus tard, lorsque des sièges sont rajoutés au parterre, les classes populaires sont repoussées vers les parties les plus hautes du théâtre, notamment le poulailler.

B Le renouvellement de la comédie

Le théâtre du XVIIIe siècle **s'émancipe** progressivement des règles du XVIIe siècle, perçues comme des **carcans**. La tragédie décline rapidement tandis que la comédie se renouvelle. Le théâtre des Lumières reflète l'**actualité** et peint la **société contemporaine**.

À savoir

Les **comédiens italiens** sont **chassés** de Paris par le pouvoir royal en **1697** à la suite de la représentation d'une pièce se moquant de la maîtresse du roi. Ils ne sont autorisés à revenir qu'en 1716. Pour combler ce vide, le public se tourne vers les théâtres de foire.

Alain-René Lesage et la satire sociale

Alain-René **Lesage** (1668-1747) écrit plus d'une centaine de pièces satiriques qui rencontrent un vif succès. *Turcaret ou le Financier* (1709), sa pièce principale, donnée pour la première fois à la Comédie-Française, brosse le **portrait virulent** d'un « fermier général », un **financier** vaniteux et escroc sans scrupules. Trompé par tous, Turcaret finit ruiné tandis que son cynique valet Frontin empoche son argent. Cette **satire sociale** dépeint avec justesse les **excès** de l'époque et le **désespoir** des classes populaires vivant dans la misère, pliant sous le poids de l'impôt destiné à enrichir les financiers de l'époque, « les fermiers généraux » qui fournissaient l'argent au roi et aux nobles.

Marivaux et la comédie des sentiments

- **La peinture de la psychologie amoureuse.** Marivaux écrit ses comédies pour le **Théâtre-Italien** auquel il emprunte des personnages (Arlequin et Colombine) et une certaine **fantaisie**. Il excelle à peindre l'**amour naissant**, la conquête des cœurs avec de légères variantes dans *La Double Inconstance* (1723), *Le Jeu de l'amour et du hasard* (1730) et *Les Fausses Confidences* (1737). L'amour ne rencontre pas d'obstacle extérieur comme chez Molière ou chez les auteurs tragiques, ce sont souvent les jeunes héros qui refusent de le reconnaître par amour propre, par **peur** ou **manque de confiance** dans la **sincérité** des sentiments de l'être aimé. Les œuvres de Marivaux

Pierre Carlet
de Chamblain de Marivaux
(1688-1763)

dénoncent les faux-semblants de la vie sentimentale empêchée par les conventions sociales et la fierté personnelle.

Dorante (Hammou Graïa) et Silvia (Anne Coutureau) face à leurs stratagèmes respectifs.
Le Jeu de l'amour et du hasard, mise en scène de Philippe Ferran, Théâtre de l'Atelier, Paris, 1997.

- **Le marivaudage.** Marivaux est l'inventeur de ce **style** léger et subtil du **langage** au service de l'action et de la finesse d'analyse. Les personnages intriguent, se déguisent ou se mentent pour s'épier, découvrir la vérité et se (re)connaître. C'est grâce au langage que les personnages vont se révéler à eux-mêmes.
  Aujourd'hui, par extension, on parle de **« marivaudage »** pour désigner un badinage amoureux inutilement compliqué.

Beaumarchais et la satire politique et morale

- **Une œuvre satirique.** Pierre-Augustin Caron de Beaumarchais (1732-1799), fortement influencé par les philosophes des Lumières, conteste l'**ordre social** dans ses œuvres. *Le Mariage de Figaro* (1784) voit le triomphe d'un valet sur son maître. Beaumarchais y porte de vives attaques contre les **institutions** : la justice, la censure, les mœurs politiques, etc. Certains y voient un signe avant-coureur de la Révolution tandis que Louis XVI condamne la pièce et la censure durant six ans.

- **Des comédies d'intrigue.** Les pièces de Beaumarchais sont rythmées, riches en rires, en surprises, en péripéties et en **rebondissements**. Les affrontements, les quiproquos, les imprévus, l'échange de rôles entre maîtres et valets, les jeux de masque s'enchaînent avec ingéniosité.

Citation

« Les vices, les abus, voilà ce qui ne change point, mais se déguise en mille formes sous le masque des mœurs dominantes : leur arracher ce masque et les montrer à découvert, telle est la noble tâche de l'homme qui se voue au théâtre. » Beaumarchais, préface du *Mariage de Figaro*, 1784.

C La naissance du drame

- **Le drame bourgeois par Denis Diderot.** Le **drame** naît dans la seconde moitié du siècle avec **Diderot** qui le théorise dans ses *Entretiens sur le Fils naturel* (1757). Le genre se situe à mi-chemin entre la tragédie et la comédie : c'est une comédie sérieuse qui traite des **relations familiales** et des **conditions sociales** (professions) et met en scène le peuple et la petite bourgeoisie.

À savoir

Le mot **« drame »,** dans le sens « genre sérieux », entre au *Dictionnaire de l'Académie française* en 1762.

- **Une visée morale.** Le drame présente des situations **réalistes** de la **vie quotidienne** dans lesquelles le spectateur peut se reconnaître. Le drame a une **visée morale** : c'est grâce à la **vertu** que les personnages peuvent échapper aux dangers qui les menacent.

- **Des œuvres en prose.** Cette recherche du vrai pousse les auteurs à écrire en prose, par souci de **réalisme**. La grande innovation réside également dans la place accordée aux **didascalies** qui se développent, témoignant ainsi de l'importance que commence à prendre la mise en scène.

  Ex. : « (Sur le devant de la salle, on voit le Père de famille qui se promène à pas lents. Il a la tête baissée, les bras croisés, et l'air tout à fait pensif. – Un peu sur le fond, vers la cheminée qui est à l'un des côtés de la salle, le Commandeur et sa nièce font une partie de trictrac. – Derrière le Commandeur, un peu plus près du feu, Germeuil est assis négligemment dans un fauteuil, un livre à la main. […]) »
  Denis Diderot, *Le Père de famille*, I, 1, 1758.

  Le dramaturge donne ici des **indications** de décor et d'accessoires, mais il oriente aussi l'**interprétation** des comédiens.

3 Le théâtre au XIXe siècle

A Le drame romantique

Les principaux auteurs de drame romantique sont Victor **Hugo**, Alfred de **Musset** et Alfred de **Vigny**.

Les influences

- **Un contexte historique instable.** Le drame romantique est influencé par le contexte historique troublé par l'**instabilité politique** *(voir p. 144)*. Le théâtre devient le miroir de ces **crises**.
- **L'influence du théâtre étranger.** Les pièces de l'Allemand Friedrich von **Schiller** et de l'Anglais William **Shakespeare** ont une portée chez les auteurs français.
- **L'influence de Stendhal.** En 1823, Stendhal publie *Racine et Shakespeare*, un essai dans lequel il prend parti pour le **romantisme** inspiré des pièces du dramaturge anglais et débarrassé des règles classiques. Sans renier Racine, Corneille et Molière, Stendhal souhaite un **renouvellement** du théâtre qui a d'abord comme objectif de **plaire** au public **contemporain**.

À savoir

Les règles en vigueur en France jusqu'au XIXe siècle empêchaient la représentation fidèle des pièces de **Shakespeare.** En 1829, une représentation d'***Othello*** (1604) fait scandale au Théâtre-Français lorsque le protagoniste étrangle Desdémone avec un mouchoir. L'arme était considérée comme trop triviale.

La Préface de *Cromwell* (1827)

En 1827, Victor **Hugo** publie la Préface de *Cromwell* dans laquelle il expose les **principes** du **drame romantique**.

- **Le mélange des genres.** Le **« laid »** doit coexister avec le **« beau »**, « comme dans la nature ». Le **« grotesque »** doit se mêler au **« sublime »**. Vouloir séparer la tragédie de la comédie, c'est prendre le risque de **trahir** le **réel**. Le mélange des genres permet une **peinture complète** des individus. Le drame romantique doit embrasser tous les genres : « Le drame tient de la tragédie par la peinture des passions et de la comédie par la peinture des caractères. » (préface de *Ruy Blas*)

Victor Hugo
De Trois Quarts par
Auguste Rodin, 1884.

- **L'abandon des règles classiques.** Hugo souhaite l'abandon des unités de temps et de lieu et cherche à **assouplir** l'unité d'action en **« unité d'ensemble »**. Les actions **secondaires** doivent se rattacher à l'action **principale**, mais peuvent exister sans lui nuire.

- **La suprématie de l'art.** L'art n'est pas une copie de la nature, mais une **interprétation** supérieure. « Le drame est un miroir où se réfléchit la nature. »

La bataille d'*Hernani* (1830)

Le 25 février 1830, la première représentation d'***Hernani*** provoque un **affrontement** inédit entre les classiques et les romantiques. Les classiques voient les romantiques comme des écrivains subversifs qui renversent les codes du théâtre. Théophile **Gautier**, partisan de Victor Hugo et qui se trouvait dans la salle ce soir-là pour le soutenir, raconte la scène :

> « [...]Malgré la terreur qu'inspirait la bande d'Hugo répandue par petites escouades et facilement reconnaissable à ses ajustements excentriques et à ses airs féroces, bourdonnait dans la salle cette sourde rumeur des foules agitées qu'on ne comprime pas plus que celle de la mer. [...] Il suffisait de jeter les yeux sur ce public pour se convaincre qu'il ne s'agissait pas là d'une représentation ordinaire ; que deux systèmes, deux partis, deux armées, deux civilisations même, – ce n'est pas trop dire – étaient en présence [...]. L'attitude générale était hostile, les coudes se faisaient anguleux, la querelle n'attendait pour jaillir que le moindre contact [...]. »
> Théophile Gautier, *Histoire du romantisme*, 1874.

Les caractéristiques du drame romantique

- **Le rejet des règles classiques.** Le drame romantique n'est plus contraint par la règle de la bienséance et ignore la règle des **trois unités**. L'action peut **s'étaler** dans le temps, les lieux peuvent être **nombreux**.
- **Le mélange des tonalités et des registres.** Le drame romantique représente l'homme et le monde dans sa **totalité**, mélangeant le **grotesque** et le **sublime,** les tonalités **comiques** et **tragiques** ainsi que les **registres de langue**.
- **Des sujets historiques.** Les thèmes sont tirés de l'**histoire** et mettent en scène des personnages nobles, des rois et des reines.
- **Un drame en prose ou en vers.** Le vers est **« disloqué »**, selon l'expression de Victor Hugo : « J'ai disloqué ce grand niais d'alexandrin ! » Contrairement à l'alexandrin classique, le vers disloqué n'a pas de coupe à la césure et fait **varier** le rythme par des rejets et des enjambements.
- **Des décors luxueux.** Les auteurs jouent également sur le **pittoresque** et la couleur **locale** des lieux choisis pour leurs intrigues qui demandent la conception de somptueux décors.

Lorenzaccio (1834) d'Alfred de Musset

Lorenzaccio est l'un des **grands drames** romantiques. Alfred de Musset l'écrit afin qu'il soit **lu** et **non joué**, se donnant ainsi toute **liberté** pour faire varier les lieux lors des scènes. L'intrigue se déroule sur dix jours, à Florence, au XVIe siècle. Le lecteur passe d'un palais à un bord de fleuve, d'une place de Florence à une plaine. L'assassinat du duc Alexandre de Médicis, le tyran de la ville de Florence, par Lorenzaccio, est représenté sur scène, souligné par des didascalies explicites : « Il le frappe. Il le frappe encore. » L'intrigue fait écho à la Révolution manquée de 1830 en France. La jeunesse romantique désabusée, incarnée par Lorenzaccio, s'oppose en vain à la corruption du régime.

B Les formes populaires

Le mélodrame

- **Un drame populaire et musical.** Le mélodrame est un drame populaire qui joue sur l'**émotion** du spectateur plutôt que sur sa **raison**. Le genre naît dans les théâtres de boulevard et s'adresse à un public peu lettré, avide d'émotions fortes. *Mélo* signifie « chant, musique ». Le mélodrame n'est pas un opéra (les acteurs ne chantent pas), mais des musiciens, sur scène ou dans la fosse, accompagnent les scènes en musique. Les **décors** sont grandioses, la **mise en scène** spectaculaire.
- **La simplification des caractères.** Les personnages sont **manichéens**, et les intrigues **simples** : le héros est courageux, l'héroïne pure et vertueuse, le tyran sanguinaire et le truand cruel. Les **péripéties** sont **multiples** et le dénouement **heureux**, le bien triomphant toujours du mal.

Le théâtre de mœurs

Dans la seconde moitié du XIXe siècle, le théâtre s'inspire de la **vie quotidienne** et retranscrit la **réalité sociale** : le vers est définitivement abandonné au profit d'une prose proche du **langage courant**. Le théâtre s'oriente vers la **comédie de mœurs**.

- **Le drame bourgeois.** Théorisé par Denis Diderot au siècle précédent, le drame bourgeois connaît un **nouveau succès**. Prônant une démarche **réaliste**, le dramaturge délivre une morale ou un **message** souvent **social**, voire **politique**. Le personnage incarne une **condition sociale** plutôt qu'un type de caractère. Le drame a recours aux **émotions** et cherche à susciter l'**empathie** du spectateur afin de le faire adhérer à la morale transmise. Les dramaturges n'hésitent pas à développer de longues scènes pathétiques. L'un des modèles du genre est *La Dame aux camélias* (1852) d'Alexandre **Dumas** fils. Les protagonistes, Armand Duval et Marguerite Gautier, voient leur amour empêché par leur différence de milieu (il est bourgeois, elle est courtisane) et par les conventions sociales. La maladie de Marguerite, atteinte de tuberculose, donne lieu à des scènes de tonalité pathétique.

- **Le vaudeville.** Le vaudeville connaît un franc **succès** durant le Second Empire (1852-1870) : les bourgeois se pressent dans les théâtres des grands boulevards pour assister à ce divertissement **comique** souvent **satirique***, appelé aussi « théâtre de boulevard ». Eugène **Labiche** (*Le Voyage de M. Perrichon*, 1860) et Georges **Feydeau** (*Un fil à la patte*, 1894 ; *Le Dindon*, 1896) déclinent le thème de l'**adultère** autour du trio composé du mari, de la femme et de l'amant. L'action est **endiablée**, les intrigues étant le fruit d'une mécanique complexe, souvent extravagante, faite de quiproquos, de rebondissements et de jeux de mots.

Georges Feydeau (1862-1921)

4 Le théâtre du XXe et du XXIe siècle

A Un théâtre subversif

Les pièces de Courteline

Georges **Courteline** (1858-1929) écrit des **pièces comiques** et **satiriques*** qui se moquent de la justice, la police, l'armée et l'administration. Au-delà du comique facile qui s'inscrit dans la tradition du vaudeville, comme en témoignent les noms des personnages (Barbemolle, juge Foix de Vaulx), Courteline explore les conflits de **pouvoir** et les failles du système. Ainsi, *Un client sérieux* (1897) dénonce la **lenteur** absurde de la **justice**.

La dénonciation de la corruption par Mirbeau

Octave **Mirbeau** (1848-1917), auteur de romans, de pamphlets, fait scandale avec *Le Foyer* (1908). Cette pièce met en scène un sénateur véreux détournant l'argent d'un foyer de jeunes filles qu'il oblige à se prostituer. Le dramaturge dénonce avec virulence la **corruption** des politiciens et démystifie la prétendue charité faite au détriment des jeunes filles.

Les farces d'Alfred Jarry

Grâce à Alfred **Jarry** (1873-1903), le théâtre connaît une première **révolution**, radicalement moderne. Avec son personnage d'**Ubu** présent dans quatre pièces (*Ubu roi*, 1896 ; *Ubu enchaîné*, 1900 ; *Ubu sur la butte*, 1906 et *Ubu cocu*, 1944), Jarry fait de la farce une provocation absurde qui brise toutes les conventions théâtrales. L'action est **loufoque**, le langage est **déformé** et grossier. Le mot d'ordre de son personnage cruel aux appétits insatiables est « merdre ». À travers lui, Jarry promeut son concept de « pataphysique » : détruire la raison et la langue grâce à l'absurde. Ses pièces font scandale.

B Réécriture et réinterprétation des sujets classiques

Un théâtre qui interroge la condition humaine

Certains dramaturges redécouvrent les textes-clés de l'Occident : la **Bible** et les textes de l'**Antiquité** qu'ils se réapproprient. Ils délaissent le divertissement et le réalisme social pour se tourner vers un théâtre **mythique**, ou **mystique**, s'interrogeant sur la **condition humaine**.

- **Paul Claudel,** membre de l'Académie française, trouve son inspiration dans la **foi catholique** et les textes bibliques. Ainsi *Le Soulier de satin* (1929) est découpé en « versets » et *L'Annonce faite à Marie* (1912) illustre le parcours d'une jeune fille, Violaine, vers la sainteté.

Paul Claudel (1868-1955)

- **Jean Cocteau** (1889-1963), membre de l'Académie française, nourrit son œuvre théâtrale de références **mythologiques** et **légendaires**, visibles dans les titres de ses pièces : *Œdipe roi* (1937), *Antigone* (1922), *Orphée* (1926), *Bacchus* (1951). Il conçoit des variations sur les mythes, pensant que la mythologie recèle plus de vérité que l'histoire.
- **Jean Giraudoux** (1882-1944) prend appui sur les **mythes antiques** pour débattre des grandes **questions** éternelles que l'homme se pose sur le bonheur, les idéaux, la guerre, etc. Il évoque la situation **politique** de l'entre-deux-guerres et son pressentiment du grand **conflit** à venir dans *La guerre de Troie n'aura pas lieu* (1935) et *Électre* (1937) où les hommes luttent en vain contre la fatalité.
- **Jean Anouilh** (1910-1987), inspiré par Giraudoux, se livre à la réécriture de mythes qu'il réinterprète à la lumière de son époque en les teintant souvent d'**ironie pessimiste**. Ainsi, dans *Antigone* (1944), l'individu ne doit plus lutter contre le destin mais contre un pouvoir humain injuste. Jean Anouilh a également réécrit le mythe de *Médée* (1946) et celui d'*Eurydice* (1942), en les modernisant dans un cadre spatio-temporel contemporain.

C Théâtre engagé et théâtre de l'absurde

Avec la Seconde Guerre mondiale, le génocide des Juifs et l'utilisation de la bombe atomique en 1945 à Hiroshima et Nagasaki, le théâtre révèle le **tragique** de la condition humaine et l'**absurdité** du monde en proie à la barbarie. Les pièces se font l'écho des dilemmes moraux et politiques du monde, elles s'interrogent sur le **sens** de la vie, prônent la **révolution** ou dénoncent les **inégalités** sociales et le **colonialisme**.

Le théâtre engagé

- **Albert Camus** s'interroge sur le **sens** de la vie. La certitude de la **mort** révèle l'**absurdité** de la vie. Mais pour Camus, l'homme est **libre** à partir du moment où il connaît **lucidement** sa condition sans espoir. Dans *Les Justes* (1949), Camus part d'un attentat réel commis par des révolutionnaires socialistes russes en 1905 pour poser un **dilemme** moral et politique : Kaliayev refuse au dernier moment de jeter une bombe contre la calèche du despote parce que ses enfants sont avec lui. A-t-il eu raison d'épargner deux enfants au regard de tous les citoyens qui auraient pu être libérés de la tyrannie s'il avait commis l'attentat prévu ?

Albert Camus (1913-1960)

- **Jean-Paul Sartre** est un philosophe **existentialiste** et engagé. Il part du postulat que l'existence de l'homme exclut l'existence de Dieu. L'homme est donc **responsable** et **libre**. Il peut avoir prise sur le réel par l'**action**. *Huis clos* (1947) se déroule en enfer et met en scène trois personnages à la fois juges et accusés lors du procès de leur vie. Il n'y a pas de puissance supérieure, pas de destin, les personnages sont ce qu'ils font. L'enfer consiste à vivre sous le regard d'autrui.

Jean-Paul Sartre (1905-1980)

Ex. : « Alors, c'est ça l'enfer. Je n'aurais jamais cru...Vous vous rappelez : le soufre, le bûcher, le gril... Ah ! quelle plaisanterie. Pas besoin de gril : l'enfer, c'est les Autres. » Jean-Paul Sartre, *Huit clos*, scène V, 1947, éditions Gallimard.

> **Mot-clé**
>
> L'**existentialisme** est un système philosophique par lequel l'individu ne se définit pas par son **essence** mais par ses **actions.** L'existentialisme sartrien affirme que dans un monde sans Dieu ni valeurs morales, la **liberté** de l'homme est totale et qu'il est **responsable** de ses actes. Il est « condamné à être libre. »

- **Jean Genet** (1910-1986) fait du théâtre engagé une véritable **farce noire**, souvent violente, **transgressive** et **politique**. Utilisant le théâtre dans le théâtre, il dénonce les relations de **domination** et les **inégalités** de pouvoir, que ce soit entre bourgeois et domestiques dans *Les Bonnes* (1947), entre notables et prostituées lors d'une révolte populaire dans *Le Balcon* (1956), entre Noirs accusés et cour de justice blanche dans *Les Nègres* (1958). Sa pièce *Les Paravents* (1961) critique avec virulence le **colonialisme** et le rôle de l'armée française pendant la guerre d'Algérie ; elle fait scandale.
- **Aimé Césaire** (1913-2008) met en scène la fin du **colonialisme** dans deux pièces qui s'inspirent de personnages **historiques** réels de l'**indépendance** :

La Tragédie du roi Christophe (1964) décrit la lutte du peuple haïtien pour sa liberté et *Une saison au Congo* (1967) raconte les derniers mois de la vie de Patrice Lumumba, Premier ministre et militant, dans la période qui mène à l'indépendance du Congo belge.

Le théâtre de l'absurde

L'absurde naît de la **perte de repères** et de confiance dans la **raison** et dans le **langage**. Les pièces absurdes cultivent la **distanciation**, brisent les conventions de personnages et d'intrigues et soulignent les **failles** de la communication. Le comique est fondé sur une forme d'**autodérision tragique** qui rappelle que plus rien n'a de sens.

Eugène Ionesco (1909-1994)

- **Eugène Ionesco** s'élève contre le **réalisme** et le théâtre **engagé** qui véhiculent des idéologies qui empêchent le spectateur de penser. Pour forcer le spectateur à réagir, le théâtre doit être « violent » et **inquiéter**. Il doit également avoir recours à toutes les **techniques** modernes (décors, éclairages, musique, etc.). Le dramaturge fait évoluer ses personnages, dont Béranger qui revient dans plusieurs pièces, dans des mondes qui oscillent entre **farce grotesque** et **tragique**. Il dénonce le **vide existentiel** de certains êtres comme dans *Le roi se meurt* (1962). Il prend parti contre l'**aliénation** et l'**uniformisation** dans *Rhinocéros* (1959) qui voit toute la population d'une ville être transformée en bêtes. C'est par les **mots** que Ionesco marque le plus l'absurdité du monde : il donne à ses personnages un langage **automatique**, **absurde** et **saugrenu** en accumulant les clichés, les sophismes, les problèmes de communication et les jeux de mots afin de dénoncer ceux qui se pensent **rationnels** et de provoquer la réflexion du spectateur.
- **Samuel Beckett** (1906-1989) mêle **farce pessimiste** et **tragique**, affirmant dans *Fin de partie* (1957) que « rien n'est plus drôle que le malheur ». Ses personnages s'apparentent à des **clowns désespérés**, comme dans *En attendant Godot* (1952). Chez Beckett, le décor est quasiment inexistant, voire saugrenu : une route et un arbre dans *En attendant Godot*. L'action est réduite à quelques gestes, les dialogues ne font que remplir un **vide**. Les personnages insignifiants, souvent des clochards, ressemblent à des **pantins** et cherchent à se persuader de leur existence. La présence humaine semble dépourvue de toute signification, de tout intérêt, de tout objectif. L'auteur ira même jusqu'à écrire une pièce « muette » : *Acte sans parole* (1957).

D Le théâtre contemporain

La vitalité des metteurs en scène

La grande vitalité du théâtre du XXe siècle et d'aujourd'hui est essentiellement due à des **metteurs en scène**, des **directeurs de troupes** et de **festivals** : Louis **Jouvet**, Jean **Vilar** (créateur du festival d'Avignon), Antoine **Vitez**, Peter **Brook**, Olivier **Py** (directeur actuel du festival d'Avignon), Patrice **Chéreau**, Thomas **Ostermeier**, Daniel **Mesguich**, Ariane **Mnouchkine**, Jean-Pierre **Vincent**, Thomas **Jolly**, etc. Nombre d'entre eux produisent des **réécritures** de textes qu'ils mettent eux-mêmes en scène comme Olivier Py en 2014 avec *La Jeune Fille, le Diable et le Moulin* d'après les frères Grimm. Chaque année, notamment à l'occasion du festival d'Avignon, ces metteurs en scène proposent des **créations** et réinterprètent de grands **textes classiques** comme Olivier Py avec *Le Roi Lear* de Shakespeare en 2015 ou Thomas Jolly avec *Henri VI* de Shakespeare en 2014 et *Thyeste* de Sénèque en 2018.

Le théâtre, reflet des préoccupations de la société

- **Jean-Claude Grumberg** (né en 1939) interroge notre lien à l'**histoire**. Avec *Dreyfus* (1974), *L'Atelier* (1979) et *Zone libre* (1990), il compose une trilogie sur le thème de l'**Occupation** et du **génocide**.
- **Bernard-Marie Koltès** (1948-1989) est l'un des dramaturges les plus marquants de la période. Ses pièces mettent en scène des marginaux évoluant dans un monde sordide comme *Dans la solitude des champs de coton* (1986) mis en scène par Patrice **Chéreau** en 1987. Koltès y décrit une rencontre entre deux personnes : un dealer et son client. Un conflit se noue entre tractations commerciales et tractations diplomatiques et ne peut se résoudre que par la violence. Sa dernière pièce, *Roberto Zucco* (1990) met en scène la vie d'un tueur en série jusqu'à son suicide. L'auteur, lors d'un entretien à la presse déclare : « Je trouve que c'est une trajectoire d'un héros antique absolument prodigieuse. » Koltès revisite ainsi de grands **mythes** et s'appuie sur des personnages légendaires tels qu'Icare, Oreste ou Samson.
- **Wajdi Mouawad** (né en 1968) explore les **relations familiales** dans sa tétralogie *Littoral, Incendies, Forêts, Ciels* (entre 1999 et 2009) en leur donnant une dimension **poétique** et **tragique**, s'inscrivant ainsi avec modernité dans la tradition théâtrale classique.
- **Ariane Mnouchkine** (née en 1939) fonde en 1964 le **Théâtre du Soleil** et s'installe à la Cartoucherie dans le bois de Vincennes. À partir des années 1970, la troupe devient majeure par son rayonnement national et international. Ariane Mnouchkine souhaite établir de nouveaux **rapports** avec le public

et se distinguer du théâtre bourgeois pour créer un théâtre **populaire** de **qualité**. Elle ne cesse d'interroger dans toutes ses pièces la **place du théâtre** et sa capacité à représenter l'**époque actuelle**. Elle traite de grandes **questions politiques** et **humaines** sous un angle **universel** et mêle à ses textes les **cultures** de l'Orient et de l'Occident. *Une chambre en Inde* (2016), une de ses dernières créations collectives, interroge l'actualité et regarde les **failles** qui secouent la **démocratie** depuis les attentats de 2015 et 2016 notamment en France et en Belgique. Cette comédie convoque avec magie et un humour mordant le monde entier dans cette chambre d'une troupe d'artistes partie en Inde : elle évoque les désastres en Syrie et en Afghanistan, la situation des femmes, le réchauffement climatique, etc. La pièce s'interroge également sur la fonction du théâtre : quelle est son utilité dans un monde rongé par la violence ? Sur fond tragique, les scènes sont entrecoupées de chœurs, de grelots, de danses qui reconstituent la tradition théâtrale tamoule populaire et rurale (le Theru Koothu).

La comédie de mœurs

Une nouvelle comédie de **mœurs** s'exprime à travers les œuvres de Yasmina **Reza** (née en 1959) qui se moque de l'assurance des **classes intellectuelles** dans *Art* (1994) et *Le Dieu du carnage* (2008). Agnès **Jaoui** (née en 1964) et Jean-Pierre **Bacri** (1951-2021) mettent en scène des bourgeois névrosés aux relations compliquées dans des comédies de mœurs aux répliques cinglantes comme *Cuisine et dépendances* (1991) et *Un air de famille* (1994).

1 *Le Menteur*, Corneille
Parcours : Mensonge et comédie

1 L'auteur

▲ Pierre Corneille.

■ Né en 1606 à Rouen dans une famille bourgeoise, Pierre Corneille reçoit une éducation chez les jésuites où il apprend à écrire des vers en latin et se passionne pour le théâtre (*voir p. 171*) Il suit des études de droit par tradition familiale et devient avocat. Parallèlement, il commence à écrire des comédies, dont *L'Illusion comique* (1636).

■ En 1637, il connaît un immense succès grâce au *Cid*. Cette tragi-comédie qui ne respecte pas les règles du théâtre classique *(voir p. 170)* lui vaut une condamnation de l'Académie française malgré le soutien de Richelieu. Bouleversé, Corneille arrête d'écrire.

■ À partir de 1639, il change de genre et écrit plusieurs tragédies sur des sujets romains ou antiques, dont *Cinna* (1641). Il revient à la comédie en 1644 avec *Le Menteur*. *La Suite du Menteur* en 1645 est un échec, il abandonne définitivement la comédie.

■ En 1646, il est élu à l'Académie française. Même si son succès faiblit face à la concurrence de Racine, il continue d'écrire des tragédies jusqu'à sa mort en 1684.

> **À savoir**
> L'adjectif « cornélien » sert à désigner ce qui est relatif à l'œuvre de Corneille.

2 L'œuvre

A. Contexte et résumé

■ *Le Menteur* marque le bref retour de Corneille à la comédie après de nombreuses tragédies. Cette pièce rencontre un franc succès au théâtre du Marais où elle est jouée, ainsi que dans les salons où elle est beaucoup commentée.

■ L'histoire est inspirée d'une pièce espagnole de Don Juan Ruiz de Alarcon (et non Lope de Vega comme on le croyait à l'époque), *La Vérité suspecte* (1634), mais Corneille adapte le propos au contexte parisien et change la fin. Alors que dans la pièce espagnole, le menteur finit par être puni, dans la version cornélienne, il sort triomphant.

Résumé

Acte I : Dorante rencontre deux femmes, Clarice et Lucrèce, à qui il fait la cour. À cause d'une remarque de son valet Cliton, il y a quiproquo sur leurs identités respectives.

Acte II : Géronte, père de Dorante, veut le marier à Clarice qui demande à Lucrèce de se faire passer pour elle auprès de Dorante. Dorante fait croire à son père qu'il est déjà marié.

Acte III : Clarice et Lucrèce pensent que Dorante se joue d'elles et le reconnaissent pour le menteur qu'il est.

Acte IV : Dorante est contraint de continuer à mentir à son père en lui disant que sa femme est enceinte. Lucrèce et Clarice discutent de leur intérêt respectif pour Dorante.

Acte V : Géronte perce à jour les mensonges de Dorante. Lui qui désirait Clarice au début, finit par épouser Lucrèce.

B. Enjeux

■ *Le Menteur* est une comédie qui emprunte au baroque *(voir p. 102)* par son intrigue faite de rebondissements et de coïncidences invraisemblables. Les mensonges, les déguisements (Lucrèce qui se fait passer pour Clarice) et les quiproquos sont du domaine de l'illusion. Le jeu sur les apparences est au cœur de l'esthétique baroque.

Citation

Dorante donne les qualités du bon menteur : « Il y faut promptitude, esprit, mémoire, soins, / Ne se brouiller jamais, et rougir encore moins. » (III, 4, v. 935-936).

■ En revanche, Corneille inscrit son intrigue dans un contexte réaliste. Il fait référence aux lieux parisiens (Tuileries), aux grands travaux de son époque (v. 548-564), à l'actualité militaire (v. 336). Il n'hésite pas non plus à évoquer la prostitution, le marchandage amoureux et la cupidité (Sabine, la femme de chambre de Lucrèce). En ce sens, il se rapproche des comédies de Molière.

3 Le parcours : « Mensonge et comédie »

A. À quoi sert le mensonge ?

■ Le mensonge est à la base du comique de situation dans la pièce, comme lorsque Dorante voit arriver Alcippe alors qu'il vient de décrire sa mort. Le mensonge permet aussi aux personnages de se révéler et ainsi de produire du comique de caractère, comme la jalousie d'Alcippe. Enfin, tout le comique de mots se nourrit des décalages et des effets de double énonciation que créent les mensonges de Dorante.

■ Dorante ment « par coutume » (v. 818) mais ses mensonges sont de natures différentes. Il ment pour se mettre en valeur, surtout auprès des femmes, et s'inventer des faits glorieux. Il ment aussi pour éviter des ennuis, par exemple la colère de son père. Enfin, il semble mentir pour le plaisir d'imaginer des saynètes épiques (I, 5 ; II, 5), à la manière du Matamore de *L'Illusion comique*.

À savoir

La pièce est riche de synonymes et périphrases désignant les mensonges : *extravaguer, rêveries, conte, artifice, fictions...*

B. Œuvres-clés liées au parcours

Dom Juan de Molière (1665)	Le libertin Dom Juan met son éloquence et son art du mensonge au service de la séduction. Le personnage de Molière fait penser à un Dorante vieilli.
Les Fausses Confidences de Marivaux (1737)	Le titre de cette comédie est déjà un synonyme de mensonge. Dorante, jeune homme bien né mais désargenté, tombe amoureux de la veuve Araminte. Le valet Dubois manigance pour les rapprocher.
Knock de Jules Romains (1923)	Knock achète la patientèle du Dr Parpalaid dans le but de gagner argent et pouvoir. Cette comédie sur un médecin menteur permet de dénoncer les dangers de la manipulation et de faire la satire de la médecine.

À retenir

- *Le Menteur* est une comédie aux accents baroques dans laquelle les apparences triomphent et le menteur n'est pas puni.
- Dorante et ses mensonges produisent une intrigue qui permet plusieurs formes de comique. Le mensonge est aussi source de plaisir.

4 Les prolongements artistiques et culturels

A. En peinture

James Ensor (1860-1949), *Ensor aux masques*, 1899. Huile sur toile, Menard Art Museum, Komaki, Japon.

■ Le tableau *Ensor aux masques*, aussi intitulé *Autoportrait avec masques* de James Ensor représente l'artiste à peine discernable au milieu d'une multitude de masques. Ces masques rappellent ceux du théâtre antique ou de la *commedia dell'arte*.

■ Le masque est un accessoire typique du théâtre : il permet le travestissement, la dissimulation et donc le mensonge sur son identité. Dans ce tableau, l'artiste s'est peint comme entouré de toutes ses facettes possibles, tous les masques qu'il peut porter en société.

B. Au cinéma

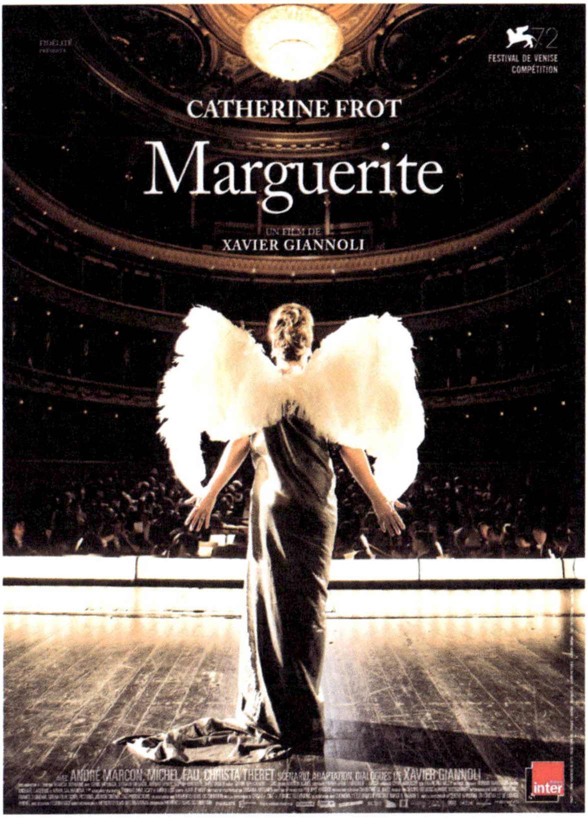

▲ Affiche du film *Marguerite*, de Xavier Giannoli, 2015.

■ La comédie dramatique *Marguerite* (2015) écrite et réalisée par Xavier Giannoli met en scène une aristocrate cinquantenaire interprétée par Catherine Frot. Passionnée de chant, elle est persuadée d'avoir un immense talent alors qu'en réalité elle chante faux.

■ Dans ce film, à l'inverse du *Menteur*, tout le monde ment au personnage principal pour la rassurer sur son prétendu talent. Cette tromperie dont Marguerite est victime permet de nombreuses scènes comiques, mais contrairement à l'œuvre cornélienne, le film s'achève sur le drame de la révélation.

2 *On ne badine pas avec l'amour*, Alfred de Musset
Parcours : Les jeux du cœur et de la parole

1 L'auteur

■ Né en 1810 à Paris, Alfred de Musset est issu d'une famille noble de gens de lettres. Brillant élève, il entre au collège royal Henri IV à l'âge de 9 ans et se distingue par les vers en latins qu'il compose. À 14 ans, il écrit son premier poème : « À ma mère ».

■ Après son baccalauréat, il commence puis abandonne des études de droit et de médecine. Alors qu'il publie son premier recueil poétique, *Contes d'Espagne et d'Italie* (1829), il commence une vie de dandy et de débauche. L'année suivante, sa première pièce *La Nuit vénitienne* est un échec. Il décide alors de continuer à n'écrire que des pièces qui ne seront pas jouées, et qu'il publie dans un recueil intitulé *Un Spectacle dans un fauteuil* (1832-1833). Le recueil comprend son chef-d'œuvre : *Lorenzaccio* *(voir p. 180)*.

▲ *Alfred de Musset par lui-même*, dessin au crayon, 1833. Paris, Bibliothèque de l'Institut.

■ Musset multiplie les conquêtes amoureuses, parmi lesquelles George Sand occupe une place importante, et continue d'écrire abondamment : des pièces, des poèmes, des lettres, des nouvelles... Sa santé commence à se dégrader en 1840, notamment à cause de ses problèmes d'alcool. Il meurt à 47 ans, presque oublié de tous.

À savoir

« Badiner » signifie « plaisanter, jouer ». Le dénouement funeste illustre bien le proverbe qui sert de titre.

2 L'œuvre

A. Contexte et résumé

■ En 1833, Musset rencontre George Sand avec qui il noue une liaison passionnée mais tumultueuse. À Venise, elle le trompe avec son médecin et quitte la ville avec lui. C'est cet épisode, ainsi que leur correspondance, qui lui inspirera *On ne badine pas avec l'amour*, écrit et publié en 1834 dans la *Revue des Deux-Mondes* puis dans le recueil *Un Spectacle dans un fauteuil.*

■ La pièce n'était pas destinée à être jouée. Elle fut cependant mise en scène en 1861, après la mort de Musset, à la Comédie-Française dans une version très édulcorée : trois décors (au lieu de quinze), suppression de tout ce qui pourrait choquer la morale ou la religion.

Résumé

Acte I : Le chœur accueille Blazius, le précepteur de Perdican et Dame Pluche, la gouvernante de Camille. Le Baron veut marier son fils Perdican à sa nièce Camille qui se connaissent depuis l'enfance. Mais leurs retrouvailles sont un échec : Camille reste froide. Perdican courtise alors la jeune paysanne Rosette, sœur de lait de Camille.

Acte II : Par l'intermédiaire d'une lettre, Camille donne rendez-vous à Perdican et lui annonce qu'elle va prendre le voile car son expérience du couvent l'a amenée à « renoncer au monde ». Perdican critique les couvents et admet que « le monde n'est qu'un égout sans fond », mais il y oppose le sublime de l'amour entre deux êtres.

Acte III : Lisant une lettre que Camille a écrite à une amie, Perdican a l'impression qu'elle s'est jouée de lui. Vexé, il s'arrange pour qu'elle le voie séduire Rosette et ainsi la rendre jalouse. Camille cache alors Rosette dans sa chambre et oblige Perdican à se déclarer mais celui-ci décide d'épouser la paysanne. Dans la dernière scène, Camille et Perdican s'avouent enfin leur amour et Rosette, qui les a entendus, en meurt. Camille fait alors ses adieux à Perdican.

B. Enjeux

■ La pièce a pour sous-titre : « Proverbe ». Le titre et le sous-titre permettent de rattacher la pièce au genre théâtral du proverbe, très en vogue dans les salons du XVIIIe et du XIXe siècles. Il s'agissait initialement de pièces sentimentales à l'intrigue légère et mondaine. Le dénouement funeste de *On ne badine pas avec l'amour* ramène la pièce du côté du drame romantique *(voir p. 179)*.

■ Le romantisme de la pièce se remarque également dans le mélange des genres et des tonalités : le comique parfois bouffon du curé Bridaine et de Blazius, la vertu ridicule de Dame Pluche s'opposent au marivaudage de Camille et Perdican, et finalement à la tragédie de Rosette, victime du jeu cruel des amoureux.

3 Le parcours : « Les jeux du cœur et de la parole »

A. Entre divertissement et discordance

■ Le jeu comme divertissement. Le jeu est un divertissement plaisant auquel s'adonnent ici les personnages dans une forme de marivaudage *(voir p. 177)* : Camille et Perdican utilisent des stratagèmes (la lettre, la cachette, la bague). Ils font semblant pour forcer l'autre à révéler ses sentiments, mais aussi pour se révéler à eux-mêmes : « Je voudrais bien savoir si je suis amoureux. » (Perdican, III, 1).

■ Le jeu comme « discordance » (I, 3). Le jeu est aussi un décalage, un point de friction, comme on dit d'un mécanisme qu'il a « du jeu ». Camille et Perdican ne semblent pas parler le même langage, ce que le Baron commente en utilisant une métaphore musicale : « […] il me semble assister à un concert où le violon joue *Mon cœur soupire*, pendant que la flûte joue *Vive Henri IV* » (I, 3). Désenchantée par l'expérience amoureuse des femmes dont elle partage la vie au couvent, Camille dénonce l'infidélité masculine, tandis que Perdican défend l'amour envers et contre tout.

Rosette est incapable de duplicité et de marivaudage, elle ne comprend pas les règles et devient la victime de ce jeu. Comme des enfants, Perdican et Camille ont joué à l'amour, sans penser aux conséquences sur les autres : « [...] nous sommes deux enfants insensés, et nous avons joué avec la vie et la mort. » (Perdican, III, 8).

Citation
« Lequel de nous a voulu tromper l'autre ? »
Perdican (III, 8)

B. Œuvres-clés liées au parcours

***La Surprise de l'amour* de Marivaux (1722)**	Comme un double inversé de Camille, Lélio a décidé de se retirer du monde, déçu par les femmes. Par une suite de stratagèmes, Lélio et la Comtesse, ainsi que leurs valets Jacqueline et Pierre, s'avoueront leur amour.
***Il ne faut jurer de rien* d'Alfred de Musset (1836)**	Appartenant aussi au genre du proverbe, cette pièce met en scène Valentin que son oncle oblige à se marier. Il se lance le défi de séduire Cécile dans le but de prouver que les femmes ne sont pas vertueuses.
***Cyrano de Bergerac* d'Edmond Rostand (1897)**	Le mousquetaire Cyrano est amoureux de sa cousine Roxane qui aime Christian. Cyrano aide Christian à séduire Roxane en écrivant et en déclamant à sa place des vers d'amour.

À retenir

- *On ne badine pas avec l'amour* est une pièce qui appartient autant au genre du proverbe qu'au drame romantique.
- Le jeu désigne à la fois le côté plaisant des dialogues de séduction et leurs contradictions.

4 Les prolongements artistiques et culturels

A. En musique

En 1910, la pièce fut adaptée en version lyrique pour l'Opéra-Comique, en vers et sur une musique de Gabriel Perné. Plusieurs compositeurs ont aussi créé la musique de scène pour la version originale, dont Camille Saint-Saëns (1917) et Maurice Jarre (1997).

La célèbre tirade de Perdican qui clôt l'acte II a inspiré plusieurs chansons à des artistes contemporains de genres variés : « Adieu Camille » de Marc Lavoine (2012), « On ne badine pas avec l'amour » de Los Tabascos (2020), « On ne badine pas avec l'amour » de Karin Clercq (2018), « On ne badine pas avec l'amour » de Florent Garcimore (2023).

Citation
« Tous les hommes sont menteurs, inconstants, faux, bavards, hypocrites, orgueilleux et lâches, méprisables et sensuels [...] » Perdican (II, 5)

B. Au théâtre et au cinéma

La pièce de William Shakespeare *Beaucoup de bruit pour rien (Much Ado About Nothing)*, écrite en 1598-1599, met en scène deux couples, Claudio et Héro, et Bénédict et Béatrice. Comme Perdican et Camille, ces deux derniers refusent de s'avouer leur amour dans des dialogues fins et enlevés.

■ L'adaptation cinématographique de *Beaucoup de bruit pour rien* de Kenneth Branagh (1993), avec Emma Thompson dans le rôle de Béatrice, respecte le rythme endiablé des dialogues du texte original, ainsi que son aspect comique.

▲ *Beaucoup de bruit pour rien* (*Much Ado About Nothing*), film de Kenneth Branagh, avec Kenneth Branagh et Emma Thompson, 1993.

3 *Pour un oui ou pour un non*, Nathalie Sarraute
Parcours : Théâtre et dispute

1 L'autrice

▲ Nathalie Sarraute.

■ Née en 1900 en Russie dans une famille bourgeoise juive, Nathalie Sarraute s'appelle à l'origine Natalia Ilinitchna Tcherniak. Ses parents divorcent lorsqu'elle a deux ans. Sa mère l'emmène vivre à Paris où son père vient aussi s'installer et se remarie. Sarraute racontera ces années difficiles dans *Enfance* (1983). Elle épouse Raymond Sarraute en 1925 et devient avocate au barreau de Paris.

■ Elle commence à écrire et publie *Tropismes* (1939), remarqué par Jean-Paul Sartre. Dans les années 1940, elle est radiée du barreau à cause des lois sur le statut des Juifs et doit se cacher. Elle se consacre alors pleinement à l'écriture. Jusqu'à sa mort en 1999, elle publie régulièrement des romans dont *Le Planétarium* (1959), des pièces de théâtre, des essais et une autobiographie.

■ Nathalie Sarraute est l'une des figures phares du Nouveau Roman *(voir p. 149)* qu'elle théorise dans son essai *L'Ère du soupçon* (1956). Toute son œuvre s'intéresse aux tropismes, aux non-dits, à ce qu'elle appelle « la sous-conversation » et qui se manifeste à travers les banalités et les expressions stéréotypées.

À savoir

Tropismes : « [...] ces *mouvements tout à fait instinctifs* que nous sentons glisser très rapidement aux limites de notre conscience. Ils *sous-tendent nos actes*, nos paroles, nos sentiments connus et nommés. » (N. Sarraute, article « Roman et réalité », in *Esprit*, 1964)

2 L'œuvre

A. Contexte et résumé

■ *Pour un oui ou pour un non* est la sixième et dernière pièce de Nathalie Sarraute. Elle a été publiée en 1982, mais a d'abord été créée pour la radio et diffusée en 1981.

■ Cette pièce fait suite à l'écriture de *L'Usage de la parole* (1980), un recueil de textes dans lequel Sarraute démonte les mécanismes de la conversation, notamment les expressions toutes faites. Avec *Pour un oui ou pour un non*, ce sont deux autres expressions qu'elle dissèque, celle du titre, et celle qui déclenche le conflit : « C'est bien... ça... ».

Résumé

H. 1 rend visite à son ami, H. 2, pour savoir ce qu'il lui reproche. H. 2 finit par avouer que H. 1 a fait une remarque condescendante qui l'a blessé. Les deux hommes reviennent alors sur leur amitié et leurs conceptions de la vie irréconciliables, dans une discussion qui tourne à la dispute.
Deux autres personnages apparaissent brièvement, le couple H. 3 et F., les voisins de H. 1 qu'il a souhaité prendre à témoin.

B. Enjeux

■ Cette pièce étonne par sa forme. Très courte, elle n'a ni actes, ni scènes, et quelques rares didascalies. Ainsi, elle ressemble davantage à un dialogue. Elle met en scène des personnages qui n'ont pas de nom et aucun contexte n'est donné. Toute la place est laissée à la conversation avec ses hésitations et ses sous-entendus.

■ Le texte interroge le langage et ses connotations. C'est pour cette raison que les échanges entre H. 1 et H. 2 sont ponctués d'interrogations, de répétitions et de points de suspension. Chaque personnage reprend et commente ou approfondit les paroles de l'autre, pour essayer de s'accorder sur un sens commun.

Citation

« Vous savez, c'est quelqu'un dont il faut se méfier. Il paraît très amical, affectueux... et puis, paf ! Pour un oui ou pour non... on ne le revoit plus. »

3 Le parcours : « Théâtre et dispute »

A. « C'est un combat sans merci »

■ Si d'habitude la dispute au théâtre sert surtout à faire rire, *Pour un oui ou pour un non* souligne le tragique de la communication. Le point de départ de la dispute est une remarque ancienne faite par H. 1 dans laquelle H. 2 a senti de la condescendance.

■ C'est cet aveu qui fait basculer la scène vers la dispute qui ne cesse alors d'enfler jusqu'à la violence verbale : « J'ai eu envie de te tuer. [...] Entre nous il n'y a pas de conciliation possible. » Pourtant, la pièce s'achève sur la reconnaissance qu'ils ne peuvent pas « rompre » leur amitié.

■ La dispute semble avoir échoué : il n'y a ni réconciliation, ni rupture. Toutefois, étymologiquement « disputer » signifie « examiner, raisonner ». En ce sens, la pièce est bien une dispute : elle examine comment les paroles anodines ou « les mots qu'on n'a pas eus, justement » (H. 2) reflètent les conflits souterrains entre deux êtres.

Citation-clé

« H. 2, *prenant courage* : Tu m'as dit : "C'est bien... ça..." Juste avec ce suspens... Cet accent... »

B. Œuvres-clés liées au parcours

***Délire à deux* d'Eugène Ionesco (1962)**	Alors que dehors une guerre indéterminée fait rage, dans une chambre, un couple se déchire. À travers leurs échanges violents remontent souvenirs et rancœurs.
***Juste la fin du monde* de Jean-Luc Lagarce (1990)**	Louis, qui va bientôt mourir, revient dans sa famille après une longue absence. Au lieu de l'aveu tant attendu, les non-dits et les règlements de compte s'enchaînent, révélant une crise du langage.
***Un Air de famille* d'Agnès Jaoui et de Jean-Pierre Bacri (1994)**	Dans le bar-restaurant d'Henri se retrouvent sa mère, son frère, sa belle-sœur et sa sœur. Alors qu'ils s'apprêtent à dîner, la femme d'Henri appelle pour l'informer qu'elle le quitte. Toutes les discussions vont alors tourner à la dispute, révélant les non-dits anciens.

À retenir

- *Pour un oui ou pour un non* est une pièce sur le langage et le non-dit dans laquelle les personnes s'interrogent sur le sens de leurs mots.
- Il s'agit d'une dispute au sens de conflit, mais aussi au sens d'examen. Par la parole, ils examinent leur relation.

4 Les prolongements artistiques et culturels

A. En peinture

▲ Mikuláš Medek (1926-1974), *Dispute*, 1956. DR.

■ Peu connu en France, Mikuláš Medek est un artiste-peintre tchèque né à Prague qui a fait partie du Groupe des surréalistes de Tchécoslovaquie. Censurées par le régime soviétique, ses œuvres ne connurent vraiment le succès qu'après 1991.

■ Son tableau intitulé *Dispute* est daté de 1956. La position des bras à angles obtus qui se rencontrent au centre du tableau semble figurer l'opposition irréconciliable entre les deux personnages. La femme détourne la tête, se protège de ses bras et refuse d'entendre l'homme dont la bouche manifeste une forme d'angoisse agressive visible à ses dents apparentes. Le rouge de la colère recouvre tout le tableau et semble se diffuser à partir du couple.

B. Au cinéma

■ En 1988, Jacques Doillon adapte la pièce de Nathalie Sarraute sous le même titre. Dans ce huis-clos au décor sobre et aux murs bleus, Jean-Louis Trintignant (H. 1) donne la réplique à André Dussolier (H. 2). La réalisation s'efface au profit du talent des comédiens qui donnent vie au texte.

■ La pièce de Jean-Pierre Bacri et Agnès Jaoui, *Un air de famille* (1994), met en scène une dispute au sein d'une famille. La femme d'Henri le quitte par téléphone alors qu'il se trouve à un dîner de famille. Cette nouvelle déclenche une forme de désintégration de l'harmonie familiale qui n'était en fait qu'apparente.

Chacun des personnages se révèle alors que la conversation tourne à la dispute et que les rancœurs du passé refont surface. La pièce a été adaptée pour le cinéma dans une réalisation de Cédric Klapisch (1996). Des scènes de flash-back ont été ajoutées, permettant de montrer l'origine des conflits que la pièce ne faisait que suggérer ou raconter. La pièce et le film éponyme portent un titre polysémique : avoir « un air de famille », c'est porter une ressemblance. Ici, les personnages se ressemblent dans leurs névroses et leurs non-dits. Les spectateurs peuvent aussi se reconnaître dans les personnages et y trouver un air de famille. Enfin, « air » peut renvoyer à la musique : la pièce joue la partition bien connue de toutes les familles.

▲ *Un air de famille*, de Jean-Pierre Bacri et Agnès Jaoui, mise en scène de Stephan Meldegg au Théâtre de la Renaissance, 1994.
De gauche à droite : Agnès Jaoui, Jean-Pierre Darroussin, Jean-Pierre Bacri, Wladimir Yordanoff.

SUJET DU BAC

Dissertation	20 pts	*Œuvre : On ne badine pas avec l'amour* d'Alfred de Musset *Parcours :* Les jeux du cœur et de la parole	4 h

À l'occasion d'une représentation de *On ne badine pas avec l'amour*, on peut lire dans une critique du journal *Le Monde* : « Cette pièce est un cruel jeu de l'amour et de la vérité ». En quoi cette citation illustre-t-elle votre lecture de l'œuvre ?
Vous répondrez à cette question dans un développement organisé en vous appuyant sur la pièce *On ne badine pas avec l'amour*, sur les textes que vous avez étudiés dans le cadre du parcours associé, et sur votre culture personnelle.

CORRIGÉ

Travail préparatoire

Comprendre et analyser le sujet

• **Identifier les trois parties du sujet.** 1) Le sujet a pour point de départ une citation dans laquelle on reconnaît des notions du parcours qui auront pu être analysées au cours de l'année, notamment le « jeu ».
2) Le sujet est complété par une question qui invite à appliquer ce jugement à la pièce. Le verbe de consigne « illustre » et les termes du sujet orientent plutôt vers un plan thématique.
3) Enfin, la consigne demande de répondre à cette question de manière organisée. Attention, cet avis subjectif doit reposer sur un jugement construit et éclairé qui rendra compte d'une véritable connaissance et appropriation de l'œuvre.
• **Soulever le problème.** Le « jeu » évoque la dimension ludique, mais également le décalage. Ce terme renvoie au badinage (jeu de l'amour) tout autant qu'aux désaccords entre Camille et Perdican. L'enjeu de ce badinage est l'aveu des sentiments (« vérité ») et les torts qu'il cause.

Dissertation rédigée

Introduction

[amorce] Dans le poème « La Nuit de Mai » (1835), Musset écrit : « La bouche garde le silence / Pour écouter parler le cœur », signifiant en creux que la parole ne peut que trahir les sentiments. **[rappel de l'œuvre en lien avec la question posée]** On retrouve cette même crainte dans *On ne badine pas avec l'amour* qui met en scène le badinage de Camille et Perdican qui peinent à s'avouer leurs sentiments. D'abord plaisante, l'intrigue tourne à la tragédie quand Rosette devient leur victime. **[rappel du sujet]** Ainsi, cette pièce est un cruel jeu de l'amour et de la vérité, faisant du titre un véritable avertissement : on ne joue pas impunément avec le langage et le cœur des autres. **[annonce du plan]** Tout d'abord, nous verrons que Camille et Perdican cherchent leurs sentiments à travers le badinage. Ensuite, nous montrerons comment ces deux personnages deviennent les maîtres d'un jeu aux conséquences tragiques.

[annonce de la partie 1] À travers le badinage, les personnages principaux sont à la recherche de la vérité de leurs sentiments. [annonce de la première sous-partie] Toutefois, leurs dialogues révèlent presque toujours un échange impossible. [arguments et exemples] Les deux personnages n'ont en commun que leur jeunesse et leur passé. Dès leur rencontre, le Baron constate qu'au lieu d'une « suave harmonie », il s'agit d'une « discordance affreuse » (I, 3). Il faut dire que Camille sort du couvent, et envisage d'y retourner, tandis que Perdican reconnaît avoir eu des maîtresses (II, 5). Leurs expériences de la vie sont radicalement différentes. Ainsi, il y a du jeu dans leurs échanges, au sens d'un décalage. À plusieurs reprises, Camille et Perdican échouent à entretenir un véritable dialogue, comme le montrent les brèves réponses de Camille dans l'acte I : « Non, je suis lasse. », « Non, pas ce soir », ou encore la réplique « C'est mon secret. » (II, 1) qui coupe court à tout échange. Non seulement ils ne peuvent pas s'avouer leur amour l'un à l'autre, mais ils ont aussi du mal à s'avouer leur amour à eux-mêmes. C'est ce qui ressort du monologue de Perdican qui s'interroge : « Je voudrais bien savoir si je suis amoureux. » (III, 1) [transition] Les personnages (surtout Camille) semblent donc enfermés dans leur silence et, lorsqu'ils parlent enfin, leurs orgueils s'affrontent.

[annonce de la deuxième sous-partie] Perdican et Camille se renvoient plusieurs fois l'accusation d'orgueil, comme une explication à leur badinage. [arguments et exemples] Perdican se reconnaît lui-même cette faiblesse dans la scène finale : « Orgueil, le plus fatal des conseillers humains ». C'est aussi l'accusation qu'il profère à l'encontre de Camille (II, 5) : « un orgueil si insensible ». Si Camille et Perdican se montrent cruels l'un envers l'autre, c'est aussi parce que la pièce met en scène une forme de guerre des sexes. Camille expose la condition des femmes dans la société de son temps qui n'est faite que de devoirs. L'orgueil de Camille, cette « humeur changeante » (II, 5) cache en réalité un mécanisme de survie : la femme est « forcée à tromper par le monde ». En effet, elle dénonce l'infidélité masculine lorsqu'elle s'enquiert des maîtresses qu'a eues Perdican ou qu'elle interroge : « Combien de fois un honnête homme peut-il aimer ? » (II, 5). [transition] En tant que femme dans cette société, Camille semble donc condamnée à être trompée ou à préserver son amour-propre, son orgueil, en vouant sa vie à Dieu. Ce sont en tout cas les modèles « adultes » proposés par la pièce.

[annonce de la troisième sous-partie] Camille et Perdican jouent avec leurs sentiments parce que le jeu fait partie du monde de l'enfance qu'ils résistent à quitter. [arguments et exemples] Tous les personnages ne les désignent que par ce terme : « enfants ». Les personnages adultes, souvent dans un registre héroï-comique, ne sont pas un futur enviable, notamment Blazius et Pluche qui sont des doubles dégradés de Perdican et Camille (le savoir et la vertu). Camille voit également son futur en sœur Louise. Dans ses répliques de l'acte II, scène 5, le « je » de Louise devient le « je » de Camille qui conclut par : « C'était moi que je voyais agir. » De plus, comme le Chœur le rappelle (« Puissions-nous retrouver l'enfant dans le cœur de l'homme ! » I, 1), Perdican et Camille cherchent à retrouver leur affection mutuelle passée. [transition] Refusant de céder d'emblée à l'avenir tracé pour eux par l'autorité du Baron, ils jouent avec leurs sentiments. Comme des enfants tout à leur jeu, ils oublient le mal qu'ils peuvent causer aux autres.

[annonce de la partie 2] Au fil de la pièce, Camille et Perdican deviennent les maîtres d'un jeu cruel aux conséquences tragiques. [annonce de la première sous-partie] Tout le jeu de l'amour de la pièce repose sur des manigances, dont les deux jeunes protagonistes sont d'abord les victimes. [arguments et exemples] La pièce s'ouvre sur une manipulation : le Baron organise un mariage arrangé pour les deux jeunes gens qui sont ensuite le jouet des autres adultes. Ainsi, Blazius dénonce Camille au Baron (II, 4), il tente d'intercepter sa lettre (III, 2). Quant à Bridaine, il révèle au Baron que Perdican a fait des avances à Rosette (III, 5). Les accessoires que sont les billets et les lettres revêtent une fonction dramatique essentielle dans cette manipulation. En effet, c'est la lettre dérobée et le conflit entre les adultes qui poussent Perdican à se venger de Camille (III, 2). C'est de la révélation de cette lettre que va naître l'engrenage qui va mener à la mort de Rosette. [transition] Manipulés par les adultes de la pièce, Perdican et Camille vont se transformer eux-mêmes en manipulateurs.

[annonce de la deuxième sous-partie] Alors que la pièce progresse, le jeu de l'amour devient aussi un jeu au sens théâtral. [arguments et exemples] Perdican se fait le metteur en scène d'une séduction qui a Camille pour spectatrice, comme l'indique la didascalie « à haute voix, de manière que Camille l'entende » (III, 3). Il va même jusqu'à utiliser un accessoire pour renforcer l'action dramatique en jetant la bague de Camille dans la fontaine. Quant à Camille, elle semble enchaîner les masques pour mieux se protéger : « Sans doute, il nous faut souvent jouer un rôle, souvent mentir. » (III, 6) On notera ici le vocabulaire théâtral que Musset lui prête. [transition] Pourtant, il y a un personnage incapable de mensonge et d'illusions : Rosette, qui devient la victime de ce jeu cruel.

[annonce de la troisième sous-partie] C'est par son dénouement tragique que le jeu amoureux révèle toute sa cruauté. [arguments et exemples] C'est envers Rosette, personnage qui rappelle la bergère de pastorale, que Camille et Perdican se montrent les plus cruels. Elle finit par voir clair dans leur jeu : « vous ne m'avez fait la cour que pour vous divertir tous deux » (III, 7). Perdican a joué les séducteurs avec Rosette et il craint alors le dernier rôle dans lequel il sera enfermé, celui d'assassin : « ne faites pas de moi un meurtrier ! » (III, 8). En guise de dénouement, Musset met ainsi en scène le sacrifice de l'innocence et le bonheur impossible : les personnages n'ont pu que trahir leurs sentiments. C'est à nouveau par le vocabulaire du jeu que Perdican tire la leçon de la pièce : « nous avons joué avec la vie et la mort » (III, 8). [bilan] Ainsi, seul personnage à tenir une parole de vérité, Rosette était la victime toute désignée de Camille et Perdican devenus manipulateurs cruels.

Conclusion

On ne badine pas avec l'amour est bien un jeu au sens de décalage : Camille et Perdican se forcent à jouer un rôle en masquant des sentiments qu'ils ne réussissent à s'avouer que trop tard. Tout le monde est perdant, à commencer par Rosette qui le paye de sa vie. Le proverbe qui donne son titre à la pièce peut alors être relu comme un présage funeste : on ne badine pas impunément avec l'amour, sous peine d'y perdre son innocence et tout espoir de bonheur. [ouverture] Le badinage de Musset est évidemment héritier du marivaudage du XVIIIe siècle que l'on retrouve par exemple dans *La Surprise de l'amour*. Pourtant, tout se passe comme si le drame romantique était le double noir de la pièce de Marivaux.

Analyse littéraire et grammaire

CHAPITRE 8

Le genre d'un texte

Chacun des quatre objets d'étude correspond à un genre littéraire précis. Un **genre littéraire** est une **catégorie** qui rassemble des textes présentant des **caractéristiques** communes. Pour bien reconnaître et analyser ces différents genres, vous devez connaître leurs caractéristiques.

1 La poésie

A Qu'est-ce que la poésie ?

Définition

La poésie est « une forme d'expression littéraire caractérisée par une utilisation harmonieuse des sons et des rythmes du langage, et par une grande richesse d'images. » (Dictionnaire Hachette). Le terme « poésie » vient du grec *poiêsis* qui signifie « création ». Le poète est un créateur dont la matière première est le langage.

Les fonctions de la poésie

- **L'expression des émotions.** La poésie **lyrique** dépeint les sentiments personnels comme le plaisir et la douleur d'aimer, la nostalgie ou l'angoisse face à la fuite du temps. On parle de poésie **élégiaque** lorsque le poète se plaint de la perte d'un être cher, par exemple lorsque Victor Hugo se rend sur la tombe de sa fille Léopoldine.

  Ex. : « [...] Je marcherai les yeux fixés sur mes pensées,
  Sans rien voir au dehors, sans entendre aucun bruit,
  Seul, inconnu, le dos courbé, les mains croisées,
  Triste, et le jour pour moi sera comme la nuit. [...] »
  Victor Hugo, « Demain, dès l'aube... », 1847.

> **Mot-clé**
>
> ***Topos*** **:** un *topos* (des *topoi*) est un thème récurrent.
> ***Ex. :*** la fuite du temps, l'image de la femme associée à une rose, etc.

- **La description du monde.** La poésie peint la beauté de la **nature** ou du **monde moderne** de la ville. Le poète prend aussi parfois pour matière poétique des **objets banals** de la vie quotidienne (« Le Buffet », Arthur Rimbaud).

- **Le déchiffrement du monde.** Le poète est un **visionnaire** qui déchiffre le monde et le cœur des hommes pour leur révéler ce qu'ils ne perçoivent pas. Pour Victor Hugo, le poète est un prophète qui détient la vérité ; pour Arthur Rimbaud, « le poète se fait voyant par un long, immense et raisonné dérèglement de tous les sens. »
- **L'engagement dans la société.** Les poètes, tels que Paul Éluard ou Louis Aragon, peuvent **prendre parti** pour une cause ou dénoncer une injustice.
- **Le jeu avec le langage.** Le poète interroge le langage et **joue** avec les mots. Jacques Prévert utilise volontiers des jeux de mots dans son recueil *Paroles*.

B Qu'est-ce que la versification ?

Définition

La versification est l'ensemble des règles qui régissent la mise en vers (rime, rythme, strophe, etc.).

> **Attention !**
> La poésie n'est **pas toujours versifiée !** Certains poèmes sont écrits en prose et ne comportent ni vers ni rimes, mais jouent sur le rythme, les sons et les images.

L'étude de la versification

- **La mesure du vers**

– Le **vers** constitue une unité rythmique marquée graphiquement par un retour à la ligne. Il se mesure d'après le nombre de ses **syllabes (mètres)**.

> **Rappel**
> Le **e muet** ne compte pas en fin de vers ni devant une voyelle à l'intérieur d'un vers.

– Lorsque le type de mètre est identique, les vers sont dits **réguliers**. Quand le poète utilise plusieurs types de mètre, les vers sont dits **libres**.

– Les vers les plus fréquents sont l'**octosyllabe** (8 syllabes), le **décasyllabe** (10 syllabes) et l'**alexandrin** (12 syllabes).

> **Attention !**
> **Deux voyelles** qui se suivent dans un seul mot peuvent se prononcer différemment.
> *Ex. :* **lieu → 1 seule syllabe** = une **synérèse**.
> pa/**ssi/on → 2 syllabes** = une **diérèse**.
> La diérèse permet de mettre un mot en relief.

– La **césure** d'un vers est une « coupe ou repos qui divise le vers après une syllabe accentuée » (Dictionnaire Hachette). Elle marque une pause.

– L'**hémistiche** est la moitié d'un vers, coupé par une césure.

Ex. : « Et rose, elle a vécu // ce que vivent les roses »
François de Malherbe, 1599.
L'alexandrin est marqué par une césure à la moitié du vers (6/6) :
on dit que le vers a une césure à l'hémistiche.

- **La composition en strophes**

Les vers sont fréquemment regroupés en strophes. La **strophe** est un « groupe de vers formant un système de rimes complet » (Dictionnaire Hachette). Elle est séparée graphiquement par un blanc.

Mot-clé

Sonnet : poème composé de 2 quatrains et 2 tercets.

Type de strophe	distique	tercet	quatrain	quintil	sizain	huitain	dizain
Nombre de vers	2 vers	3 vers	4 vers	5 vers	6 vers	8 vers	10 vers

C La poésie comme terrain de jeu

Le jeu sur les rimes

Les rimes participent de la **musicalité** d'un poème, souvent écrit pour être lu ou récité.

- **Les rimes** se caractérisent par la **répétition** du même son à la fin de deux vers différents.

- **La qualité des rimes** varie selon le **nombre de sons** en commun.

Type de rime	rime pauvre	rime suffisante	rime riche
Caractéristique	1 son commun	2 sons communs	au moins 3 sons communs
Exemple	joli / mari	pointu / têtu	ombre / sombre

- **La disposition des rimes** diffère : les rimes peuvent être **plates** ou **suivies** (aabb), **embrassées** (abba) ou **croisées** (abab).

Exemple de rimes croisées :

« Souvent, pour s'amuser, les hommes d'équip**age** (a)
Prennent des albatros, vastes oiseaux des **mers**, (b)
Qui suivent, indolents compagnons de voy**age**, (a)
Le navire glissant sur les gouffres a**mers**. [...] » (b)
Charles Baudelaire, « L'Albatros », 1859.

Le jeu sur le rythme

L'enjambement, le rejet et le contre-rejet introduisent des **variations rythmiques** qui mettent en relief certains mots ou groupes de mots.

- **L'enjambement** est un **débordement** de la phrase sur le vers suivant.

Ex. : « Et dès lors je me suis baigné **dans le Poème**
De la mer, infusé d'astres et lactescent [...] »
Arthur Rimbaud, « Le Bateau ivre », 1871.

- **Le rejet** est un **élément court** (1 ou 2 mots) rejeté au vers suivant, terminant brutalement la phrase.

  Ex. : « [...] Petit-Poucet rêveur, j'égrenais dans ma course
  Des rimes. Mon auberge était à la Grande-Ourse [...] »
  Arthur Rimbaud, « Ma Bohème », 1870.

- **Le contre-rejet** est un **élément court** qui amorce à la fin d'un vers une phrase développée au vers suivant.

  Ex. : « Souvenir, souvenir, que me veux-tu ? **L'automne**
  Faisait voler la grive à travers l'air atone [...] »
  Paul Verlaine, « Nevermore », 1866.

Le jeu sur les images

La poésie sollicite l'**imagination** du lecteur et rend compte de la **sensibilité** du poète qui crée des images inédites : comparaison*, métaphore*, personnification, allégorie*, etc.

2 La littérature d'idées

A Qu'est-ce que la littérature d'idées ?

Définition

La littérature d'idées regroupe tous les textes appartenant aux **genres argumentatifs** qui permettent aux auteurs de défendre une idée. Ces textes abordent des champs de réflexion vastes : littéraire, philosophique, politique, social, esthétique, éthique, scientifique, religieux, etc.

Les caractéristiques des textes d'idées

- **La thèse et le thème.** Par la littérature d'idées, un auteur défend une **thèse**, c'est-à-dire qu'il prend position sur un thème. Il faut distinguer la **thèse soutenue** par l'auteur et la thèse adverse, appelée **thèse réfutée**. Pour défendre sa thèse, l'auteur donne des **arguments** dans le but de remporter l'adhésion de la ou des personne(s) à qui il s'adresse : le(s) destinataire(s). Pour rendre ses arguments plus **concrets**, il les accompagne d'**exemples**.

- **Les deux stratégies pour argumenter.** Pour défendre sa thèse, l'auteur a recours à deux stratégies qui sont souvent **complémentaires** :
  – **Convaincre** : l'auteur s'adresse à la **raison** de son destinataire en s'appuyant sur sa logique (arguments, exemples, connecteurs logiques, etc.).
  – **Persuader** : l'auteur **touche** son destinataire en faisant appel à ses **sentiments** (lexique des émotions, tonalités pathétique, ironique, etc.).

B Les genres de l'argumentation

Définition

L'argumentation peut être **directe** ou **indirecte**. Dans l'argumentation directe, l'auteur prend **directement** la parole, utilise le *je* et formule clairement sa thèse. L'argumentation est indirecte lorsque l'auteur utilise **la fiction** pour faire passer sa thèse et délègue sa voix à un narrateur ou à des personnages.

Les formes de l'argumentation directe

- **L'essai** est un ouvrage en prose de **forme libre** dans lequel l'auteur exprime lui-même les mouvements de sa pensée sur un sujet (littéraire, politique, religieux, etc.). La thèse est clairement formulée.

- **La lettre ouverte** a un destinataire précis, mais l'auteur la rend publique pour toucher le plus grand nombre. Le lecteur est pris à témoin et appelé à prendre parti. Ainsi, Émile Zola, dans sa lettre ouverte « J'accuse… ! » parue en 1898 dans le journal *L'Aurore*, s'adresse au président de la République pour dénoncer la condamnation du capitaine Dreyfus, officier juif de l'armée française injustement accusé d'espionnage pour l'Allemagne.

- **Le pamphlet** est un texte **satirique** sur un **sujet d'actualité** qui s'en prend avec virulence à une personne ou à des institutions. Dans son pamphlet *Relation de la maladie, de la confession, de la mort et de l'apparition du jésuite Berthier,* en 1759, Voltaire ridiculise le rédacteur Berthier du *Journal de Trévoux* qui critiquait le travail des auteurs de *L'Encyclopédie* dirigé par Diderot et d'Alembert.

- **La maxime** énonce une **vérité générale** de façon concise et ingénieuse.

  Ex. : « Nous gagnerions plus de nous laisser voir tels que nous sommes, que d'essayer de paraître ce que nous ne sommes pas. »
  François de La Rochefoucauld, *Réflexions ou Sentences et Maximes morales*, 1664.

Les formes de l'argumentation indirecte

De nombreux romans, récits, nouvelles, pièces de théâtre peuvent constituer des textes d'idées relevant de l'argumentation indirecte. Cependant, les auteurs privilégient certains genres propres à l'argumentation indirecte.

- **La fable** est un récit qui met en scène des hommes, des animaux ou des végétaux. Elle contient souvent une **morale** explicite ou implicite (le lecteur doit alors la déchiffrer).

> **Auteur-clé**
>
> **La Fontaine (1621-1695)**
>
> Dans ses *Fables* (1668-1694), La Fontaine peint la **société** et les **travers** des hommes de son temps. Il souhaite instruire ses contemporains tout en les divertissant : « Je me sers d'animaux pour instruire les hommes », précise-t-il dans sa préface au Dauphin.
>
> 

- **Le conte :** récit **bref**, souvent merveilleux, qui contient une **morale**.
- **Le conte philosophique** est un conte qui traite d'**idées abstraites** comme *Candide* (1759) de Voltaire.

> **Mot-clé**
>
> **Apologue :** court récit à visée didactique. La fable et le conte sont des apologues.

- **L'utopie** décrit un monde ou une **société idéale**. Elle a une fonction critique parce qu'elle permet une réflexion philosophique et politique sur la société réelle. C'est Thomas More qui, en 1516, invente le terme avec son ouvrage *Utopie*.

C Les types de raisonnement

Le raisonnement déductif	– Le raisonnement part d'une constatation d'ordre général pour en déduire une remarque particulière. – Le raisonnement passe des principes aux conséquences, de la cause aux effets.
Le raisonnement inductif	Le raisonnement part d'un fait particulier observé pour en déduire une loi générale.
Le raisonnement par l'absurde	L'auteur détruit la thèse adverse en en montrant les conséquences absurdes.

> **À savoir**
>
> Le **syllogisme** est un type de raisonnement déductif résumé ainsi : A = B, or B = C, donc A = C. « Tous les hommes sont mortels, or Socrate est un homme, donc Socrate est mortel. »

Le raisonnement concessif	L'auteur commence par faire une concession et admettre la thèse adverse pour mieux affirmer, dans un second temps, le point de vue contraire.
Le raisonnement par analogie	L'auteur compare sa thèse à une situation semblable pour mieux la défendre.

D Les arguments non valides

Les arguments sont des idées qui appuient la thèse de l'auteur. Certains semblent valides alors qu'ils sont **faux**. Un bon lecteur apprend à identifier ces argumentations malhonnêtes.

L'argument d'autorité	L'auteur s'appuie sur une personne qui fait autorité.	***Ex. :*** « Marc me l'a dit, c'est donc vrai. »
Le sophisme	Le raisonnement est valide en apparence, mais un des éléments est faux.	***Ex. :*** « Tous les chats sont mortels. Or, Socrate est mortel. Donc Socrate est un chat. »
Le faux dilemme	C'est une fausse alternative.	***Ex. :*** « Si tu n'es pas avec moi, tu es contre moi. »

3 Le roman et le récit

A Que sont le roman et le récit ?

Définition

Le **récit** est une « narration de faits réels ou imaginaires ». Parmi tous les types de récit (fable, conte, lai, etc.) on trouve le **roman** qui est un « récit de fiction en prose, relativement long, qui présente comme réels des personnages dont il décrit les aventures, le milieu social, la psychologie » (Dictionnaire Hachette).

La construction du récit

- **Différentes étapes** structurent généralement le récit : la situation initiale, l'élément perturbateur, les péripéties, l'élément de résolution et la situation finale.
- **L'incipit** correspond aux **premières lignes** du roman. Il pose le cadre, l'intrigue et les personnages. Il suscite également l'intérêt du lecteur.

L'ordre du récit

L'ordre chronologique de la narration est souvent **perturbé** dans un récit par l'**analepse** (retour en arrière ou *flash-back)*, la **prolepse** (anticipation) ou des **récits enchâssés** (récit inséré dans un autre).

Le rythme du récit

Le rythme de la narration **varie**. Il dépend du rapport entre le **temps du récit** (le temps fictif des événements racontés) et le **temps de la narration** (le nombre de pages).

- **La pause** correspond au temps des **descriptions** et des **commentaires**. Le temps de l'histoire est arrêté.
- **Le sommaire** permet au narrateur de **résumer brièvement** de longs faits.
- **La scène** permet au lecteur d'assister à l'action quasiment en **temps réel**.
- **L'ellipse** passe volontairement un fait **sous silence**.

B Les personnages

Définition

Le personnage est une **création littéraire** conçue et voulue par un auteur. Plusieurs procédés permettent de donner vie à cet être d'encre et de papier et de le rendre vraisemblable.

Auteur, narrateur et personnage

- **L'auteur** est la personnelle **réelle** qui a écrit le roman.
- **Le narrateur** est la personne **fictive** qui raconte. Le narrateur peut être extérieur au récit. Celui-ci est alors raconté à la troisième personne. Si le narrateur est intérieur au récit, le récit est à la première personne.
- **Le personnage principal** est celui dont on raconte l'histoire. Il est souvent porteur de **valeurs**. Lorsqu'il est doté de qualités morales et physiques exemplaires, c'est un héros. Lorsqu'il ne présente pas ces caractéristiques, on parle d'**anti-héros**.
- **Les personnages secondaires** tissent des relations avec le personnage principal.

Attention !

Dans un **récit autobiographique,** l'auteur est à la fois le narrateur et le personnage. En 1964, Jean-Paul Sartre raconte ainsi ses souvenirs d'enfance dans *Les Mots*.

À savoir !

Dans la mythologie gréco-latine, le **héros** est un **demi-dieu.** Il est célèbre par son courage et sa grandeur d'âme exceptionnelle. Achille et Hercule sont des héros.

La construction des personnages

Le romancier fabrique ses **personnages.** Il leur donne :

- **Une identité :** un nom, un prénom, un âge, une profession, etc. Il est ancré dans une époque.
- **Un portrait :** des caractéristiques morales et physiques.
- **Une voix :** une façon de parler (discours rapportés).
- **Des pensées :** une personnalité (point de vue interne).

C Le point de vue (ou focalisation) du narrateur

Point de vue omniscient (focalisation zéro)	Le narrateur connaît tout de l'histoire et de ses personnages. Il peut voir ce que les personnages ne perçoivent pas et comprendre ce qu'ils ne comprennent pas.
Point de vue interne (focalisation interne)	Le narrateur épouse le point de vue interne d'un personnage. Il a alors une vision subjective.
Point de vue externe (focalisation externe)	Le narrateur est un témoin neutre extérieur à l'histoire. Il rend compte de ce qu'il voit sans avoir accès à ce que pensent les personnages. Le récit paraît ainsi objectif.

Attention !

Le **point de vue** peut changer ! On peut passer d'un point de vue externe à un point de vue interne.

D Les paroles des personnages

Le narrateur peut **rapporter** les paroles des personnages de différentes façons.

Discours direct	– Les paroles sont reproduites telles que le personnage les prononce. – Présence de verbes de parole avant, après ou en incise. – Présence de guillemets, tirets, ponctuation expressive (?, !, etc.).	*Ex. :* « C'est plus affreux encore que vous ne pouvez le croire ! » dit-il avec calme. (Agatha Christie, *Le Meurtre de Roger Ackroyd*, 1926)
Discours indirect	– La parole se fond dans le récit. – Les paroles rapportées sont introduites par des subordonnées complétives (*que*, interrogatives indirectes, infinitives). – Absence de guillemets et de tirets.	*Ex. :* Il dit avec calme que c'était encore plus affreux qu'il ne pouvait le croire.
Discours indirect libre	– Mélange des discours direct et indirect. La parole se fond dans le récit, mais on perçoit l'intonation. – Marques de l'oralité du discours direct. – Absence de guillemets et de tirets.	*Ex. :* Il dit avec calme que c'était encore plus affreux qu'il ne pouvait le croire !

4 Le théâtre

A Qu'est-ce que le théâtre?

Définition

Le théâtre est un « genre littéraire qui consiste en la production d'œuvres destinées à être jouées par des acteurs » (Dictionnaire Hachette).

Les conventions théâtrales

Le théâtre est écrit pour être joué. Cette spécificité entraîne des **contraintes** d'écriture.

- **Une illusion acceptée :** le théâtre repose sur un accord implicite avec le spectateur qui accepte d'emblée de croire que ce qui se déroule sur scène est vrai alors que ce n'est qu'**artifice**.

> **À savoir !**
> Pour **Aristote** (IVe siècle av. J.-C.), le théâtre est ***mimesis,*** c'est-à-dire qu'il donne à voir au lieu de raconter.

- **Le quatrième mur** représente la **frontière imaginaire** entre d'un côté l'espace scénique éclairé et, de l'autre, la salle où les spectateurs sont plongés dans la pénombre.
  Les représentations contemporaines brisent fréquemment le quatrième mur.
- **La double énonciation** est le fait de s'adresser simultanément à **deux destinataires** différents. Le personnage sur scène s'adresse à un autre personnage, mais aussi aux spectateurs dans la salle.

B Le texte théâtral

La parole

- **Les dialogues** représentent les paroles échangées entre les personnages.
- **La réplique** est ce qu'un acteur répond à un autre.
- **La tirade** est une longue réplique.
- **La stichomythie** est un dialogue contenant une succession de répliques brèves.
- **L'aparté** est une réplique brève prononcée par un personnage à l'insu des autres personnages. L'aparté crée une connivence avec le spectateur.

– Le **monologue** est une tirade prononcée par un personnage **seul** sur scène. Celui-ci peut exprimer ses sentiments, exposer une situation ou faire un récit d'événements qui n'ont pas eu lieu sur scène. Le personnage peut s'adresser à lui-même, à quelqu'un d'absent, à un objet, mais sa tirade est toujours destinée aux spectateurs.

Les didascalies

- **Les didascalies** sont des **indications** données au metteur en scène et aux acteurs pour préciser le nom des personnages, le lieu, l'époque, le décor, le costume, mais aussi les gestes et les intonations.
- **L'italique ou les parenthèses** signalent les didascalies. Elles ne sont pas prononcées par les acteurs. Quasiment inexistantes dans le théâtre classique, elles prennent de plus en plus de place dans le texte théâtral à partir du XIXe siècle.

La structure d'une pièce théâtrale

- **Les actes** représentent tous une **partie** de l'action. Chaque acte se compose d'une suite de **scènes** ayant chacune une unité. Chaque scène est marquée par l'entrée ou la sortie d'un personnage. À l'époque classique, une pièce devait contenir **cinq** actes.

> **À savoir !**
> Les **entractes** (entre les actes) permettaient au XVIIe siècle de changer les décors et surtout les bougies qui éclairaient la scène.

- **La scène d'exposition** présente les **personnages** et l'**intrigue**.
- **Le nœud** correspond au moment où le **conflit** éclate.
- **Les péripéties** désignent les **bouleversements** de l'action dramatique.
- **Le dénouement** est la **dernière partie** de la pièce où les conflits sont résolus. La fin est parfois en forme de *deus ex machina* lorsqu'une **présence divine** intervient, souvent figurée sur scène par une machinerie comme pour le dénouement de *Dom Juan* (1665) de Molière.

C La mise en scène

Définition

La mise en scène est l'organisation matérielle de la représentation d'une pièce. Elle est dirigée par un **metteur en scène**.

Le rôle du metteur en scène

Le metteur en scène peut être l'auteur de la pièce ou une personne différente. Aujourd'hui, de nombreux auteurs contemporains mettent en scène leurs propres textes, tels qu'Olivier Py ou Wajdi Mouawad. Le metteur en scène **dirige** les acteurs et leur jeu, mais effectue aussi des **choix** sur les **éléments matériels** de la représentation.

- **Le décor et les costumes** peuvent **respecter** le style de l'époque et le lieu de l'intrigue ou être en **décalage**.
- **L'éclairage, la musique, la danse, les bruitages, les vidéos, etc.** créent une atmosphère et donnent du sens à l'œuvre. La musique et la danse ont accompagné le théâtre depuis sa création. D'autres arts contemporains, comme les **arts numériques**, témoignent d'une mise en scène en perpétuel **renouvellement**.
- **L'adaptation** d'une pièce varie d'un metteur en scène à l'autre. Un seul texte porte en lui une infinité de mises en scène possibles.

À savoir !

Certains **metteurs en scène,** tels que Jean Vilar ou Louis Jouvet, prennent le parti de rester très fidèles au texte de l'auteur tandis que d'autres préfèrent s'en éloigner.

EXERCICES

1 30 min ★★ Le genre poétique

« Quand le ciel bas et lourd pèse comme un couvercle
Sur l'esprit gémissant en proie aux longs ennuis,
Et que de l'horizon embrassant tout le cercle
Il nous verse un jour noir plus triste que les nuits ;

Quand la terre est changée en un cachot humide,
Où l'Espérance, comme une chauve-souris,
S'en va battant les murs de son aile timide
Et se cognant la tête à des plafonds pourris ; [...] »

Charles Baudelaire, « Quand le ciel bas et lourd », *Fleurs du Mal*, 1857.

Répondez aux questions posées.

1. Le poème ci-dessus est-il versifié ? Si oui, identifiez le type de strophes, les vers et la qualité des rimes. Les choix en matière de versification sont-ils originaux ?

2. Quels procédés Baudelaire utilise-t-il pour exprimer son « spleen », c'est-à-dire son angoisse ?

→ *Corrigé p. 218*

2 20 min ★ La littérature d'idées

Répondez aux questions posées.

1. Dans la liste suivante, soulignez en rouge les genres de l'argumentation directe et en bleu ceux de l'argumentation indirecte : l'essai, la lettre ouverte, le conte, le pamphlet, l'utopie, la fable.

2. Pour chaque citation, identifiez le type de raisonnement utilisé :

a) « Si j'avais à soutenir le droit que nous avons eu de rendre les nègres esclaves, voici ce que je dirais. » Montesquieu, « De l'esclavage des nègres », *Essais*, 1580.

b) Tous les hommes sont mortels, or Socrate est un homme, donc Socrate est mortel.

c) « L'homme d'État regrette les hommes destinés à la guerre comme un propriétaire regrette la terre employée à former le fossé qui est nécessaire pour conserver le champ. » François Quesnay, article « Grains », *L'Encyclopédie*, 1769.

3. Montrez que « Melancholia », extrait des *Contemplations* (1856) de Victor Hugo est un poème engagé.

« [...] Où vont tous ces enfants dont pas un seul ne rit ?
Ces doux êtres pensifs que la fièvre maigrit ?
Ces filles de huit ans qu'on voit cheminer seules ?
Ils s'en vont travailler quinze heures sous des meules
ils vont, de l'aube au soir, faire éternellement

dans la même prison le même mouvement.
Accroupis sous les dents d'une machine sombre,
Monstre hideux qui mâche on ne sait quoi dans l'ombre,
Innocents dans un bagne, anges dans un enfer,
Ils travaillent. Tout est d'airain, tout est de fer.
Jamais on ne s'arrête et jamais on ne joue
Aussi quelle pâleur ! La cendre est sur leur joue. [...] »

→ *Corrigé p. 218*

3 30 min ★★★ Le roman et le récit

Emma Bovary se rend à un bal et assiste au repas.

« [...] Madame Bovary remarqua que plusieurs dames n'avaient pas mis leurs gants dans leurs verres. Cependant, au haut bout de la table, seul parmi toutes ces femmes, courbé sur son assiette remplie et la serviette nouée dans le dos comme un enfant, un vieillard mangeait, laissant tomber de sa bouche des gouttes de sauce. Il avait les yeux éraillés et portait une petite queue enroulée d'un ruban noir. C'était le beau-père du marquis, le vieux duc de Laverdière, l'ancien favori du comte d'Artois, dans le temps des parties de chasse au Vaudreuil, chez le marquis de Conflans, et qui avait été, disait-on, l'amant de la reine Marie-Antoinette entre MM. De Coigny et de Lauzun. Il avait mené une vie bruyante de débauches, pleine de duels, de paris, de femmes enlevées, avait dévoré sa fortune et effrayé toute sa famille. Un domestique derrière sa chaise, lui nommait tout haut, dans l'oreille, les plats qu'il désignait du doigt en bégayant ; et sans cesse les yeux d'Emma revenaient d'eux-mêmes sur ce vieil homme à lèvres pendantes, comme sur quelque chose d'extraordinaire et d'auguste. Il avait vécu à la cour et couché dans le lit des reines ! [...]»

Gustave Flaubert, *Madame Bovary*, 1857.

Répondez aux questions posées.

1. Le narrateur est-il interne ou externe ? Quel est le point de vue adopté ?
2. Quel regard le narrateur pose-t-il sur Emma ?

→ *Corrigé p. 219*

4 20 min ★★ Le théâtre

Répondez aux questions posées.

1. Pour la critique Anne Ubersfeld, « l'une des caractéristiques les plus étonnantes du théâtre, la moins visible mais peut-être la plus importante, c'est son caractère incomplet. » Expliquez cette citation.
2. *En attendant Godot* de Samuel Beckett s'ouvre par cette didascalie : « Route à la campagne, avec arbre. » Vous êtes metteur en scène. Quels choix faites-vous pour représenter l'arbre sur scène ?

→ *Corrigé p. 219*

CORRIGÉS

1 → *Énoncé p. 216*

1. Ce poème de Charles Baudelaire est **versifié**. Il forme une suite de **quatrains d'alexandrins**. Les rimes sont **riches** puisqu'elles sont composées d'au moins trois sons communs pour les mots mis à la rime. Baudelaire reprend une **forme traditionnelle**. L'angoisse et la mélancolie constituent un ***topos*** poétique. Pourtant, l'auteur nous livre un poème inédit grâce à la façon très singulière qu'il a de décrire son « spleen ».

2. Baudelaire utilise plusieurs **procédés** pour exprimer son angoisse. Tout d'abord, il donne à voir son « spleen » grâce à de nombreuses **images**. Il a notamment recours à plusieurs **comparaisons** : le ciel écrase ses pensées « comme un couvercle » (v. 1), l'Espérance est animalisée en « chauve-souris » (v. 6) et on relève l'**oxymore** « jour noir » (v. 4). En outre, les termes « couvercle » et « cercle » mis à la rime insistent sur la forme circulaire qui mime l'enfermement. Le poète donne aussi à entendre son angoisse avec la mention de « l'esprit gémissant ». Le bruit de la chauve-souris qui se cogne aux parois de la prison est renforcé par l'allitération en [t] avec « battant » et « tête ».

> **Rappel**
> Un **oxymore** désigne deux termes unis dans un groupe de mots mais dont le sens est opposé.

Le « spleen » baudelairien, qui est au départ une affection purement mentale et abstraite, est ici matérialisé et rendu sensible grâce à des images et à des **effets sonores**.

2 → *Énoncé p. 216*

1. l'essai, **la lettre ouverte**, **le conte**, **le pamphlet**, **l'utopie**, **la fable**.

2. *a)* Par l'**absurde**. Le philosophe des Lumières reprend les arguments des esclavagistes pour mieux dénoncer leur absurdité. Ce texte ironique est une condamnation féroce de l'esclavage. *b)* **Déductif**. **Syllogisme**. Il se résume en logique par A = B or B = C donc A = C. *c)* Par l'**analogie**.

3. Dans ce **poème engagé**, Victor Hugo dénonce le travail des enfants. Il cherche à **persuader** son lecteur en faisant appel à ses sentiments et notamment à sa pitié. La **tonalité pathétique** domine en effet l'extrait. La suite des **questions** permet d'abord d'impliquer son destinataire. Le poète crée un jeu de **contrastes** pour montrer l'opposition entre le monde innocent de l'enfance et la monstruosité du travail : « innocents dans un bagne », « anges dans un enfer ». Le **rejet** « ils travaillent » insiste sur cette action avilissante. La **phrase exclamative** renforce l'indignation.

> **Conseil**
> Reportez-vous à la page 220 pour réviser les différentes **tonalités** d'un texte.

3 → *Énoncé p. 217*

1. Il s'agit ici d'une narration à la **troisième personne** : le narrateur est **externe** à l'histoire. Il connaît le nom et le passé du vieil homme qu'observe Emma. À première vue, le point de vue est omniscient. Toutefois, on observe également l'utilisation du point de vue **interne** à Emma comme le montre le verbe « remarqua ». La scène de repas est décrite du point de vue d'Emma. Le lecteur suit son regard en observant d'abord les verres puis le « vieil homme ».

2. Le narrateur porte un regard **ironique** sur le personnage d'Emma. En effet, l'utilisation du point de vue **interne** à Emma permet de traduire son émerveillement qui est ici très naïf, voire ridicule. En effet, la jeune femme s'enthousiasme devant un homme vulgaire, sale et de mœurs légères. Le **décalage** entre la réaction excessive d'Emma et la bassesse des faits et gestes de « cet homme à lèvres pendantes » crée de l'ironie. L'utilisation du **discours indirect libre** à la fin de l'extrait donne à entendre à la fois le ravissement d'Emma, marqué par l'exclamation, mais aussi la moquerie du narrateur par rapport à la naïveté d'Emma : « Il avait vécu à la cour et couché dans le lit des reines ! ».

> **À savoir**
>
> La **tonalité ironique** sous-entend le contraire de ce qui est exprimé. Elle fait sourire aux dépens de quelqu'un qui est ridiculisé.

4 → *Énoncé p. 217*

1. La critique Anne Ubersfeld rappelle ici que la spécificité du genre théâtral réside dans le fait qu'il est **écrit pour être joué**. Le texte théâtral est bien un texte par nature incomplet, un texte à trous, une énigme à l'usage des metteurs en scène. Pour reprendre sa thèse, c'est dans **le passage de la page à la scène** que le texte trouverait « ses réponses » et que les lacunes se verraient comblées. L'auteur et le **metteur en scène** se livrent bien à des activités complémentaires. Le metteur en scène est donc à la fois là pour révéler ce que suggère le texte théâtral mais aussi pour l'interpréter. Toute mise en scène devient alors une invention, une **réécriture** de la pièce.

2. Il n'y a pas de bonne ou de mauvaise réponse pour cette question. L'important c'est d'être précis (matériaux utilisés, taille) et de voir que chaque choix débouche sur des **effets de sens** et sur une **interprétation** de la pièce. Ainsi, les metteurs en scène ont proposé des choix très divers : arbre en fer forgé, arbre symbolisé par un poteau électrique, arbre dénaturé en plante verte, arbre gigantesque.

> **Conseil**
>
> Reportez-vous à la page 215 pour réviser le rôle du **metteur en scène.**

CHAPITRE 9 La tonalité d'un texte

1 Qu'est-ce qu'une tonalité ?

A Tonalités et émotions

Définition

La tonalité d'un texte provient de l'**émotion** suscitée et ressentie à la lecture. Elle est le fruit d'une **intention** de la part de l'**auteur** qui cherche toujours à créer un **effet** sur son **lecteur**.

Identification

- **Le genre littéraire** ne détermine pas la tonalité. Par exemple, un roman peut être de tonalité comique ou tragique.
- **L'inscription dans une tradition littéraire.** Chaque auteur s'inscrit dans une **tradition** en reprenant une tonalité déjà existante mais en propose toujours une nouvelle version.
- **Une identification difficile. Plusieurs tonalités** peuvent coexister au sein d'un même texte. Un texte comique peut, par exemple, receler des tonalités satirique et ironique.

B Les principales tonalités

Tonalité	Effets recherchés	Procédés
Comique	– Faire rire ou sourire, distraire – Critiquer – Dédramatiser une situation	Différents types de comique : jeux de mots, situations décalées, quiproquos, comique de gestes, etc.
Ironique	– Faire rire, se moquer – Critiquer – Créer une complicité avec le lecteur	– L'antiphrase* (contraire de ce qui est pensé) – L'euphémisme* – L'hyperbole* – L'oxymore* – Procédés de mise à distance

Tonalité	Effets recherchés	Procédés
Satirique	Critiquer en faisant rire, se moquer	– Lexique péjoratif* – Exagérations*, hyperboles* – Caricature
Polémique	Susciter l'indignation et favoriser le débat	– Exagérations*, hyperboles* – Lexique des sentiments (indignation, révolte) – Lexique péjoratif* – Procédés de dévalorisation – Apostrophes*, exclamations
Tragique	Susciter la terreur et la pitié	– Lexique de la souffrance et fatalité (destin inéluctable) – Personnages victimes et coupables, en proie à un dilemme – Ponctuation forte
Pathétique	Susciter la pitié et la compassion	– Lexique des émotions (souffrance) – Ponctuation forte – Antithèses*
Lyrique	– Exprimer ses sentiments personnels – Prendre le lecteur comme confident	– Présence du *je* – Lexique des sentiments – Hyperboles* – Apostrophes* – Ponctuation forte
Épique	Susciter l'admiration, l'effroi	– Description d'exploits guerriers – Lexique de l'héroïsme, de la grandeur – Personnifications – Exagérations*, hyperboles*

2 Les tonalités comique et ironique

A La tonalité comique

Définition

La tonalité comique suscite le **rire**. La palette des émotions liées au comique est très large : elle va du rire franc de la farce au trait d'esprit raffiné qui fait naître le sourire.

Citation

« Le Comte : Qui t'a donné une philosophie aussi gaie ?
Figaro : L'habitude du malheur. Je me presse de rire de tout, de peur d'être obligé d'en pleurer. »
Beaumarchais, *Le Barbier de Séville*, 1775.

De nombreuses nuances

Les **nuances** de la tonalité comique sont nombreuses : tonalités ironique, satirique, parodique, burlesque (situation sérieuse décrite de manière triviale) ou héroï-comique (situation triviale décrite de manière sérieuse). L'**humour noir** permet d'évoquer l'absurdité ou la cruauté du monde comme la mort. L'**absurde** permet de rire d'une situation illogique dont le sens nous échappe.

Les fonctions

- **Divertir le lecteur.** Molière utilise toutes les ressources du comique dans son œuvre théâtrale pour **distraire** son public (*Les Précieuses ridicules, Le Bourgeois gentilhomme*, etc.).
- **Dédramatiser les peurs,** les angoisses, les tabous. François Rabelais, dans *Gargantua*, fait de nombreuses allusions scatologiques et brise certains tabous corporels.
- **Instruire.** Au-delà de sa fonction ludique, le comique est une arme qui vise à dénoncer les **travers** des hommes ou à prendre parti pour une cause. Ainsi Victor Hugo, dans *Les Misérables,* défend les gens de basse condition sociale contre l'indifférence de la société.

Un art du décalage

- **Le décalage** entre une situation **sérieuse** et un propos **ridicule**.
- **Le décalage** entre le **propos** et la **façon** de le raconter.
- **Le décalage** entre une **situation attendue** et son **résultat** (effet de surprise).
- **Le décalage** entre le propos **explicite** et le sous-entendu **implicite**.
- **Les types de comique.**
  – Le comique de **langage** : répétition d'un même mot, jeu de mots, dialogue de sourds, etc.

Ex. : « Bélise : Veux-tu toute ta vie offenser la grammaire ?
Martine : Qui parle d'offenser grand'mère ni grand'père ? »
Molière, *Les Femmes savantes*, Acte II, scène 6, 1672.

– Le comique de **gestes** : chute, gestes qui se répètent, coups de bâton, grimaces.
– Le comique de **situation** : quiproquo, personnage caché, rebondissements, etc. Dans *L'Affaire de la rue Lourcine* (1857) d'Eugène Labiche, le protagoniste, Lenglumé, ne se rappelle plus pourquoi le matin, après une soirée de beuveries, un ancien élève de son lycée se retrouve dans son lit. Cette situation vaudevillesque engendre une succession de rebondissements et de quiproquos.
– Le comique de **caractère** : l'auteur force les traits du personnage ou le caricature. Ainsi, dans *Le Médecin malgré lui*, Molière dépeint Sganarelle comme un être misogyne.

Ex. : « Sganarelle : Et qui est ce sot-là, qui ne veut pas que sa femme soit muette ? »
Molière, *Le Médecin malgré lui*, 1666.

– Le comique de **mœurs** critique les coutumes et les conduites des hommes d'une époque. *Les Caractères* (1688) de Jean de La Bruyère dressent des portraits acerbes des hommes du XVIIe siècle.

B La tonalité ironique

Définition et fonction

La tonalité ironique repose sur un **décalage** : l'auteur cherche à faire comprendre le **contraire** de ce qu'il dit. L'ironie est principalement utilisée dans la littérature d'idées. Ce procédé est parfois difficile à **déceler**.

Ex. : « Le sucre serait trop cher, si l'on ne faisait travailler la plante qui le produit par des esclaves. »
Montesquieu, « De l'esclavage des Nègres », *De l'esprit des lois*, 1748.

L'auteur feint ici d'adopter le point de vue des esclavagistes en reprenant leurs arguments pour mieux critiquer l'esclavage.

Les procédés

- **L'antiphrase*** permet de dire le **contraire** de ce qu'elle énonce. Le titre de roman de Simone de Beauvoir, *Mémoires d'une jeune fille rangée* (1958) est une antiphrase.

- **L'euphémisme*** *(voir p. 239)*.
- **L'hyperbole** *(voir p. 239)* : l'auteur **exagère** son discours pour mieux en dénoncer l'absurdité. À l'oral, l'intonation change et le ton de la voix prend appui sur les mots importants.

- **Les modalisateurs :** *bien sûr, évidemment*, etc.
- **La ponctuation** *(voir p. 240)* : l'exclamation, les points de suspension, etc.

Ex. : Candide : « Rien n'était **si** beau, **si** leste, **si** bien ordonné que les deux armées.

Exagération et répétition. Rythme ternaire.

Les trompettes, les fifres, les hautbois, les tambours, les canons formaient

Accumulation. Exagération.

une **harmonie** telle qu'il n'y en eut jamais en **enfer**. »

Antithèse — subordonnée complément circonstanciel de comparaison

3 Les tonalités satirique et polémique

A La tonalité satirique

Définition

La tonalité satirique a une **portée critique**. Elle est souvent employée dans la littérature d'idées.

Les fonctions

- **Dénoncer.** Le satiriste critique les **travers** ou les **idées** d'un individu, d'un groupe social. Il se moque des mœurs, des habitudes d'une société, des coutumes d'un pays.
- **Caricaturer.** Le satiriste **dévalorise** son adversaire, tourne en dérision ses idées, les ridiculise et suscite le **rire**. Dans la *Satire III*, « Le repas ridicule » (1665), Boileau décrit un repas grotesque donné par un homme prétentieux et de mauvais goût. Au ridicule du festin peu appétissant se mêle le ridicule des conversations sur les auteurs à la mode et les affaires du temps.

Les procédés

- **L'hyperbole** *(voir p. 239)*.
- **L'accumulation** *(voir p. 238)*.

- **Un lexique péjoratif.** L'auteur use d'un vocabulaire caustique et de termes **dévalorisants.** L'humoriste français Pierre Desproges dévalorise ainsi le football en usant de la périphrase suivante pour désigner les matchs :

> **Attention !**
> Ne confondez pas la **satire,** mot féminin écrit avec un *-i,* avec le **satyre,** mot masculin écrit avec un *-y,* désignant dans la mythologie grecque une divinité à corps humain, à cornes et pieds de bouc.

« Les dégradantes contorsions manchotes des hordes encaleçonnées sudoripares qui se disputent sur le gazon l'honneur minuscule d'être champions de la balle au pied. »
Pierre Desproges, *Chroniques de la haine ordinaire*, 16 juin 1986.

B La tonalité polémique

Définition

Tout comme la tonalité satirique, la tonalité polémique a une **portée critique**, mais elle ne suscite pas le rire : elle crée l'**indignation** chez le lecteur. Elle est également souvent employée dans la littérature d'idées pour convaincre et persuader (pamphlet, lettre ouverte, débat, discours).
Le terme *polémique* vient du grec *polemos* (« la guerre, le combat »). La tonalité polémique mène donc un combat grâce aux mots. L'expression *faire polémique* signifie *faire débat*.

Les procédés

- **Un lexique péjoratif.** L'auteur cherche à **dévaloriser** son adversaire ou à **réfuter** sa thèse.
- **Les champs lexicaux** *(voir p. 237)* **des valeurs et des sentiments :** champ lexical* de la révolte, du bien, du mal, etc.
- **Des figures d'insistance** *(voir p. 238)* : hyperboles*, accumulations*, etc.
- **Des figures de construction** *(voir p. 239)* : chiasmes*, phrases amples, anaphores*, etc.

4 Les tonalités tragique et pathétique

A La tonalité tragique

Définition et fonction

Selon Aristote, la tragédie doit susciter la **terreur** et la **pitié** des spectateurs. Les personnages souffrent parce qu'ils sont en proie au destin et qu'ils ne peuvent donc rien contrôler. La tonalité tragique n'est pas réservée à la tragédie, tous les genres littéraires peuvent être de tonalité tragique.

> **À savoir !**
> Les **principes** de la tragédie ont été théorisés par **Aristote** dans l'Antiquité dans la *Poétique*. Ils ont été repris au XVIIe siècle par les dramaturges classiques, notamment Racine.

Les motifs tragiques

- **La fatalité :** les personnages sont victimes de la **fatalité**, condamnés à un **destin inéluctable** et **funeste**. Une force supérieure (les dieux ou le destin) guide les actions humaines. Œdipe, dans *Œdipe Roi* (425 av. J.-C.) de Sophocle, tente en vain d'échapper à son destin prédit par un oracle (« tu tueras ton père et épouseras ta mère »).

> **Mot-clé**
> **Inéluctable :** inexorable, qui arrive nécessairement.

- **Les personnages sont à la fois victimes et coupables.** Le personnage de Médée, dans *Médée* (1635) de Corneille, est victime de son mari Jason qui l'abandonne et la trompe avec Créuse. Pour se venger, Médée tue les enfants qu'elle a eus avec Jason. Ainsi, elle devient aussi coupable de cet infanticide.
- **Le héros est en proie à un dilemme.** Le roi Titus, dans *Bérénice* (1670) de Jean Racine, est face à un choix difficile : il aime Bérénice, reine de Palestine, et s'apprête à l'épouser. Mais le Sénat s'oppose à cette union avec une reine étrangère. Titus doit donc choisir entre son amour pour Bérénice et ses devoirs de souverain.

Les procédés

- **Les champs lexicaux** *(voir p. 237)* de la souffrance, de la mort, du désespoir, de la colère.
- **Les figures d'insistance** *(voir p. 238)* : exagérations*, accumulations*.
- **Une ponctuation forte.**

- **Des phrases exclamatives ou interrogatives avec des allusions à la fatalité :** apostrophes (*Ô Dieu !*), interjections (*Hélas !*, *Ciel !*), etc.
- **L'emploi du futur à valeur prophétique** qui annonce une issue fatale et l'accomplissement du destin.

B La tonalité pathétique

Définition et fonction

Pathétique vient du grec *pathos* qui signifie « souffrance ». La douleur éprouvée par les personnages suscite la **compassion** ou la **pitié** du lecteur. La tonalité pathétique est essentielle dans la tragédie, mais elle est également fréquente dans la littérature d'idées pour persuader le lecteur. Victor Hugo, dans « Melancholia » (1856), dénonce le travail des enfants et exprime leur souffrance.

Ex. : « Où vont tous ces enfants dont pas un seul ne rit ?
Ces doux êtres pensifs que la fièvre maigrit ?
Ces filles de huit ans qu'on voit cheminer seules ?
Ils s'en vont travailler quinze heures sous des meules. [...]
Innocents dans un bagne, anges dans un enfer,
Ils travaillent. Tout est d'airain, tout est de fer.
Jamais on ne s'arrête et jamais on ne joue.
Aussi quelle pâleur ! La cendre est sur leur joue. [...] »

Les procédés

- **Les champs lexicaux** *(voir p. 237)* de la souffrance, du désespoir.
- **Les figures d'insistance** *(voir p. 238)* : exagérations*, accumulations*.
- **Une ponctuation forte** marquée par les phrases interrogatives et exclamatives.
- **Des figures d'opposition** *(voir p. 239)* : antithèses* (« innocents » et « bagne », « anges » et « enfer »), oxymores*.

C Distinguer les tonalités tragique et pathétique

Il est nécessaire de distinguer ces deux tonalités si proches qui cohabitent souvent au sein d'un même texte.

	Tonalité tragique	Tonalité pathétique
Enchaînement des événements	Issue connue et inéluctable des événements, dictés par une force supérieure.	Événements non prévus d'avance (effet d'attente, de suspense).
Émotions suscitées	Émotions contradictoires, terreur et pitié.	Compassion du lecteur ou du spectateur, qui se met pleinement à la place du personnage et souffre avec lui.

5 La tonalité lyrique

A L'expression personnelle des sentiments

Définition et fonction

La tonalité lyrique se définit comme l'**expression personnelle** des **sentiments**. C'est la tonalité privilégiée des **poètes**, mais on la retrouve dans d'autres genres comme le roman (description lyrique de la nature) ou le théâtre (tirade lyrique).

Les procédés

- **L'utilisation du pronom personnel sujet *je*** est la **marque principale** du lyrisme. L'auteur peut s'adresser à lui-même, à l'être aimé, au lecteur. Marceline Desbordes-Valmore demande ici à son amant de ne pas lui écrire pour ne pas la faire souffrir :

  Ex. : « N'écris pas. Je suis triste, et je voudrais m'éteindre. / Les beaux étés sans toi, c'est la nuit sans flambeau. / J'ai refermé mes bras qui ne peuvent t'atteindre, / Et frapper à mon cœur, c'est frapper au tombeau. / N'écris pas ! »
  Marceline Desbordes Valmore, « Les séparés », *Poésies inédites*, 1860.

- **Le champ lexical des sentiments** grâce auquel l'auteur développe ses **états d'âme** et sonde son cœur en profondeur.
- **Les figures de comparaison, d'insistance, de construction** *(voir p. 237)* : métaphores*, comparaisons*, hyperboles*, anaphores*, périphrases*, etc.
- **Une ponctuation forte.** Les phrases **exclamatives** rendent compte des élans du cœur ; les **interrogatives** traduisent le doute, les interrogations et les égarements du cœur.

Les thèmes lyriques

La tonalité lyrique exprime la singularité d'une émotion ressentie mais aussi son **universalité** puisque le lecteur peut se reconnaître dans les mots du poète. Les thèmes lyriques, souvent repris, constituent des ***topoï***, c'est-à-dire des thèmes récurrents.

- **L'amour et ses variations :** séparation, deuil, amour impossible, plaisir et douleur d'aimer.
- **La fuite du temps et la solitude.**
- **La mélancolie, la nostalgie.** Le poète sénégalais Léopold Sédar Senghor évoque le souvenir de sa ville natale, Joal, dans un poème sur l'exil.

  Ex. : « Joal ! / Je me rappelle. / Je me rappelle les signares [femmes noires ou métisses] à l'ombre verte des vérandas / Les signares aux yeux surréels comme un clair de lune sur la grève. »
  Léopold Sédar Senghor, « Joal », *Poèmes*, 1964.

B De la lyre au lyrisme

- **« Lyrique »** vient du mot « lyre » qui désigne un **instrument à cordes** pincées de l'Antiquité. C'est, dans la mythologie grecque, l'instrument d'Apollon, dieu des arts, du chant et de la musique, et d'Orphée, poète musicien qui charme les bêtes sauvages avec son chant et sa lyre. Conformément aux origines du mot, la tonalité est toujours en lien avec la **musique**.
- **La musicalité** est parfois énoncée **explicitement** par l'auteur. Louise Labé commence ainsi un sonnet : « Luth, compagnon de ma calamité ». Le luth est ici comme un double de la lyre. La poétesse livre ses états d'âme amoureux et montre comment le luth transforme sa douleur d'aimer en une belle œuvre musicale.
  Des **procédés** liés à la musique viennent renforcer la tonalité lyrique : allitérations (répétition de sons consonantiques), assonances (répétition de sons vocaliques), travail sur la versification*, rimes*, répétitions*, etc.

6 La tonalité épique

A Épopée et tonalité épique

Définition

La tonalité épique est issue d'un genre spécifique, l'épopée, **long poème** racontant les exploits et hauts faits guerriers d'un héros ou la grandeur d'une nation ou d'un peuple.

À savoir !
À l'origine, l'**épopée** était un genre **oral,** souvent chanté.

Les principales épopées

	Épopées
IIIe millénaire av. J.-C.	L'*Épopée de Gilgamesh* est un récit de la Mésopotamie mettant en scène le roi de la cité d'Uruk.
Antiquité grecque	L'*Iliade* et l'*Odyssée* de Homère racontent la guerre de Troie et le retour d'Ulysse chez lui.
Antiquité latine	*L'Énéide* de Virgile suit les aventures d'Énée, un prince troyen dont descendent les fondateurs de Rome.
Moyen Âge	La *Chanson de Roland* (chanson de geste) narre les exploits du chevalier Roland, neveu de Charlemagne, et le massacre de Roncevaux.
XVIe siècle	*Les Tragiques* d'Agrippa d'Aubigné évoquent les guerres de Religion et en particulier les persécutions des protestants.
XIXe siècle	*La Légende des siècles* de Victor Hugo déroule l'histoire de l'humanité en poèmes.
XXe siècle	*Canto General* (1950), du poète chilien Pablo Neruda, chante l'histoire de l'Amérique latine.

B Les principaux motifs et procédés

Les motifs

La tonalité épique repose sur la célébration de la **grandeur** des héros et de leurs faits guerriers. Les **exploits** sont magnifiés et provoquent l'admiration du lecteur.

- **Le canto** (*je chante*) est un motif repris fréquemment. Il vient du premier vers de *L'Énéide* de Virgile :
  Arma virumque canto = je chante les armes et le héros
- **Une invocation aux Muses,** déesses de la musique, de la poésie et du savoir, dès le commencement de l'épopée.
- **La descente aux Enfers** ou **le voyage en mer** (Ulysse).

- **La monstruosité** ou **la grandeur des éléments naturels.** Des forces antagonistes s'affrontent.
- **Les descriptions des armes,** par exemple la description du bouclier d'Achille, forgé par Héphaïstos, dans l'*Iliade*.
- **L'arrêt sur image sur un geste guerrier.**

Ex. : « [...] Liboko se battait sur son sol, pour défendre sa ville et l'ardeur qui l'animait semblait ne jamais devoir le quitter. Il frappait sans cesse. [...] Soudain, il suspendit son bras. Un homme était à ses pieds. Là. À sa merci. Il pouvait lui fendre le crâne mais ne le faisait pas. Il resta ainsi. Le bras suspendu. [...] »
Laurent Gaudé, *La Mort du roi Tsongor*, 2002.

Les procédés

- **Les champs lexicaux*** de l'héroïsme et de l'action.
- **Les figures de comparaison** *(voir p. 237)* : métaphores*, allégories*, etc.
- **Les figures d'insistance** *(voir p. 238)* : répétitions*, gradations*, accumulations*, hyperboles*.

Ex. : « [...] Quand cette légion ne fut plus qu'une poignée, quand leur drapeau ne fut plus qu'une loque, quand leurs fusils épuisés de balles ne furent plus que des bâtons, quand le tas de cadavres fut plus grand que le groupe vivant, il y eut parmi les vainqueurs une sorte de terreur sacrée autour de ces mourants sublimes, et l'artillerie anglaise, reprenant haleine, fit silence. [...] »
Victor Hugo, *Les Misérables*, 1862.

- **Les figures de construction** *(voir p. 239)* : anaphores*, parallélismes*, etc.

7 Les tonalités du fantastique et du merveilleux

Les auteurs jouent avec le réel en cherchant à le reproduire ou à s'en écarter (**fantastique**), voire à s'en extraire totalement (**merveilleux**).

A La tonalité fantastique

Définition

La tonalité fantastique joue sur **les frontières** entre le **réel** et le **surnaturel**. L'intrigue fantastique est d'abord ancrée solidement dans le **réel** pour, ensuite, glisser vers le **surnaturel**.
Chez le lecteur, l'intrusion du surnaturel crée un effet d'**inquiétude**, d'étrangeté ou de peur.

Une histoire rationnelle ou irrationnelle ?

Le lecteur doute et ne sait pas si les événements sont **rationnels** ou non. Par exemple, dans la nouvelle fantastique *Le Horla* (1887) de Guy de Maupassant, le lecteur hésite sur l'explication à donner : l'histoire racontée est-elle explicable rationnellement ? (le narrateur est alors en proie à la folie, il a des hallucinations) ou ne l'est-elle pas ? (le narrateur est alors hanté par Le Horla, une créature surnaturelle qui le pousse à commettre des actions insensées).

Les thèmes privilégiés

La littérature fantastique privilégie les thèmes de la **folie**, de la **nuit**, des **lieux hantés** ainsi que le thème du **double.**

B La tonalité du merveilleux

Définition

Le mot vient du mot latin *mirabilia*, qui signifie « choses étonnantes, admirables ». Le merveilleux échappe au réel tout comme le fantastique, mais ne provoque ni angoisse ni inquiétude.
Le lecteur pénètre dans un monde **étrange** et **surnaturel** qu'il **accepte implicitement d'emblée**. Parfois une formule comme « Il était une fois... » indique au lecteur l'entrée de ce monde féerique.

Les motifs du merveilleux

Le merveilleux est la tonalité privilégiée du **conte**. Les personnages évoluent dans le monde des fées aux pouvoirs magiques, des personnages surnaturels comme les ogres, les maisons hantées, les enchantements et les objets et formules magiques.

Tonalité	Effets recherchés	Procédés
Fantastique	– Susciter le trouble, le doute, l'hésitation – Provoquer l'angoisse ou la peur	– Lexique de l'étrange – Modalisation du doute – Point de vue interne
Merveilleux	– Faire rêver – Émerveiller	– Motifs surnaturels – Univers du conte

EXERCICES

1 15 min ★★ Vrai ou faux ?

1. Une tonalité est toujours liée à un genre en particulier.
2. L'antiphrase est le procédé majeur de la tonalité ironique.
3. Il existe le comique de langage, de répercussion, de gestes, de comportement, de situation.
4. La tonalité satirique vise à critiquer en s'indignant.
5. Selon Aristote, la tragédie doit susciter la crainte et l'admiration du spectateur.
6. La tonalité lyrique entretient un lien avec la musique.
7. La tonalité épique ne concerne que les épopées.

→ *Corrigé p. 235*

2 30 min ★★★ Les tonalités

Pour chaque extrait, identifiez la tonalité en justifiant votre réponse par trois procédés littéraires.

1.

La Bruyère brosse le portrait de Gnathon dans ses Caractères.
« Le jus et les sauces lui dégouttent du menton et de la barbe ; s'il enlève un ragoût de dessus un plat, il le répand en chemin dans un autre plat et sur la nappe ; on le suit à la trace. »

2.

Dans cet extrait, Rodrigue triomphe des Maures et sauve son royaume. Il devient alors véritablement le Cid, son nom de guerrier.
« Don Rodrigue :
[...] Nous partîmes cinq cents ; mais par un prompt renfort
Nous nous vîmes trois mille en arrivant au port,
Tant, à nous voir marcher avec un tel visage,
Les plus épouvantés reprenaient de courage ! [...]
Ô combien d'actions, combien d'exploits célèbres
Sont demeurés sans gloire au milieu des ténèbres,
Où chacun, seul témoin des grands coups qu'il donnait,
Ne pouvait discerner où le sort inclinait ! [...] »

Corneille, *Le Cid*, Acte 4, scène 3, 1637.

3.

Phèdre est amoureuse de son beau-fils Hippolyte. Elle finit par lui avouer son amour coupable.

« Phèdre : [...] Eh bien ! connais donc Phèdre et toute sa fureur :
J'aime. Ne pense pas qu'au moment que je t'aime,
Innocente à mes yeux, je m'approuve moi-même,
Ni que du fol amour qui trouble ma raison,
Ma lâche complaisance ait nourri le poison ;
Objet infortuné des vengeances célestes,
Je m'abhorre encor plus que tu ne me détestes.
Les dieux m'en sont témoins, ces dieux qui dans mon flanc
Ont allumé le feu fatal à tout mon sang ;
Ces dieux qui se sont fait une gloire cruelle
De séduire le cœur d'une faible mortelle. [...] »

Racine, *Phèdre*, Acte 2, scène 5, 1677.

4.

Apollinaire revient dans sa « Chanson du mal-aimé » *sur sa liaison avec Annie Playden, rencontrée en Allemagne.*

« [...] J'ai pensé à ces rois heureux
Lorsque le faux amour et celle
Dont je suis encore amoureux
Heurtant leurs ombres infidèles
Me rendirent si malheureux [...] »

Guillaume Apollinaire, « La Chanson du mal-aimé », *Alcools*, 1913.

→ *Corrigé p. 235*

CORRIGÉS

1 → *Énoncé p. 233*

1. Faux. Une tonalité peut se trouver au sein de textes de genres variés.

2. Vrai.

3. Faux. Le comique de répercussion n'existe pas, pas plus que le comique de comportement. Il manque le comique de caractère à la liste.

4. Faux, elle critique en se moquant.

5. Faux. Elle doit susciter la crainte et la pitié.

6. Vrai.

7. Faux, même si toutes les épopées ont une tonalité épique.

2 → *Énoncé p. 233*

Extrait	Tonalité dominante	Procédés
1. ***Les Caractères***	satirique	Portrait caricatural de Gnathon / exagérations* / lexique du dégoût
2. ***Le Cid***	épique	Description du combat / lexique de l'héroïsme / hyperboles* valorisantes
3. ***Phèdre***	tragique	Personnage à la fois victime et coupable / lexique de la fureur / hyperboles* / antithèses*
4. **« La Chanson du mal-aimé »**	lyrique	Lexique de l'amour associé au malheur / pronom personnel sujet *je* / référence à la musique inscrite dans le titre

CHAPITRE 10

Les outils d'analyse d'un texte

1 L'énonciation d'un texte

A Le schéma de communication

Communication orale ou écrite	Un émetteur : celui qui envoie le message →	Un message →	Un récepteur : celui qui reçoit le message
En littérature	L'auteur →	Le texte écrit →	Le lecteur

B L'énonciation

Définition

La situation d'énonciation indique qui parle à qui et dans quel contexte. Les **marques** de l'énonciation répondent aux questions : Qui parle ? À qui ? De quoi ? Pour quelles raisons ? À quel moment ? Dans quel lieu ?

Énoncé ancré dans la situation d'énonciation (le théâtre, le discours, la lettre, etc.)	– Pronoms personnels (1re et 2e personnes) : *je, me, tu, te, nous, vous*. – Déterminants et pronoms démonstratifs : *ce, cet, cette, ces*. – Adverbes de lieu et de temps : *ici, maintenant*. – Présent d'énonciation et passé composé. – Adverbes : *probablement*, etc. ; locutions adverbiales : *peut-être*, etc. – Lexique qui relève de la subjectivité.
Énoncé coupé de la situation d'énonciation (conte, roman, article de presse)	– Pronoms personnels (3e personne) : *il, elle*, etc. – Présent de narration et passé simple. – Dates et lieux précis. – Absence de lexique relevant de la subjectivité.

2 L'analyse sémantique

A Qu'est-ce que l'analyse sémantique ?

Définition

L'analyse sémantique étudie les mots, et plus précisément leur **sens**. Les mots peuvent être étudiés **isolément** (étymologie d'un mot, définition d'un dictionnaire) ou dans leur **contexte**, en analysant les larges réseaux qu'ils tissent entre eux.

B Le sens propre et le sens figuré

- **Le sens propre** désigne le **sens premier** d'un mot, qui est souvent **concret**. C'est le sens le plus **courant.**
- **Le sens figuré** désigne un sens qui dérive du sens premier, souvent plus **abstrait** et plus **imagé**. Le **contexte** permet de dire dans quel sens le mot est utilisé.
- **Le jeu de mots** qui repose sur le **double sens.** Les auteurs utilisent parfois le sens propre et le sens figuré du mot. Ainsi, le titre du roman d'Alain Robbe-Grillet, *La Jalousie*, désigne à la fois le sentiment du mari qui soupçonne sa femme d'être infidèle, et les jalousies (persiennes) à travers lesquelles il l'espionne sans être vu.

C La dénotation et la connotation

- **La dénotation** désigne le **sens premier** d'un mot.
- **La connotation** représente l'ensemble des **sens seconds** d'un mot. Elle s'ajoute à la dénotation. Par exemple, l'adjectif ***rouge*** peut connoter l'amour, le sang, la colère, la passion, etc.
  – La connotation peut être **méliorative** ou **péjorative**. Certains suffixes apportent une connotation négative : *-asse (fade / **fadasse**)*, *-ot (vieux / **vieillot**)*, etc. Certains termes peuvent avoir également une connotation **affective** *(mère /**maman**)*.
  – La connotation peut être **subjective** puisqu'elle dépend aussi de chacun et de sa culture.

D Le champ lexical

Un champ lexical désigne **plusieurs mots** se rapportant au même **domaine de sens**. Les mots d'un même champ ont un thème commun, ils appartiennent à la même famille ou au même domaine (*joie*, *félicité*, *radieux* = champ lexical du *bonheur*). Un champ lexical peut entrer en **résonance** avec un autre en le renforçant ou en s'y opposant. Il faut l'**analyser** et **montrer son originalité**.

3 L'analyse stylistique

A Les figures de comparaison

- **La comparaison** rapproche **deux** éléments, le comparé et le comparant, au moyen d'un **outil de comparaison** (*comme, tel, de même que, ainsi que, ressembler à*, etc.).

- **La métaphore** n'utilise pas d'outil de comparaison ; le comparé et le comparant sont **directement associés**. C'est au lecteur de décoder le rapport de similitude. La métaphore produit des images surprenantes ou poétiques.

  Ex. : « On ne me connaissait pas, on ne me regardait pas, on ne me reprenait pas : j'étais ***un atome perdu*** dans cette immense foule. »
  George Sand, *Histoire de ma vie*, 1854.

- **L'allégorie** représente de façon imagée une **idée abstraite**, un concept ou une valeur. La justice est ainsi souvent représentée de façon allégorique par une femme aux yeux bandés qui tient une balance.

- **La personnification** donne des **caractéristiques humaines** à un objet, un animal, un élément, etc., traité comme une personne.

  Ex. : « **La rue assourdissante** autour de moi **hurlait**. »
  Charles Baudelaire, « À une passante », 1861.

B Les figures de substitution

- **La métonymie** désigne le **contenant** pour le **contenu**, la matière pour l'objet, l'auteur pour l'ouvrage, le contenu pour le contenant, la partie pour le tout, etc. *Ex. :* J'ai lu tout Simone de Beauvoir.

- **La périphrase** nomme une idée, une personne ou une chose par une expression la définissant ou évoquant ses **caractéristiques**.

  Ex. : « J'ai longtemps entretenu avec **la Diane des forêts** [= la chasse] des rapports changeants et passionnés. » Marguerite Yourcenar, *Mémoires d'Hadrien*, 1951.

C Les figures d'insistance et d'atténuation

- **La gradation** est une **suite** d'éléments ordonnés de façon **croissante** (gradation ascendante) ou **décroissante** (gradation descendante).

- **L'accumulation** est une **succession** d'éléments de même nature et sans ordre particulier. L'accumulation est une figure d'amplification.

Ex. : « J'allais être **influencée**, **remaniée**, **orientée** par Anne. Elle agirait par **l'intelligence**, **l'ironie**, **la douceur**. » Françoise Sagan, *Bonjour tristesse*, 1954.

La première phrase contient une gradation, la seconde une énumération.

- **L'hyperbole** consiste à exagérer une idée pour la **mettre en relief** *(mourir de soif)*.
- **L'euphémisme** est une figure d'atténuation pour cacher la réalité et **adoucir** une expression qui pourrait être déplaisante.

  Ex. : « Cette petite grande âme venait de s'envoler. » (À propos de la mort de Gavroche) Victor Hugo, *Les Misérables*, 1862.
- **La litote** est une figure d'atténuation qui consiste à **dire moins** pour **suggérer plus**. Elle se construit souvent avec la négation.

  Ex. : « Va, je **ne** te hais **point**. » (= *je t'aime*) Corneille, *Le Cid*, 1637.

D Les figures d'opposition

- **L'antithèse** marque une **opposition** entre deux expressions ou deux mots afin de mettre en valeur une idée.

  Ex. : « Je **vis**, je **meurs** ; je me **brûle** et me **noie** ; » Louise Labé, *Sonnets*, 1555.
- **L'oxymore** allie deux mots ou deux expressions de **sens contradictoire**. C'est une forme d'antithèse, mais avec un lien syntaxique fort entre les termes unis dans un groupe de mots, souvent un nom et un adjectif.

  Ex. : Marguerite Yourcenar décrit la vie du philosophe Socrate comme « une existence vouée à un **échec sublime** » *Feux*, 1936.
- **L'antiphrase** exprime une idée par son contraire dans une **intention ironique**. C'est la figure clé de l'ironie.

  Ex. : « Vivent les collèges d'où l'on sort si habile homme ! » Molière, *Le Malade imaginaire*, acte II, scène 5, 1673.

E Les figures de construction

- **L'anaphore** répète un même mot ou une **même expression** en début de phrase, de vers ou de proposition.
- **Le parallélisme** répète la **même construction** de phrase ou de groupes de mots.

  Ex. : « Innocents dans un bagne, anges dans un enfer » Victor Hugo, « Mélancholia », *Les Contemplations*, 1856.
- **Le chiasme** est une construction « en croix » qui **inverse** l'ordre de deux éléments, par exemple : nom-adjectif puis adjectif-nom ou idée positive – idée négative puis idée négative – idée positive.

  Ex. : « **L'amour** était toujours mêlé aux **affaires**, et les **affaires** à **l'amour**. » Madame de Lafayette, *La Princesse de Clèves*, 1678.

4 L'étude de la ponctuation

A Qu'est-ce que la ponctuation ?

Définition

La ponctuation est un « système de signes graphiques permettant de séparer les phrases d'un texte, d'indiquer certains rapports syntaxiques et de noter divers faits d'intonation » (Dictionnaire Hachette).

B Ponctuation et rythme

- **Une transcription des pauses faites à l'oral :** le **point** (pause longue), le **point-virgule** (pause moyenne), la **virgule** (pause brève).
- **La ponctuation** peut créer une **rupture** (le point en fin de phrase) ou permettre un **enchaînement** (les deux points qui annoncent un exemple).

C Ponctuation et émotions

La ponctuation marque également le **type de phrase** (déclaratif, interrogatif, exclamatif) et permet de transmettre une **émotion**.

- **L'interrogation** marque la question, le **doute**, parfois l'indignation.
- **L'exclamation** rend compte d'une large gamme **d'émotions**, de la colère à la joie.
- **La ponctuation forte** se marque par l'utilisation de nombreux **points d'exclamation** et **d'interrogation**. Elle marque une grande expressivité.

  Ex. : « Dis ? Mon âme ? Où est-elle ? Qui est-elle ? Que fait-elle ? [...] À quoi ressemble-t-elle ? À une gousse d'ail que l'on écrase dans un mortier ou à un balai que l'on remise derrière une porte ? »
  Driss Chraïbi, *La Civilisation, ma Mère !...*, 1972.

D Ponctuation et style

- **La ponctuation comme effet de style.** L'auteur adapte la ponctuation de son texte à ses intentions.

  Ex. : « L'orchestre cessa de jouer. Une danse se terminait. La piste s'était vidée lentement. Elle fut vide. » Marguerite Duras, *Le Ravissement de Lol V. Stein*, 1964.

  L'auteur utilise des phrases courtes créant ainsi un effet haché qui renforce le sentiment de vide.
- **L'absence de ponctuation.** Certains auteurs peuvent également faire le choix de la supprimer comme Guillaume Apollinaire dans son recueil *Alcools* (1913).

> **Citation**
> « On a dit, "le style, c'est l'homme". La ponctuation est encore plus l'homme que le style. » George Sand

EXERCICES

1 20 min ★★ L'énonciation

« Considère, mon amour, jusqu'à quel excès tu as manqué de prévoyance. Ah ! Malheureux ! Tu as été trahi et tu m'as trahie par tes espérances trompeuses. Une passion sur laquelle tu avais fait tant de projets de plaisirs, ne te cause présentement qu'un mortel désespoir, qui ne peut être comparé qu'à la cruauté de l'absence qui le cause. Quoi ? Cette absence, à laquelle ma douleur, tout ingénieuse qu'elle est, ne peut donner un nom assez funeste, me privera donc pour toujours de regarder ces yeux dans lesquels je voyais tant d'amour, et qui me faisaient connaître des mouvements qui me comblaient de joie, qui me tenaient lieu de toutes choses, et qui enfin me suffisaient ? »

Gabriel de Guilleragues, *Lettres portugaises*, 1669.

Étudiez les marques de l'énonciation dans cette première lettre des *Lettres portugaises*.

→ *Corrigé p. 243*

2 30 min ★★★ L'analyse sémantique

Tartuffe est un faux dévot, puisqu'il n'est pas vraiment attaché à la religion. Dans cette scène de déclaration amoureuse, il cherche à séduire Elmire, une femme mariée.

« TARTUFFE
Ah ! pour être dévot, je n'en suis pas moins homme ;
Et, lorsqu'on vient à voir vos célestes appas,
Un cœur se laisse prendre, et ne raisonne pas.
Je sais qu'un tel discours de moi paraît étrange ;
Mais, Madame, après tout, je ne suis pas un ange ;
Et si vous condamnez l'aveu que je vous fais,
Vous devez vous en prendre à vos charmants attraits.
Dès que j'en vis briller la splendeur plus qu'humaine,
De mon intérieur vous fûtes souveraine ;
De vos regards divins l'ineffable douceur
Força la résistance où s'obstinait mon cœur ;
Elle surmonta tout, jeûnes, prières, larmes,
Et tourna tous mes vœux du côté de vos charmes.
Mes yeux et mes soupirs vous l'ont dit mille fois ;
Et pour mieux m'expliquer, j'emploie ici la voix.
Que si vous contemplez d'une âme un peu bénigne,
Les tribulations de votre esclave indigne ;
S'il faut que vos bontés veuillent me consoler,

Et jusqu'à mon néant daignent se ravaler,
J'aurai toujours pour vous, ô suave merveille,
Une dévotion à nulle autre pareille [...]. »

Molière, *Le Tartuffe*, Acte III, scène 3, 1664.

Montrez que Tartuffe mélange le lexique de la religion et le lexique amoureux. Qu'en déduisez-vous ?

→ *Corrigé p. 243*

3 15 min ★★ L'analyse stylistique

Identifiez les figures de style.

1. Une « obscure clarté » Pierre Corneille.

2. « Le monocle du général, resté entre ses paupières, comme un éclat d'obus dans sa figure vulgaire. » Marcel Proust, *Du côté de chez Swann,* 1913.

3. « Ô noires nuits vainement attendues / Ô jours luisants vainement retournés ! » Louise Labé.

4. « Hiver, vous n'êtes qu'un vilain ! » Charles d'Orléans, XVe siècle.

5. « Ses moindres actions lui semblent des miracles » Molière, *Le Tartuffe*, 1664.

6. « Le crépuscule ami s'endort dans la vallée » Alfred de Vigny, « La Maison du berger », 1844.

7. « Ah ! quelle cruauté, qui tout en un jour tue / Le père par le fer, la fille par la vue » Corneille, *Le Cid*, 1637.

8. « Notre adieu ne fut point un adieu d'ennemis » Corneille, *Suréna*, 1675. Eurydice prononce cette réplique à propos de Suréna qu'elle aime secrètement.

9. « Son regard est pareil au regard des statues, / Et, pour sa voix, lointaine, et calme, et grave, elle a / L'inflexion des voix chères qui se sont tues. » Paul Verlaine, « Mon Rêve familier », 1866.

→ *Corrigé p. 243*

4 15 min ★ L'étude de la ponctuation

« Je m'en vais vous mander la chose la plus étonnante, la plus surprenante, la plus merveilleuse, la plus miraculeuse [...], la plus secrète jusqu'à aujourd'hui, la plus brillante, la plus digne d'envie ; enfin une chose dont on ne trouve qu'un exemple dans les siècles passés [...]. »

Madame de Sévigné, *Lettres choisies*, 1846.

Déterminez quelle marque de ponctuation est majoritairement utilisée dans cette lettre et quel est l'effet produit.

→ *Corrigé p. 243*

CORRIGÉS

1 → *Énoncé p. 241*

Cet extrait est tiré d'un roman **épistolaire**. L'épistolière s'adresse ici à son **amant** qui, on le comprend, l'a abandonnée. Les marques de la **première personne** comme « je » ou « m' » montrent l'implication de la femme dans son écriture. Le **lexique** de la **douleur** et la **ponctuation forte** renforcent cette implication. De plus, c'est à un ancien amant qu'elle s'adresse comme l'indiquent le « tu » et les différentes **apostrophes** (« malheureux ! »).

À savoir

La **ponctuation forte** (nombreux points d'interrogation et d'exclamation) est utilisée dans les phrases exclamatives et interrogatives pour donner au texte une plus grande expressivité.

2 → *Énoncé p. 241*

Comme convenu dans la bouche d'un dévot, le lexique de la religion est très présent : « dévot », « célestes », « ange », « jeûnes », « prières », etc. Cependant, on observe une **contamination** du langage religieux par le langage amoureux : « appas », « cœur », « attraits », « regards », etc. Cette contamination culmine avec l'emploi du terme « dévotion », marqué par la **diérèse**. Tartuffe apparaît comme un dévot amoureux et certaines expressions frôlent le **blasphème**.

3 → *Énoncé p. 242*

1. l'oxymore. **2.** la comparaison. **3.** le parallélisme. **4.** l'allégorie. **5.** l'hyperbole. **6.** la personnification. **7.** la métonymie. **8.** la litote. **9.** l'euphémisme.

4 → *Énoncé p. 242*

Dans cette lettre, Madame de Sévigné utilise abondamment les **virgules**. Cette utilisation massive permet de renforcer le **suspense** de la nouvelle qu'elle annonce à Monsieur de Coulanges.

CHAPITRE 11

Notions fondamentales de grammaire

1 La nature, ou classe grammaticale d'un mot

A Qu'est-ce que la nature ou la classe grammaticale d'un mot ?

Définition

Les mots sont regroupés en **classes grammaticales** : noms, adjectifs, verbes, etc. La classe grammaticale d'un mot correspond à sa **nature**, c'est-à-dire à l'ensemble de ses caractéristiques.

Ex. : *châtaignier, crayon, cahier* sont des mots appartenant à la classe des **noms** parce qu'ils ont en commun certaines caractéristiques : ils sont précédés d'un déterminant, ils ont un genre, ils varient en nombre.

Le **dictionnaire** indique la **nature** du mot avant sa définition.

nom masculin ↓

châtaignier *nm* Arbre des régions tempérées (fagacée) produisant les châtaignes, dont les variétés améliorées, sélectionnées et propagées par greffe, portent le nom de marronniers ; bois de cet arbre.

Dictionnaire Hachette.

Attention !

Un mot ne change **jamais** de nature. Attention aux homonymes, ces mots qui s'écrivent de la même façon, mais dont la nature est différente.

B Les différentes natures, ou classes de mots

Nature	Caractéristiques	Exemples
Nom		
– **Nom commun**	Il désigne un être, un objet ou une idée. Masculin ou féminin, il peut être précédé d'un déterminant.	*lycée, élèves, vacances*
– **Nom propre**	Il désigne une personne ou un lieu. Il commence par une majuscule.	*Victor Hugo, Brésil, Saturne*

Nature	Caractéristiques	Exemples
Déterminant	Il détermine le nom devant lequel il est placé et s'accorde en genre et en nombre avec ce nom.	
– Article Article défini	Il se place devant un élément précis ou déterminé.	*le, la, les, l'* 5 formes contractées : *au, du, aux, des, ès* (= *en les*, *Ex. : docteur ès lettres*)
Article indéfini	Il se place devant un élément indéterminé.	*un, une, des* (et *de* quand un adjectif est intercalé entre lui et le nom : « *De gentils clowns m'ont fait rire.* »)
Article partitif	Il indique qu'il s'agit d'une partie seulement ou d'une certaine quantité imprécise de ce qui est désigné.	*du, de l', de la, des*
– Déterminant possessif	Il indique la possession. Il s'accorde en genre et en nombre avec le nom qu'il détermine.	*mon, ma, mes, ton, ta, tes, son, sa, ses, notre, nos, votre, vos, leur, leurs*
– Déterminant démonstratif	Il accompagne un nom montré précisément. Il s'accorde en genre et en nombre avec le nom.	*ce, cet, cette, ces*
– Déterminant interrogatif/ exclamatif	Le déterminant interrogatif indique que le nom désigné fait l'objet d'une question. Le déterminant exclamatif exprime l'admiration, l'étonnement ou l'indignation.	*quel, quelle, quels, quelles*, etc. *quel, quelle, quels, quelles*, etc.
– Déterminant indéfini	Il accompagne un nom pour indiquer une quantité ou une qualité imprécise.	*aucun, autre, certain, chaque, divers, différents, même, n'importe quel, nul, plus d'un, plusieurs, quelque, tel, tout, beaucoup de, peu de*, etc. employés devant un nom
– Déterminant numéral cardinal	Il indique une quantité.	*un, deux, trois*, etc.
– Déterminant numéral ordinal	Il indique l'ordre, le rang.	*premier, deuxième, troisième*, etc., *dernier*
Adjectif	Il apporte une précision au nom qu'il accompagne. Il est qualificatif ou verbal (formé à partir d'un verbe).	*grand, généreux, intelligent, fatigant, exigeant*
Pronom	Il représente un nom, ou une proposition. Il est employé à la place de l'élément représenté (*pro* en latin signifie *pour, à la place de*).	

Nature	Caractéristiques	Exemples
– Pronom personnel	Il désigne une personne, une chose ou une idée.	
	Le pronom personnel sujet du verbe.	*je, nous, tu, vous, il, elle, on, lui, ils, elles, eux*
	Le pronom personnel complément (COD, COI).	*me, moi, nous, te, toi, vous, se, soi, lui, elle, le la, l', en, y, se, eux, elles, les, leur*
– Pronom possessif	Il indique à qui appartient l'élément représenté.	*le mien, la tienne, le sien, le nôtre, le vôtre, les leurs*, etc.
– Pronom démonstratif	Il remplace un nom ou un groupe de mots déjà cité et qu'on désigne.	*ce, cette, cela, ça, ceux, celui-ci, celle-là*, etc.
– Pronom interrogatif	Il permet l'interrogation sur des éléments déjà cités.	*qui ? que ? quoi ? lequel ? (avec lequel ?), laquelle ? (à laquelle) ? lesquels ?,* etc.
– Pronom indéfini	Il désigne sans précision une personne, une chose ou une idée.	*aucun, nul, pas un, personne, rien, tout, tous, chacun, quelqu'un, quelque chose, le même, un tel, un autre*, etc.
– Pronom numéral	Il remplace un élément dont il indique la quantité.	*un, deux, trois*, etc.
– Pronom relatif	Il introduit une proposition subordonnée relative.	*qui, que, quoi, dont, où, lequel, auquel, duquel*
Adverbe	Il désigne un mot invariable et complète un verbe, un adjectif ou un autre adverbe. Il peut être adverbe de négation, de manière, de quantité, etc.	*ne... pas, ainsi, bien, beaucoup, lentement, ailleurs, cependant*, etc.
Verbe	Il exprime une action ou un état (verbe attributif). Il est souvent l'élément pivot de la phrase. C'est un mot qui se conjugue.	*manger, dormir, être, sembler*, etc.
Préposition	C'est un mot invariable qui établit un lien de circonstance (lieu, temps, but, manière, cause, etc.) entre des mots ou des groupes de mots.	*à, de, sur, chez, avant, après, pour, vers, grâce à, hors de, jusqu'à, loin de, par suite de, près de, quant à*, etc.
Conjonction	C'est un mot invariable qui joint 2 mots ou groupes de mots ou 2 phrases.	
– Conjonction de coordination	Elle relie 2 mots ou groupes de mots ou 2 propositions de même nature.	*mais, ou, et, donc, or, ni, car*
– Conjonction de subordination	Elle relie 2 propositions et établit une relation de dépendance entre une principale et une subordonnée.	*que, si, quand, comme, lorsque, puisque, bien que, même si, avant que, après que, dès que, au cas où,* etc.

Nature	Caractéristiques	Exemples
Interjection	C'est un mot invariable qui a une valeur expressive. Elle est suivie d'un point d'exclamation. Certaines interjections sont des onomatopées. Une onomatopée imite un bruit.	*Ah ! Oh ! Aïe !*, etc. *Cocorico ! Badaboum !*, etc.

Attention ! Il existe des **homonymes grammaticaux** (mots identiques ayant une fonction et un sens différents) qu'il ne faut pas confondre. Notamment :

QUE

– Pronom interrogatif

Ex. : « Et **que** dira-t-il quand il verra cette chambre ? » (que = quoi)
François Mauriac, *Thérèse Desqueyroux,* 1927.

– Pronom relatif

Ex. : « Je t'aime pour toutes les femmes **que** je n'ai pas connues »
Paul Éluard, *Je t'aime,* 1951.

– Adverbe interrogatif

Ex. : « **Que** ne vous êtes-vous, comme lui, fait aimer ? » (que = pourquoi)
Molière, *L'École des femmes,* 1662.

– Adverbe de négation restrictive

Ex. : « Je ne fais pas de propagande.
Il **n'**y a **que** les résultats qui comptent. »
Jules Romains, *Knock,* 1923.

– Conjonction de subordination

Ex. : « J'ai compris **que** j'avais détruit l'équilibre du jour, le silence exceptionnel d'une plage où j'avais été heureux. »
Albert Camus, *L'Étranger,* 1942.

QUI

– Pronom interrogatif

Ex. : « **Qui** était à châtier en premier dans cette chaîne de responsabilités ? »
Laurent Gaudé, *Eldorado*, 2006.

– Pronom relatif

Ex. : « Pendant que le marin, **qui** calcule et **qui** doute… »
Victor Hugo, *Les Contemplations*, 1847.

SI

– Adverbe interrogatif

Ex. : « Affolée, Perrine se demandait **si** elle pourrait sortir. »
Hector Malot, *En famille,* 1893.

– **Adverbe d'affirmation**

Ex. : « **Si !** c'est du poison. Mais j'ai la joie au cœur. »
Victor Hugo, *Ruy Blas*, 1838.

Si populaire !

– **Adverbe d'intensité**

Ex. : « Le ciel est, par-dessus le toit, / **Si** bleu, **si** calme ! »
Paul Verlaine, *Le ciel est, par-dessus le toit...*, 1881.

– **Conjonction de subordination**

Ex. : « **Si** j'apprenais cela d'un autre que de vous, je vous haïrais sans doute. »
Marivaux, *Les Fausses Confidences*, 1737.

TOUT

– **Pronom indéfini**

Ex. : « **Tous** s'affairaient autour des bagages, se cherchaient, s'interpellaient, mais timidement, à mi-voix. » Primo Levi, *Si c'est un homme*, 1947.

– **Adverbe d'intensité**

Ex. : « **Tout** petit entre ces géants, Simon, anxieux, attendait. »
Guy de Maupassant, *La Maison Tellier*, 1881.

– **Adjectif indéfini**

Ex. : « [Le poète] épuise en lui **tous** les poisons, pour n'en garder que les quintessences. » Arthur Rimbaud, *Lettre à Paul Demeny*, 1871.

LEUR

– **Pronom personnel**

Ex. : « Ils les appelèrent quand ils eurent finis, sans **leur** donner le loisir de parler à personne. »
Madame de La Fayette, *La Princesse de Clèves*, 1678.

– **Pronom possessif**

Ex. : « Si les savants hommes de notre nation daignaient autant estimer notre langue que les Romains faisaient **la leur**, elle pourrait se mettre au rang des plus fameuses. »
Joachim du Bellay, *Défense et Illustration de la langue française*, 1549.

– **Déterminant possessif**

Ex. : « Frédéric fit un bond et le rattrapa.
Elle lui dit : – Je vous remercie, monsieur.
Leurs yeux se rencontrèrent. »
Gustave Flaubert, *L'Éducation sentimentale*, 1869.

CE

– **Pronom démonstratif**

Ex. : « C'est assez, ma princesse ; je vais ne rien épargner pour vous mériter ; et si je manque d'y réussir, **ce** ne sera pas faute d'attention. »
Alain-René Lesage, *Turcaret*, 1708.

– **Déterminant démonstratif**

Ex. : « En **ce** jour, encore, la mer avait donné. » Laurent Gaudé, *Eldorado*, 2006.

2 La fonction d'un mot

A Qu'est-ce que la fonction d'un mot ?

Définition

La fonction d'un mot est **le rôle** que joue le mot ou le groupe de mots dans une phrase. Un même mot ou groupe de mots peut changer de fonction selon la façon dont il est employé dans la phrase.

Ex. : La boulangère (sujet) est très aimable. Il remercie la boulangère (COD).

Il parle à la boulangère (COI). Le pain est fabriqué par la boulangère (complément d'agent).

B Les différentes fonctions

Les fonctions liées au verbe

- **Complément d'objet direct (COD)** : il représente l'**objet** sur lequel s'exerce l'action du verbe. Il se rattache **directement** au verbe, sans préposition.

  Ex. : « À la lueur de la fin du jour, je regardais, en marchant, **sa face anguleuse** au nez droit, à la lèvre duvetée. »
  Alain-Fournier, *Le Grand Meaulnes*, 1913.

- **Complément d'objet indirect (COI)** : il représente aussi l'**objet** sur lequel s'exerce l'action du verbe. Il est souvent introduit par une **préposition**.

  Ex. : « Madame, a-t-il dit **à ma mère**, en me saluant, voilà une charmante Demoiselle, et je sens mieux que jamais le prix de vos bontés. »
  Choderlos de Laclos, *Les Liaisons dangereuses*, 1782.

> **Attention !**
> Le COI n'est **pas** toujours **introduit** par une **préposition** notamment lorsqu'il s'agit d'un pronom.
> *Ex.* : Je **lui** parle. (lui = COI)
> Quand il y a déjà un COD, le COI est appelé **COS** (complément d'objet second).

- **Complément d'agent** : dans une phrase à la voix passive, il indique **qui fait l'action** exprimée par le verbe. Il est introduit par *par* ou par *de*.

  Ex. : « Il ne faut pas oublier que la femme de César a été enfermée au couvent **par son mari.** »
  Beaumarchais, *Mémoires*, 1809.

- **Attribut :** il exprime une **information** sur le sujet ou sur le complément par l'intermédiaire d'un verbe.

  – **Attribut du sujet :** avec les verbes d'état (*être, sembler, devenir, paraître*, etc.).

  Ex. : « Il était **seul, planteur** et **jeune.** » Marguerite Duras, *Un barrage contre le Pacifique*, 1950.

  – **Attribut du COD :** avec les verbes du type *juger, estimer, élire, estimer*, etc.

  Ex. : « Les moustaches si fortement cirées, les joues si colorées qu'il le juge tout de suite **rajeuni.** » Émile Zola, *La Débâcle*, 1892. (le : COD)

- **Complément circonstanciel :** il désigne un complément **non essentiel** qui précise et nuance le sens, la pensée. Les compléments circonstanciels peuvent être de lieu, temps, conséquence, cause, manière, but, etc.

  Ex. : « Colomba ouvrit la porte du jardin **avec la même précaution** [...] Dès que le cheval noir fut à sa portée, elle le saisit fortement **par la crinière** et lui fendit l'oreille **avec son couteau.** » Prosper Mérimée, *Colomba*, 1840.

Les fonctions liées au nom

- **Déterminant :** il est toujours placé **avant** le nom et appartient au groupe nominal. Font partie des déterminants tous les **articles** ainsi que les démonstratifs, possessifs, indéfinis, cardinaux, interrogatifs et exclamatifs.
  Le déterminant peut-être à la fois une nature et une fonction.

- **Épithète liée ou détachée :** c'est un adjectif qualificatif placé à côté du nom qu'il qualifie.

  Ex. : « Alors on vit s'avancer sur l'estrade une **petite vieille** femme de maintien **craintif.** » Gustave Flaubert, *Madame Bovary*, 1857. **(épithète liée)**

  Ex. : « Le corbeau, **honteux et confus,** / jura, mais un peu tard, qu'on ne l'y prendrait plus. » Jean de La Fontaine, *Le Corbeau et le Renard*, 1668. **(épithète détachée)**

- **Complément du nom :** il est une **expansion** du nom apportant une indication souvent introduite par une préposition. Il peut être par exemple :

  – un nom

  Ex. : « Elle est assise en robe **de deuil,** [...] son fils Jean-Baptiste, coiffé d'un béret **à pompon**... » Jérôme Ferrari, *Le Sermon sur la chute de Rome*, 2012.

  – un adverbe

  Ex. : « Il ne faut pas prêter à la société d'**autrefois** les préjugés que nous avons et qu'elle n'avait point. » Anatole France, *La Vie littéraire*, 1921.

  – un verbe

  Ex. : « A... est assise à la table, la petite table **à écrire** qui se trouve contre la cloison de droite, celle du couloir. » Alain Robbe-Grillet, *La Jalousie*, 1957.

- **Nom apposé :** il ne faut pas le confondre avec le complément du nom. Le nom apposé marque un **rapport d'équivalence** : « la ville de Paris » (la ville = Paris) contrairement à « la mayonnaise de Dijon » (la mayonnaise ≠ Dijon, mais elle vient de Dijon = complément du nom).
  Plusieurs constructions sont possibles : *le royaume* ***d'Espagne****, une femme* ***médecin****, Élisabeth,* ***mon amie****, est journaliste*, etc.

Les autres fonctions

- **Complément de l'adjectif :** il modifie le **sens** d'un adjectif. Il est introduit par une **préposition**.
  Ex. : « Le vicomte riait à l'oreille d'un garçon, vert de **rage.** »
  Georges Bernanos, *L'Imposture*, 1927.
- **Complément de l'adverbe :** il modifie le **sens** et donne des **précisions** sur un adverbe. Il est introduit par une **préposition**.
  Ex. : « Malheureusement **pour la vertu,** le vice a souvent la peau fine, la dent blanche et le teint pur. »
  Théophile Gautier, *Les Roués innocents*, 1846.
- **Apostrophe :** elle **interpelle** un être vivant ou personnifié. Elle peut être précédée d'une **interjection** (*Ô*).
  Ex. : « **Ô temps,** suspends ton vol et vous, **heures propices,** suspendez votre cours… »
  Alphonse de Lamartine, *« Le Lac »*, 1820.

Exemple d'analyse grammaticale

La nature des mots

Marguerite Yourcenar	fut	la première	femme
2 noms propres	verbe	article défini / numéral ordinal	nom

à	l'	Académie	française.	Elle
préposition	article défini	nom propre	adjectif relationnel	pronom personnel

a écrit	des	dizaines	d'	œuvres	et
verbe	article indéfini	nom	préposition	nom	conjonction de coordination

deux	romans,	*L'*	*Œuvre*	*au*	*noir*
numéral cardinal	nom	*article défini*	nom	*article contracté*	*nom*

et	*Les*	*Mémoires*	*d'*	*Hadrien*.
conjonction de coordination	*article défini*	*nom*	*préposition*	*nom propre*

Les fonctions dans la phrase

Marguerite Yourcenar (sujet) fut (verbe d'état) la première femme (attribut du sujet) à l'Académie française (CC de lieu).

Elle (sujet) a écrit (verbe transitif direct) des dizaines d'œuvres (COD) et (2 groupes nominaux coordonnés) deux romans (COD), *L'Œuvre au noir* (apposition) et (2 groupes nominaux coordonnés) *Les Mémoires d'Hadrien* (apposition).

3 Les types de proposition

A Les propositions et leurs enchaînements

Le verbe est toujours le **noyau** de la proposition, c'est-à-dire que les mots s'organisent autour du verbe pour créer un sens. On compte en général autant de verbes que de propositions. Une **phrase simple** ne contient qu'**une seule** proposition, une **phrase complexe** en contient **plusieurs**.

Les différentes propositions

- **La proposition indépendante** ne dépend d'**aucune proposition** et n'en a aucune sous sa dépendance.

  Ex. : « Adrienne descendit la rue sans rencontrer personne. »
  Julien Green, *Adrienne Mesurat*, 1927.

- **La proposition principale** est une proposition dont dépend au moins une **subordonnée**, parfois plusieurs.

  Ex. : « [Il est des vérités] [qui peuvent tuer un peuple], Électre. »
  Jean Giraudoux, *Électre*, 1937.
  → proposition principale + proposition subordonnée

- **La proposition subordonnée** dépend d'une autre proposition, qui peut être la principale ou une autre subordonnée.

  Ex. : « [Une échelle appliquée au mur conduisait à un grenier d'] [**où** descendait pour lors un gros homme assez vieux], [**qui** tenait péniblement embrassé un énorme ballot]. » Anatole France, *Les Dieux ont soif*, 1912.
  → proposition principale + proposition subordonnée 1 + proposition subordonnée 2 qui dépend de la 1.

Les enchaînements possibles

La subordination est l'enchaînement d'une **principale** et d'une **subordonnée**. Entre deux indépendantes, deux principales ou deux subordonnées, on trouve deux autres types d'enchaînement présentés ci-dessous.

- **La juxtaposition :** les propositions sont placées côte à côte, sans mot d'enchaînement, généralement séparées par une virgule.

  Ex. : [César s'exclama] [qu'il était venu], [qu'il avait vu], [qu'il avait vaincu].
  → 1 principale + 3 subordonnées juxtaposées.

- **La coordination :** les propositions s'enchaînent grâce à **une conjonction de coordination** *(mais, ou, et, donc, or, ni, car)*.

  Ex. : « Les biens du corps sont corps eux-mêmes **donc** il en est ainsi des biens de l'âme **car** l'âme aussi est corps. » Sénèque, *Lettre à Lucilius*, 63-64 après J.-C.
  → 3 indépendantes coordonnées.

B Les subordonnées complétives

Une subordonnée complétive joue dans la phrase une fonction de **complément essentiel**, c'est-à-dire qu'elle peut être COD, COI, sujet, complément du nom, etc. Tout sauf complément circonstanciel !

La conjonctive par *que* ou *ce que*

- **Elle est introduite par la conjonction de subordination *que* ou *ce que*.**
- **Elle peut dépendre d'un verbe** dont elle est COD, COI ou sujet.

  Ex. : « Même si nous admettons [**que** chaque génération ait le droit d'écrire sa propre histoire]. » Hannah Arendt, *Crise de la culture*, 1961.
  → La proposition complétive conjonctive par *que* est COD du verbe *admettons*.

  Ex. : « En 1816, la duchesse d'Angoulême consentit à [**ce que** son établissement prît le nom d'Institut royal de Marie-Thérèse].
  Chateaubriand, *Mémoires d'outre-tombe*, 1849.
  → La conjonctive par *ce que* est COI du verbe *consentit*.

  Ex. : « Fallait-il [**qu**'il se distinguât des autres hommes par une chance aussi misérable, aussi médiocre] ? » Louis Aragon, *Aurélien*, 1944.
  → La conjonctive par *que* est sujet réel du verbe *fallait* (*il* est seulement le sujet apparent ou grammatical)

- **Elle peut dépendre d'un nom ou d'un adjectif.**

  Ex. : « Dans mon roman, j'ai transformé en fiction le fait [**que** je m'étais étendu sur le lit d'une patiente mourante.] »
  Irvin D. Yalom, *Le Jardin d'Épicure*, 2008.

Ex. : « Tenez pour certain [**que** ce spécimen appartient à la catégorie la plus simple de la cryptographie]. » Allan Poe, *Le Scarabée d'or*, 1843.

L'interrogative indirecte

Épreuve orale

- **Elle dépend d'une principale** avec un verbe du type *se demander*, *ignorer* et d'autres formes négatives comme *ne pas savoir*, *ne pas voir*, etc.
- **Elle est introduite par un adverbe interrogatif** *(si, pourquoi)* ou un déterminant interrogatif (*quel* et ses dérivés) ou un pronom interrogatif (*qui*, *que*, *quoi*, *lequel* et ses dérivés).

Ex. : « Tandis que le prince lui demandait [**si** elle souhaitait l'avoir pour époux], elle vit qu'il était jeune et beau. » Frères Grimm, *Raiponce*, 1812.

Ex. : « Cette prédiction avait frappé Pierre et souvent il se demandait [**qui** mettrait fin au pouvoir de la bête]. » Léon Tolstoï, *Guerre et Paix*, 1869.

Ex. : « Son cœur scrupuleux et sensible ignorait [**quelles** paroles devaient spontanément venir s'adapter à la scène]. » Marcel Proust, *Du côté de chez Swann*, 1913.

L'infinitive

- **Elle est construite autour d'un verbe à l'infinitif.**
- **Le sujet du verbe à l'infinitif** doit être différent du sujet de la principale.

Ex. : Je voyais [ce beau lac s'étendre sous mes yeux].
Stendhal, *Vie de Henri Brulard*, 1890.
→ *ce beau lac* est sujet de *s'étendre*, la proposition infinitive est COD du verbe *voyais*.

C La subordonnée relative

Le principe de la relative

- **Elle est introduite par un pronom relatif :** *qui*, *que*, *quoi*, *dont*, *où*, *lequel*, *auquel*, *duquel* et leurs dérivés.
- **Elle est parfois substantive** (remplaçable par un nom et sans antécédent), mais le plus souvent elle est **adjective** (remplaçable par un adjectif) et complète le sens de son antécédent.

Ex. : « [**Qui** vit sans folie] n'est pas si sage qu'il croit. »
François de La Rochefoucauld, *Réflexions ou sentences et maximes morales*, 1665.
→ relative substantive sans antécédent, sujet de *est*.

Ex. : « Je t'aime pour ta sagesse [**qui** n'est pas la mienne] » Paul Éluard, *Le Phénix*, 1951.
→ relative adjective complément de l'antécédent *sagesse*.

La fonction du pronom relatif

Le pronom relatif a toujours une **fonction** à l'intérieur de la proposition relative. Pour faciliter l'analyse de ce pronom, on peut le remplacer par son antécédent.

Ex. : « Je m'interroge sur les changements [**que** j'ai subis] pendant le temps qui s'est écoulé depuis le dernier jour où j'en suis parti. »
Honoré de Balzac, *Le Lys dans la vallée*, 1836.
= Je m'interroge sur quoi ? les changements.
→ *que* est COD de *ai subis*.

Ex. : « Le bourgeois gros et gras, [**dont** la tenue égrillarde réjouissait les passants] semblait être un septuagénaire hébété. » Honoré de Balzac, *Le Père Goriot*, 1835.
→ *dont* est complément du nom *tenue*.

D La subordonnée complément circonstanciel ⚠ Épreuve orale

Les subordonnées circonstancielles sont fréquemment introduites par une **conjonction de subordination** (un seul mot) ou par une **locution conjonctive** (plusieurs mots). Elles sont de 7 types :

- **La circonstancielle de but** (*pour que, afin que*, etc.)
- **La circonstancielle de cause** (*parce que, puisque*, etc.)
- **La circonstancielle de conséquence** (*si bien que, de sorte que*, etc.)
- **La circonstancielle de temps** (*quand, au moment où*, etc.)
- **La circonstancielle d'hypothèse ou de condition** (*si, à condition que*, etc.)
- **La circonstancielle de concession** (*bien que, même si*, etc.)
- **La circonstancielle de comparaison** (*comme, de même que*, etc.)

Deux **autres subordonnées** ne peuvent être que complément circonstanciel, mais elles sont construites différemment de la précédente :

– **La participiale** se construit avec un participe présent ou passé qui a son propre sujet. Elle n'a pas de mot subordonnant.

Ex. : « L'écolier **étant parti**, elle s'en alla sur-le-champ. » Boccace, *Decameron*, vers 1350.

– **La corrélative** est introduite par la conjonction *que* qui est annoncée dans la principale par un adverbe : *si … que, plus … que*, etc.

Ex. : « Elle fut bientôt **tellement** obsédée par cet amour **qu'**elle passait les nuits assises près du berceau. » Maupassant, *Une vie*, 1883.

Schéma récapitulatif : les propositions subordonnées

La subordonnée complétive
- La conjonctive par *que* ou *ce que*
- L'interrogative indirecte
- L'infinitive

La subordonnée relative

La subordonnée complément circonstanciel
- La subordonnée circonstancielle
- La participiale
- La corrélative

EXERCICES

1 5 min ★ Les natures ou classes grammaticales

« Il y avait en Vestphalie, **dans** le château de M. le baron de Thunderten-tronckh, un **jeune** garçon à **qui** la nature avait donné les mœurs les plus douces. **Sa** physionomie annonçait son âme. **Il** avait **le** jugement **assez** droit, avec l'esprit le plus simple ; **c'**est, je crois, pour cette raison **qu'**on **le** nommait Candide. »

Voltaire, incipit de *Candide*, 1759.

Donnez la nature de chacun des mots en gras.

→ *Corrigé p. 258*

2 10 min ★★ Les fonctions

« Les anciens domestiques de la maison soupçonnaient qu'il était fils de la sœur de monsieur le baron et d'un bon et honnête gentilhomme du voisinage, que cette demoiselle ne voulut jamais épouser parce qu'il n'avait pu prouver que soixante et onze quartiers, et que le reste de son arbre généalogique avait été perdu par l'injure du temps. »

Voltaire, incipit de *Candide*,1759.

Donnez la fonction de chacun des éléments soulignés.

→ *Corrigé p. 258*

3 10 min ★★ L'enchaînement des propositions

« Monsieur le baron était un des plus puissants seigneurs de la Vestphalie, car son château avait une porte et des fenêtres. Sa grande salle même était ornée d'une tapisserie. Tous les chiens de ses basses-cours composaient une meute dans le besoin ; ses palefreniers étaient ses piqueurs ; le vicaire du village était son grand aumônier. Ils l'appelaient tous Monseigneur, et ils riaient quand il faisait des contes. »

Voltaire, incipit de *Candide*, 1759.

1. **Combien de propositions cet extrait compte-t-il ?**
2. **Quel est leur enchaînement (proposition subordonnée, juxtaposée ou coordonnée) ?**

→ *Corrigé p. 258*

4 5 min ★★ Les subordonnées relatives

« Longtemps, je me suis couché de bonne heure. Parfois, à peine ma bougie éteinte, mes yeux se fermaient si vite que je n'avais pas le temps de me dire : "Je m'endors." Et, une demi-heure après, la pensée qu'il était temps de chercher le sommeil m'éveillait ; je voulais poser le volume que je croyais avoir encore dans les mains et souffler ma lumière ; je n'avais pas cessé en dormant de faire des réflexions sur ce que je venais de lire, mais ces réflexions avaient pris un tour un peu particulier ; il me semblait que j'étais moi-même ce dont parlait l'ouvrage : une église, un quatuor, la rivalité de François Ier et de Charles-Quint. »

Marcel Proust, incipit de *À la recherche du temps perdu*, « Du côté de chez Swann », 1913.

1. **Relevez les propositions subordonnées relatives.**
2. **Pour chacune d'entre elles, donnez l'antécédent et la fonction du pronom relatif.**

→ *Corrigé p. 258*

5 5 min ★ Choisir le bon pronom relatif

Complétez par le bon pronom relatif, éventuellement précédé d'une préposition.

1. Je me suis promenée autour du lac gelé ... patinaient des couples d'amoureux.
2. J'aime beaucoup cette voisine ... ma mère est en train de discuter.
3. Je hais toutes ces corvées ... j'ai supportées pourtant sans broncher jusque-là.
4. Jérémie est vraiment quelqu'un ... on peut compter.
5. Roméo, ... Juliette s'est éprise, a fait beaucoup d'efforts pour la conquérir.
6. Cette pièce, ... j'ai assisté au premier semestre, était un échec total !

→ *Corrigé p. 259*

6 15 min ★★★ Reconnaître les différentes subordonnées

Dans chacune de ces phrases, relevez les différentes propositions et donnez leur nature et leur fonction.

1. « Je m'imagine toujours qu'une indigestion me tourmente, que je dors d'un mauvais sommeil et que je vais me réveiller bien soulagé de ma peine. » Jean-Jacques Rousseau, *Rêveries du promeneur solitaire*, 1782.
2. « Une lettre qu'il reçut d'Europe, par le bureau des Missions étrangères, redoubla tellement sa tristesse, qu'il fuyait jusqu'à ses vieux amis. » François-René de Chateaubriand, *René*, 1802.
3. « Mais des rires vinrent de l'antichambre, des chuchotements, une bouffée de voix gaies et bavardes, comme si tout un couvent échappé se fût trouvé là. » Émile Zola, *Nana*, 1880.
4. « Et que serait-ce si vous portiez votre maison ? » Jean de La Fontaine, *Fables*, « Le Lièvre et la Tortue », 1668.
5. « La vie et le mouvement y sont si tranquilles qu'un étranger les croirait inhabitées, s'il ne rencontrait tout à coup le regard pâle et froid d'une personne immobile dont la figure à demi-monastique dépasse l'appui de la croisée, au bruit d'un pas inconnu. » Honoré de Balzac, *Eugénie Grandet*, 1833.

→ *Corrigé p. 259*

CORRIGÉS

1 → *Énoncé p. 256*

dans : préposition ; *jeune* : adjectif qualificatif ; *qui* : pronom relatif ; *sa* : déterminant possessif ; *il* : pronom personnel sujet ; *le* (jugement) : article défini ; *assez* : adverbe ; *c'* : pronom démonstratif ; *qu'* : conjonction de subordination ; *le* : pronom personnel.

> **Attention !**
>
> Parfois **prépositions** et **adverbes** sont de forme identique. Lorsque le mot sert à en introduire un autre, c'est une préposition.
>
> *Ex. :* Je t'attends **devant** = adverbe
> Je t'attends **devant la maison** = préposition.

2 → *Énoncé p. 256*

de la maison : complément du nom *domestiques*. *fils :* attribut du sujet *il* (*était* est un verbe d'état). *bon et honnête :* adjectifs épithètes de *gentilhomme*. *que :* pronom relatif complément de l'antécédent *gentilhomme* et COD de *épouser*. *cette demoiselle :* groupe nominal sujet de *voulut*. *soixante et onze quartiers :* COD de *prouver*. *par l'injure du temps :* CC de cause. Attention ! On peut le remplacer par *à cause de*. Il ne devient pas sujet du verbe dans la phrase active, il est donc CC de cause et non d'agent (*par* signifiant ici *à cause de*).

> **Conseil**
>
> Un **groupe nominal** qui commence par *par* n'est pas toujours un CC. Dans le cas d'une phrase passive, il peut être complément d'agent.
>
> *Ex. :* La bonne réponse m'a été soufflée par ma voisine.
>
> On peut alors transformer le complément d'agent en sujet.
>
> *Ex. :* Ma voisine m'a soufflé la bonne réponse.

3 → *Énoncé p. 256*

On trouve 8 propositions indépendantes dans cet extrait.

– **2 indépendantes coordonnées** : « Monsieur le baron était un des plus puissants seigneurs de la Vestphalie / **car** son château avait une porte et des fenêtres. »

– **1 indépendante** : « Sa grande salle même était ornée d'une tapisserie. »

– **3 indépendantes juxtaposées** : « Tous les chiens de ses basses-cours composaient une meute dans le besoin ; / ses palefreniers étaient ses piqueurs ; / le vicaire du village était son grand aumônier. »

– **2 indépendantes coordonnées** : « Ils l'appelaient tous Monseigneur, / **et** ils riaient quand il faisait des contes. »

4 → *Énoncé p. 256*

« **que** je croyais avoir encore dans les mains » : complément de l'antécédent *volume* et COD du verbe *avoir*. « **que** je venais de lire » : complément de

l'antécédent *ce*, COD du verbe *lire*. « **dont** parlait l'ouvrage » : complément de l'antécédent *ce*, COI du verbe *parler*.
Les autres subordonnées sont les suivantes : « **si** vite **que** je n'avais pas le temps de me dire » : corrélative, CC de conséquence. « **qu**'il était temps de chercher le sommeil » : complétive par *que*, complément du nom *pensée*. « **que** j'étais moi-même » : complétive par *que*, sujet réel de *semblait*.

5 *→ Énoncé p. 257*

1. sur lequel. **2.** avec qui. **3.** que. **4.** sur qui. **5.** dont. **6.** à laquelle.

6 *→ Énoncé p. 257*

1.
– « Je m'imagine toujours » = principale.
– « qu'une indigestion me tourmente, que je dors d'un mauvais sommeil et que je vais me réveiller bien soulagé de ma peine » = 3 complétives par *que*, COD de *imaginer*.

2.
– « Une lettre redoubla tellement sa tristesse » = principale.
– « qu'il reçut d'Europe, par le bureau des Missions étrangères » = relative.
– « qu'il fuyait jusqu'à ses vieux amis » = corrélative circonstancielle de conséquence (introduite par la locution conjonctive : *tellement… que*).

3.
– « Mais des rires vinrent de l'antichambre, des chuchotements, une bouffée de voix gaies et bavardes » = principale.
– « comme si tout un couvent échappé se fût trouvé là » = circonstancielle de comparaison.

4.
– « Et que serait-ce » = principale.
– « si vous portiez votre maison ? » = circonstancielle hypothétique /de condition.

5.
– « La vie et le mouvement y sont si tranquilles » = principale.
– [si tranquilles] « qu'un étranger les croirait inhabitées » = corrélative de conséquence.
– « s'il ne rencontrait tout à coup le regard pâle et froid d'une personne immobile » = circonstancielle hypothétique/de condition.
– « dont la figure à demi-monastique dépasse l'appui de la croisée, au bruit d'un pas inconnu » = relative complément du nom *personne*.

CHAPITRE 12

Le verbe et sa conjugaison

1 Les modes et les temps

A Les clés de la conjugaison

Les trois groupes de verbes

- **1er groupe :** les verbes dont l'infinitif est en *-er*, sauf *aller*.
  Ex. : *manger, chanter, créer*, etc.
- **2e groupe :** les verbes dont l'infinitif est en *-ir* et qui font *-issant* au participe présent. **Ex. :** *finir (finissant)* mais pas *dormir (dormant)*.
- **3e groupe :** tous les autres verbes.

Les différents types de verbes

- **Verbe attributif :** il relie l'attribut au sujet.
  Ex. : *être, sembler, devenir, paraître, avoir l'air*, etc.
- **Verbe transitif direct :** il a un complément d'objet direct, c'est-à-dire placé après le verbe. **Ex. :** manger une glace.
- **Verbe transitif indirect :** il a un complément d'objet indirect généralement introduit par une préposition (*à, de*, etc.).
  Ex. : *se moquer de quelqu'un ou de quelque chose.*
- **Verbe intransitif :** il n'a ni complément d'objet ni attribut.
  Ex. : *dormir, aboyer, atterrir*, etc.

Les modes et les temps des verbes

Le **mode** est la manière dont l'action ou l'état signifié par le verbe est exprimé (réel, ordre, etc.). Le **temps** donne une indication chronologique (avant, après, etc.).

Les modes

4 modes personnels (conjugaison avec les pronoms personnels sujets)	3 modes impersonnels (conjugaison sans pronom personnel sujet)
– **l'indicatif** : le mode de l'affirmation, de la déclaration ou de l'interrogation. – **le subjonctif** : dans les subordonnées pour marquer le désir, la nécessité, le doute, etc. – **l'impératif** : pour signifier l'ordre ou le conseil. – **le conditionnel** : pour l'hypothèse, la condition, l'imaginaire, etc. et le futur dans le passé (discours rapporté).	– **l'infinitif présent** *(chanter)* et **passé** *(avoir chanté)* – **le participe présent** *(chantant)* et **passé** *(chanter)* – **le gérondif** : la préposition *en* + participe présent *(en chantant)*

Temps simples et temps composés

Un **tableau de conjugaison** se lit en **colonnes** et en **lignes**.

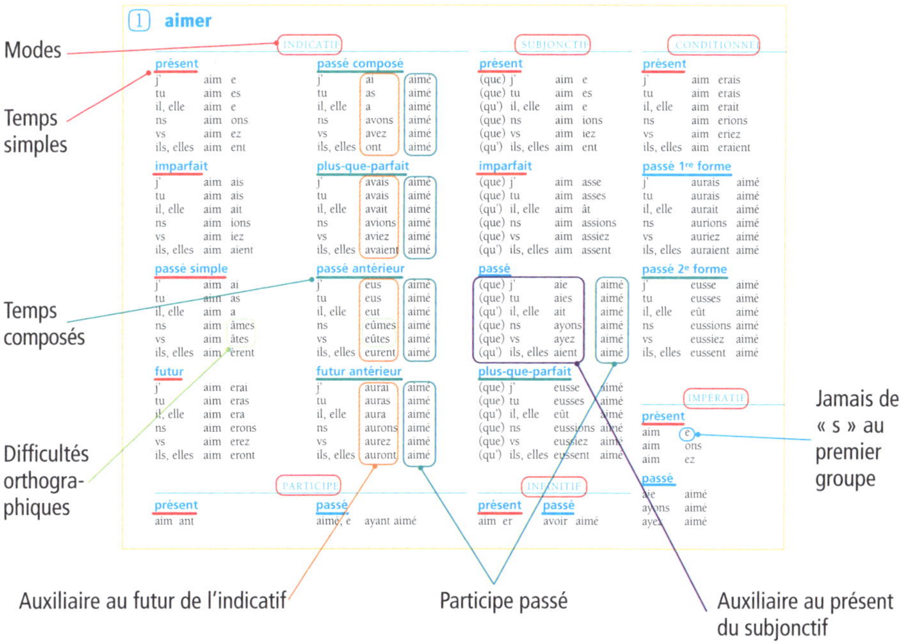

– Pour le mode indicatif, la colonne de **gauche** correspond aux temps **simples** et la colonne de **droite** aux temps **composés**.

– À chaque temps **simple** correspond un temps **composé** qui est toujours formé de la même façon : auxiliaire conjugué au temps simple + participe passé.

Voix active et voix passive

- **À la voix active,** le sujet du verbe **fait** l'action. **À la voix passive,** le sujet du verbe **subit** l'action.
- **Seuls les verbes transitifs directs** (c'est-à-dire ceux qui se construisent avec un COD) peuvent se mettre au **passif.**

Ex. : « Cette redingote, jadis noire, **avait été** peu à peu **transformée** par le temps. »
Alphonse Allais, *Pas de bile !* 1893.

- **La construction du passif**

– Auxiliaire *être* au temps choisi + participe passé du verbe.
– Le COD du verbe actif devient le sujet du verbe passif.
– Le sujet du verbe actif devient complément d'agent du verbe passif (ou disparaît).

Voix active : [Marguerite Duras] écrivit [*L'Amant*] en 1984.
sujet — passé simple — COD — CC temps

↓

Voix passive : [*L'Amant*] fut écrit [par Marguerite Duras] en 1984.
sujet — *être* au passé simple + participe passé — complément d'agent — CC temps

B La conjugaison aux voix active et passive

	Voix active	Voix passive		Voix active	Voix passive
Indicatif					
Présent	j'aime	je suis aimé	**Passé composé**	j'ai aimé	j'ai été aimé
Imparfait	j'aimais	j'étais aimé	**Plus-que-parfait**	j'avais aimé	j'avais été aimé
Passé simple	j'aimai	je fus aimé	**Passé antérieur**	j'eus aimé	j'eus été aimé
Futur simple	j'aimerai	je serai aimé	**Futur antérieur**	j'aurai aimé	j'aurai été aimé
Conditionnel					
Présent	j'aimerais	je serais aimé	**Passé**	j'aurais aimé	j'aurais été aimé

	Voix active	Voix passive		Voix active	Voix passive
Subjonctif					
Présent	que j'aime	que je sois aimé	**Passé**	que j'aie aimé	que j'aie été aimé
Imparfait	que j'aimasse	que je fusse aimé	**Plus-que-parfait**	que j'eusse aimé	que j'eusse été aimé
Impératif					
Présent	aime	sois aimé	**Passé**	aie aimé	–
Participe					
Présent	aimant	étant aimé	**Passé**	ayant aimé	ayant été aimé
Infinitif					
Passé	aimer	être aimé	**Passé**	avoir aimé	avoir été aimé

2 Les valeurs et les concordances des temps

A Les valeurs des temps du passé

L'imparfait

L'imparfait désigne une action passée de durée non limitée ou d'arrière plan. L'imparfait peut en exprimer la durée.

- **L'imparfait d'habitude** désigne une action qui se répète dans le passé.
  Ex. : « Le soir, quand le maître, découragé, **jetait** ses pinceaux au sol, il les **ramassait**. » Marguerite Yourcenar, « Comment Wang-Fô fut sauvé », *Nouvelles Orientales*, 1938.
- **L'imparfait de description.**
  Ex. : « Elle aussi **portait** un chapeau de paille d'où **sortaient** quelques mèches d'un châtain roux. » Marguerite Duras, *Un barrage contre le Pacifique*, 1950.

Le passé simple

- **Le passé simple** désigne une **action passée** de durée limitée ou de premier plan.
  Ex. : « L'empereur et sa suite **s'arrêtèrent** quelques jours en Commagène pour des fêtes triomphales. » Marguerite Yourcenar, *Mémoires d'Hadrien*, 1951.
- **Le passé simple** désigne une succession d'actions.
  Ex. : « Lucius se **plaignit** du poids du bouclier de bronze. Au bout de quelques secondes, il **s'arrêta** hors d'haleine et **s'effondra**. » Marguerite Yourcenar, *Mémoires d'Hadrien*, 1951.

B Les principales valeurs des temps présent et futur

Le présent

- **Le présent de narration** permet de relater au présent des faits du récit au passé et renforce **l'effet dramatique.** Certains textes sont écrits entièrement au présent, comme l'autobiographie de Nathalie Sarraute, *Enfance* (1983) :

  Ex. : « On **défait** de son emballage de papier brun une grande boîte de carton, on **enlève** le couvercle, les papiers de soie, et on **découvre** couchée, les yeux fermés, une énorme poupée... ».

- **Le présent d'énonciation** marque la prise de parole du narrateur.

  Ex. : « Je **tourne** une page de l'album ; maman **tient** dans ses bras un bébé qui n'est pas moi. » Simone de Beauvoir, *Mémoires d'une jeune fille rangée*, 1958.

- **Le présent de vérité générale.**

  Ex. : « Pour chaque homme sa mort **est** un accident et, même s'il la **connaît** et y **consent,** une violence indue. » Simone de Beauvoir, *Une mort très douce*, 1964.

- **Le futur proche.**

  Ex. : « Le Modeste, qui n'est plus à moi, **part** demain, le capitaine **m'emmène.** » Honoré de Balzac, *Modeste Mignon*, 1844.

Le futur

Le **futur** peut avoir une **valeur modale injonctive** (ordre), ou bien de **promesse** ou d'**indignation**.

Ex. : Tu ne **tueras** point.

Ex. : Comment ? Emma ne **sera**-t-elle donc jamais heureuse ?

C La concordance des temps

Les règles

La concordance des temps s'établit entre le temps du verbe de la proposition principale et celui de la subordonnée. Si le verbe de la principale est à un temps du passé, le verbe de la subordonnée se met aussi au passé.

Ex. : Il dit ce qu'il pense. Il disait ce qu'il pensait.

- **L'emploi du subjonctif** est obligatoire dans :

  – **la subordonnée relative** après « *le premier, le seul, l'unique,* etc. »

  Ex. : « Ce livre, le plus pénible de tous à déchiffrer, est aussi le seul que nous **ait dicté** la réalité. » Marcel Proust, *Le Temps retrouvé*, 1927.

  – **la subordonnée relative** après une principale interrogative ou négative.

  Ex. : « Personne à qui l'on **puisse** dire sa peine et qui la **partage.** » Denis Diderot, *Lettres à Sophie Volland*, 1765.

– **la subordonnée concessive** avec *bien que*…

Ex. : « Bien que Clément n'**aimât** pas les chiens, il **voulait** toujours les caresser. »

– **la subordonnée complétive** par *que* après un verbe exprimant la crainte, le doute, le souhait, l'obligation.

Ex : « Il fallait que tu **fusses** poète, tu l'as été en dépit de toi-même. »
George Sand, *Correspondances* (à Musset), 1834.

■ **L'emploi du conditionnel**

Principale	Subordonnée
Futur de l'indicatif Je serai heureux…	**Présent de l'indicatif** … si tu viens.
Conditionnel présent Je serais heureux…	**Imparfait de l'indicatif** … si tu venais.
Conditionnel passé J'aurais été heureux…	**Plus-que-parfait de l'indicatif** … si tu étais venu.

Attention !

On confond souvent le **futur** et le **conditionnel** à la première personne du singulier : *je serai* = **futur** / *je serais* = **conditionnel.** Pour éviter toute erreur, remplacez le *je* par une autre personne : *Je serai → il sera / je serais → il serait*

3 Les accords du verbe

A Règles générales

L'accord du verbe avec le sujet

■ **Le verbe s'accorde en genre et en nombre avec son sujet,** qu'il soit sous-entendu ou exprimé. Ce sujet peut être :

– **un groupe nominal**

Ex. : « **Ces feuilles** peuvent donc être regardées comme un appendice de mes *Confessions*. »
Jean-Jacques Rousseau, *Rêveries du promeneur solitaire*, 1782.

– **un verbe**

Ex. : « **Souffrir** est vénérable, **subir** est méprisable. »
Victor Hugo, *William Shakespeare*, 1864.

– **un pronom personnel**

Ex. : « **Je** m'imagine toujours qu'une indigestion me tourmente. »
Jean-Jacques Rousseau, *Rêveries du promeneur solitaire*, 1782.

– **un pronom démonstratif**

Ex. : « **Cela** me força de prendre pour un temps une autre manière de vivre. »
Ibidem.

– **un pronom possessif**

Ex. : « Qu'importait qu'elle lui dît que l'amour était fragile, **le sien** était si fort ! »
Marcel Proust, *À l'ombre des jeunes filles en fleurs*, 1919.

– **un pronom relatif**

Ex. : « Mon attention fut détournée par Poirot qui se prit les pieds dans une racine saillante et s'étala de tout son long. »
Agatha Christie, *La Maison du péril*, 1934.

– **une proposition subordonnée complétive**

Ex. : « **Que ses amis le méconnussent,** le remplissait d'amertume. »
Romain Rolland, *Jean-Christophe*, 1904.

– **une proposition subordonnée relative**

Ex. : « **Qui va à la chasse** perd sa place. »

Attention !

Lorsque le **pronom relatif *qui*** est **sujet,** le verbe s'accorde avec l'antécédent. Pour accorder, demandez-vous ce que *qui* désigne.

Ex. : C'est moi **qui** ai eu le plus de chance.
qui = moi (je) → le verbe s'accorde donc à la 1re personne du singulier.

À savoir !

Le sujet peut être **inversé.**

Ex. : « Quand, sous les poutres enfumées, Chantent **les croûtes** parfumées »
Rimbaud, *Poésies*, « Les Effarés », 1870.

- **Le participe passé conjugué avec *être*** s'accorde avec le **sujet**.

  Ex. : « **Ils** sont tombés la face contre terre et le bruit a cessé. »
  François-René de Chateaubriand, *Mémoires d'outre-tombe*, 1849.

- **Le participe passé conjugué avec *avoir*** s'accorde avec le **COD** si celui-ci est **placé avant** (et n'est pas *en*).

  Ex. : J'ai acheté **des fleurs** au marché. → Le COD est placé après le verbe, donc l'accord ne se fait pas.

  Ex. : Les fleurs **que** j'ai achetées. → Le COD (*que*, mis pour *fleurs*) est placé avant le verbe, donc l'accord se fait.

  Ex. : **Combien de fleurs** as-tu achetées ? → Le COD est placé avant le verbe, donc l'accord se fait.

  Ex. : Oui, j'**en** ai acheté. → Le COD est *en,* donc l'accord ne se fait pas.

Règles d'accord du participe passé

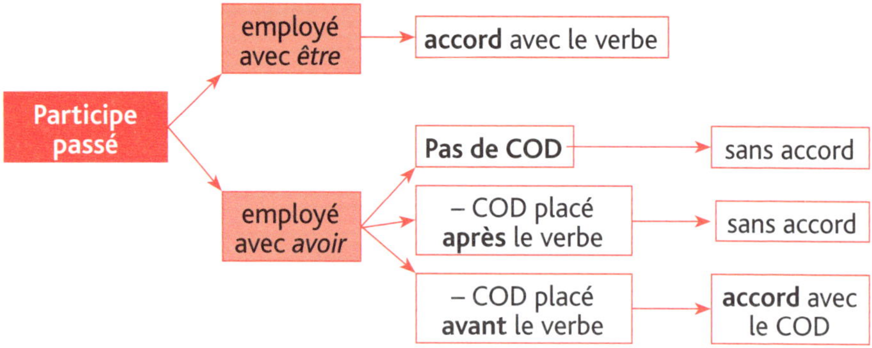

B Les verbes pronominaux

Définition

Lorsque le verbe est précédé d'un **pronom réfléchi** de la même personne que le sujet du verbe, on dit que le verbe est **pronominal**. Tous les verbes pronominaux se conjuguent avec l'auxiliaire ***être*** pour les temps du passé.

Ex. : *se lever : je **me** lève, tu **t'es** levé(e)*, etc.

Les différents types

– **Les verbes essentiellement pronominaux** (c'est-à-dire « par nature » qui n'existent pas sans *se*) : *s'enfuir, se blottir, s'extasier*, etc. Ces verbes n'ont jamais de COD (excepté *s'arroger*) et le participe passé s'accorde toujours avec le sujet.

Ex. : Elle s'est souvenue de ses vacances, ils se sont obstinés à continuer, etc.

– **Les verbes accidentellement pronominaux** (qui existent aussi sans *se*) : *se laver, se sourire, se regarder*, etc. Les participes passés de ces verbes suivent la règle générale donc demandez-vous toujours où est placé le COD.

Ex. : Elle s'est lavé **les mains** ce matin.
→ Le COD est placé après le verbe, donc l'accord ne se fait pas.

Ex. : Ses mains ? Elle se **les** est lav**ées** ce matin.
→ Le COD (*les*) est placé avant le verbe, donc l'accord se fait avec le COD.

Ex. : Elle **s'**est lav**ée** ce matin.
→ Le COD est le pronom *se* placé avant le verbe, donc l'accord se fait.
On dit que le verbe **pronominal** est **réfléchi** : elle se lave elle-même.

Ex. : Ils **se** sont appel**és** hier.
→ Le COD est le pronom *se* placé avant le verbe, donc l'accord se fait.
On dit que le verbe **pronominal** est **réciproque** : ils se sont appelés l'un l'autre.

Ex. : Ils se sont téléphoné.
→ Attention ! Le pronom *se* est ici COI et non COD *(téléphoner **à** quelqu'un)*, donc l'accord est impossible.

– **Les verbes pronominaux avec un sens passif.**

Ex. : Les parapluies se sont bien vendus.

La construction pronominale peut être remplacée par une « vraie » voix passive.

Ex. : Les parapluies ont été bien vendus.
→ Le participe passé s'accorde alors toujours avec le sujet.

Schéma récapitulatif : règles d'accord du participe passé d'un verbe pronominal

Participe passé du verbe pronominal

- le verbe **n'existe pas sans *se*** → participe passé **s'accorde avec le sujet**
- la forme verbale a un **sens passif** → participe passé **s'accorde avec le sujet**

Pour tous les autres cas, demandez-vous où est placé le COD. Faites l'accord avec le COD s'il est placé avant le verbe.

Tableau récapitulatif

Verbes pronominaux	Place du COD	Accord du participe passé (pour les temps du passé)
Verbes essentiellement pronominaux (n'existent pas sans *se*)	Absence de COD : accord avec le sujet	*Elle s'est enfuie.*
– Verbes accidentellement pronominaux (existent aussi sans *se*) **– Verbe pronominal réfléchi** **– Verbe pronominal réciproque**	Plusieurs possibilités : – COD placé après le verbe : sans accord. – COD placé avant le verbe : accord avec le COD. – COD = *se*, placé avant le verbe : accord avec le COD *se*. – COD = *se*, placé avant le verbe : accord avec le COD *se*. – COI= *se* : sans accord.	Règle générale à suivre *Elle s'est lavé les mains.* *Les mains, elle se les est lavées.* *Elle s'est lavée.* *(Elle se lave elle-même.)* *Ils se sont appelés.* *(Ils se sont appelés l'un l'autre.)* *Ils se sont téléphoné.* *(téléphoner à quelqu'un)*
Verbes pronominaux à sens passif	COD = *se*, placé avant le verbe : accord avec le COD *se*.	*Les parapluies se sont vendus.* (remplacement possible par la voix passive : *Les parapluies ont été vendus*)

EXERCICES

1 15 min ★★ Identifier les modes et les temps

1. Complétez le tableau ci-dessous.

Temps et mode	Verbe conjugué
aimer, indicatif, imparfait, 3e personne du singulier	*il aimait*
faire, indicatif, présent, 2e personne du pluriel	
	que nous soyons
	il a été élu
jouer, indicatif, passé simple, 1re personne du singulier	
mourir, subjonctif présent, 3e personne du singulier	
	qu'il appelât
	ils auraient convaincu
comprendre, indicatif, futur antérieur, 1re personne du singulier	
se lever, impératif présent, 2e personne du singulier	
	j'irais

2. Dans l'extrait ci-dessous, donnez le temps et le mode de chacun des verbes ainsi que leur valeur.

« Mais il suffisait que, dans mon lit même, mon sommeil fût profond et détendît entièrement mon esprit ; alors celui-ci lâchait le plan du lieu où je m'étais endormi, et quand je m'éveillais au milieu de la nuit, comme j'ignorais où je me trouvais, je ne savais même pas au premier instant qui j'étais ; j'avais seulement dans sa simplicité première le sentiment de l'existence comme il peut frémir au fond d'un animal. »

Marcel Proust, *À la recherche du temps perdu*, 1913.

→ Corrigé p. 272

2 5 min ★ L'accord du verbe

Accordez au présent de l'indicatif le verbe donné entre parenthèses.

« Ces salles basses, qui n'*(avoir)* ni devanture, ni montre, ni vitrages, *(être)* profondes, obscures et sans ornements extérieurs ou intérieurs. Leur porte est ouverte en deux parties pleines, grossièrement ferrées, dont la supérieure *(se replier)* intérieurement, et dont l'inférieure, armée d'une sonnette à ressort (aller et venir) constamment. L'air et le jour *(arriver)* à cette espèce d'antre humide, ou par le haut de la porte, ou par l'espace qui *(se trouver)* entre la voûte, le plancher et le petit mur à hauteur d'appui dans lequel *(s'encastrer)* de solides volets, ôtés le matin, remis et maintenus le soir avec des bandes de fer boulonnées. Ce mur *(servir)* à étaler les marchandises du négociant. »

Honoré de Balzac, *Scènes de la vie de province*, 1840.

→ *Corrigé p. 272*

3 5 min ★★ L'accord du participe passé

Accordez les participes passés dans les extraits ci-dessous.

1. « La voie, que les mineurs de la coupe à terre n'avaient pas encore élarg..., était un véritable boyau, de toit très inégal, renflé de continuelles bosses. »

Émile Zola, *Germinal*, 1885.

2. « Villes renvers..., forêts déracin..., rivages dévast... par des montagnes d'eau qui se précipitaient comme des mascarets, navires jet... à la côte, que les relevés du *Bureau-Veritas* chiffrèrent par centaines, territoires entiers nivel... par des trombes qui broyaient tout sur leur passage, plusieurs milliers de personnes écras... sur terre ou englout... en mer : tels furent les témoignages de sa fureur, qui furent laiss... après lui par ce formidable ouragan. »

Jules Verne, *L'Île mystérieuse*, 1874.

3. « Toutes les nations voisines se sont mêl..., toutes ont ét... en guerre et ont chang... de limites. »

Voltaire, *Candide*, 1759.

4. « Il m'arrive ce qui arrive aux gens qui se sont bless... en rêve, ils regardent et sentent leur blessure, et ne se souviennent pas de l'avoir reçu... »

Alexandre Dumas, *Le Comte de Monte-Cristo*, 1846.

5. « C'est par là que les voleurs sont entr..., n'est-ce pas ? C'est par là qu'ils se sont enfu... ? »

Roman de Renart, XII-XIIIe siècles.

6. « Cette prière [...] doit être répét... cinq fois par jour par les fidèles, qui, avant d'entrer, se sont lav... les pieds, les mains et la face. »

Guy de Maupassant, *Récits de voyage*, 1884.

7. « Et puis ils se sont parl... tout bas ; et puis ils se sont lev... et ils sont part... dans les feuilles sans rien dire. »

Guy de Maupassant, *Le Horla*, 1887.

8. « Mes oncles et mes tantes se sont regard..., et l'un d'eux s'est lev... ; il a ôt... son chapeau et s'est m... à dire une prière. »

Jules Vallès, *L'Enfant*, 1878.

→ *Corrigé p. 272*

CORRIGÉS

1 → Énoncé p. 269

1.

Temps et mode	Verbe conjugué
aimer, indicatif, imparfait, 3e personne du singulier	*il aimait*
faire, indicatif, présent, 2e personne du pluriel	***vous faites***
***être*, subjonctif présent, 1re personne du pluriel**	*que nous soyons*
***élire*, voix passive, indicatif passé compose, 3e personne du singulier**	*il a été élu*
jouer, indicatif, passé simple, 1re personne du singulier	***je jouai***
mourir, subjonctif présent, 3e personne du singulier	***qu'il meure***
***appeler*, subjonctif imparfait, 3e personne du singulier**	*qu'il appelât*
***convaincre*, conditionnel passé, 3e personne du pluriel**	*ils auraient convaincu*
comprendre, indicatif, futur antérieur, 1re personne du singulier	***j'aurai compris***
se lever, impératif présent, 2e personne du singulier	***lève-toi***
***aller*, conditionnel présent, 1re personne du singulier**	*j'irais*

2. – *suffisait, lâchait, m'éveillais, ignorais, trouvais, savais, étais, avais* = indicatif imparfait → valeur d'habitude.
– *fût, détendît* = subjonctif imparfait → concordance des temps (verbes principaux au passé).

2 → Énoncé p. 269

Rappel

Au **présent de l'indicatif**, les **verbes** du **1er groupe** finissent en **-e** et non en -t.
Ex. : il voit mais il envoie.

« Ces salles basses, qui n'***ont*** ni devanture, ni montre, ni vitrages, ***sont*** profondes, obscures et sans ornements extérieurs ou intérieurs. Leur porte est ouverte en deux parties pleines, grossièrement ferrées, dont la supérieure ***se replie*** intérieurement, et dont l'inférieure, armée d'une sonnette à ressort ***va et vient*** constamment. L'air et le jour ***arrivent*** à cette espèce d'antre humide, ou par le haut de la porte, ou par l'espace qui ***se trouve*** entre la voûte, le plancher et le petit mur à hauteur d'appui dans lequel ***s'encastrent*** de solides volets, ôtés le matin, remis et maintenus le soir avec des bandes de fer boulonnées. Ce mur ***sert*** à étaler les marchandises du négociant. »

Honoré de Balzac, *Scènes de la vie de province*, 1840.

3 → Énoncé p. 270

1. « La voie, que les mineurs de la coupe à terre n'avaient pas encore élargie ***(accord avec le COD* que *mis pour* voie *et placé avant le verbe)***, était un véritable boyau, de toit très inégal, renflé de continuelles bosses. » Émile Zola, *Germinal*, 1885.

2. « Villes renvers**ées**, forêts déracin**ées**, rivages dévast**és** par des montagnes d'eau qui se précipitaient comme des mascarets, navires jet**és** à la côte, que les relevés du *Bureau-Veritas* chiffrèrent par centaines, territoires entiers nive**lés** par des trombes qui broyaient tout sur leur passage, plusieurs milliers de personnes écras**ées** sur terre ou englout**ies** ***(tous ces participes passés sont utilisés comme adjectifs et s'accordent donc avec les noms auxquels ils se rapportent)*** en mer : tels furent les témoignages de sa fureur, qui furent laiss**és** ***(voix passive : accord avec le sujet* qui *mis pour* témoignages*)*** après lui par ce formidable ouragan. » Jules Verne, *L'Île mystérieuse*, 1874.

3. « Toutes les nations voisines se sont mêl**ées** ***(pronominal réciproque, pas de COD possible, donc accord avec le pronom* se *COD = accord avec le sujet)***, toutes ont été ***(toujours invariable)*** en guerre et ont chang**é** ***(auxiliaire* avoir, *COD* limites *placé après le verbe, donc absence d'accord)*** de limites. » Voltaire, *Candide*, 1759.

4. « Il m'arrive ce qui arrive aux gens qui se sont bless**és** ***(pronominal de sens réfléchi :* ils se sont blessés eux-mêmes, *donc accord avec le pronom* se *COD = accord avec le sujet)*** en rêve, ils regardent et sentent leur blessure, et ne se souviennent pas de l'avoir reç**ue** ***(accord avec le COD* l' *placé avant et mis pour* blessure*)***. » Alexandre Dumas, *Le Comte de Monte-Cristo*, 1846.

5. « C'est par là que les voleurs sont entr**és** ***(auxiliaire* être, *donc accord avec le sujet)***, n'est-ce pas ? C'est par là qu'ils se sont enfu**is** ? » ***(verbe essentiellement pronominal, donc accord avec le sujet)*** *Roman de Renart*, XII-XIIIe siècles.

6. « Cette prière [...] doit être répét**ée** ***(auxiliaire* être, *donc accord avec le sujet)*** cinq fois par jour par les fidèles, qui, avant d'entrer, se sont lav**é** ***(COD placé après le verbe, donc absence d'accord)*** les pieds, les mains et la face. » ***(COD)*** Guy de Maupassant, *Récits de voyage*, 1884.

7. « Et puis ils se sont parl**é** ***(*se *= COI car on parle à quelqu'un, donc absence d'accord)*** tout bas ; et puis ils se sont lev**és** ***(pronominal réfléchi, donc accord avec le sujet)*** et ils sont part**is** ***(auxiliaire* être, *donc accord avec le sujet)*** dans les feuilles sans rien dire. » Guy de Maupassant, *Le Horla*, 1887.

8. « Mes oncles et mes tantes se sont regard**és** ***(pronominal réciproque : ils se sont regardés l'un l'autre, donc accord avec le pronom* se *COD = accord avec le sujet)***, et l'un d'eux s'est lev**é** ; il a ôt**é** son chapeau et s'est m**is** à dire une prière. » Jules Vallès, *L'Enfant*, 1878.

Conseil

Pour connaître la **finale** d'un **participe passé,** mettez celui-ci au féminin et tendez l'oreille ! On dit *elle s'est enfuie*, le participe passé s'écrit donc avec un *-i.*

CHAPITRE 13

Des techniques pour bien écrire

1 Les outils du raisonnement

A Organiser son argumentation

L'expression des liens logiques

Il est important de maîtriser les **relations logiques** fondamentales pour saisir le sens d'un texte et structurer ses idées, particulièrement dans le cadre d'une dissertation ou d'un commentaire.

Ces relations logiques correspondent aux liens exprimés par les **sept subordonnées circonstancielles** (condition, cause, conséquence, but, comparaison, opposition et concession). Ces liens logiques peuvent s'écrire de **différentes façons.**

- **Une proposition subordonnée circonstancielle** commençant par une conjonction de subordination : *de sorte que, bien que, alors que*, etc.
- **Un complément circonstanciel** souvent introduit par une préposition : *en cas de, pour, malgré*, etc.
- **Un mot de liaison :** *cependant, donc, pour cela*, etc.

	Proposition subordonnée circonstancielle	Complément circonstanciel
Condition	**S'il arrive en retard**, il ne sera pas accepté en cours.	**En cas de retard**, il ne sera pas accepté en cours.
Cause	Il n'a pas été accepté en cours **parce qu'il était en retard.**	Il n'a pas été accepté en cours **à cause de son retard.**
Conséquence	Il était en retard **si bien qu'il n'a pas été accepté en cours.**	Il était en retard **au point d'être refusé en cours.**
But	Il a beaucoup travaillé **pour que ses bulletins lui permettent d'être accepté dans l'école de son choix.**	Il a beaucoup travaillé **en vue d'une acceptation dans l'école de son choix.**
Comparaison	Il révise **comme je le lui ai conseillé.**	Il révise **selon mes conseils.**
Opposition	Tous les autres élèves étaient à l'heure, **alors que Paul était en retard.**	Tous les élèves étaient à l'heure, **sauf Paul.**
Concession	**Bien qu'il soit arrivé en retard**, il a été accepté en cours.	**Malgré son retard**, il a été accepté en cours.

À savoir !

Opposition et **concession** sont deux relations logiques proches.
Dans le cas d'une proposition marquant l'**opposition**, **deux faits indépendants** s'opposent.
Ex. : Paul était en retard tandis que Marie était à l'heure.
Dans le cas de la concession, un **lien logique** existe entre deux événements qui auraient dû se réaliser.
Ex. : Bien qu'il soit arrivé en retard, il a été accepté en cours. (mais il n'aurait pas dû !).

B Les principaux connecteurs logiques

L'utilisation de **connecteurs logiques**, ou **mots de liaison**, est nécessaire afin de créer du sens dans une phrase.

Connecteurs logiques	
Pour énumérer ou classer	*d'une part / d'autre part, tout d'abord, ensuite, enfin, en premier/second lieu, premièrement, deuxièmement*, etc.
Pour opposer	*mais, cependant, toutefois, néanmoins, or, pourtant, en revanche*, etc.
Pour souligner une idée en la reformulant	*en d'autres termes, autrement dit, c'est-à-dire, ou plus exactement, ou plutôt*, etc.
Pour exprimer la cause	*car, d'autant que, par, étant donné*, etc.
Pour exprimer la conséquence	*donc, ainsi, c'est pourquoi, si bien que, à tel point que, par conséquent, alors, dès lors*, etc.
Pour faire référence à quelqu'un / quelque chose	*à ce propos, à ce sujet, sur ce point, selon, en ce qui concerne, concernant, quant à*, etc.
Pour ajouter une idée	*de plus, en outre, par ailleurs*, etc.

2 La négation et l'interrogation

Épreuve orale

Pour **contrer** efficacement un argument ou le remettre en cause, il faut connaître et reconnaître les différentes formes de **négation** et d'**interrogation**.

A L'expression de la négation

La négation lexicale et la négation grammaticale

La négation peut porter sur le mot ou sur la phrase.

- **La négation lexicale** porte sur le **mot**. Elle est formée avec les préfixes *non-, a-, in- / im- / il- : la* ***non****-violence,* ***a****symétrique,* ***a****moral,* ***im****possible,* ***il****logique*, etc.
- **La négation grammaticale** porte sur la **phrase** : *ne... pas, ne... plus*, etc.

- **La négation** est possible avec **tous les types de phrases.**

– La phrase déclarative

Ex. : Je n'aime pas les cœurs de palmier.

– La phrase interrogative

Ex. : Ces enfants ne sont-ils pas gentils ?

– La phrase impérative

Ex. : Ne mange surtout pas ce sandwich !

Les formes de la négation

Forme	Construite avec...	Exemples
Négation totale	*ne... pas, ne... point*	*Ex. :* « Tu **ne** veux **pas** te nommer joie », Victor Hugo, « À celle qui est voilée », *Les Contemplations*, 1856. *Ex. :* « Tu **ne** te tueras **point**, et tu l'épouseras. » Molière, *L'Avare*, Acte I, scène 4, 1668.
Négation partielle	– un déterminant + *ne* – un pronom + *ne*	*Ex. :* « Une mer qu'**aucun** bord **n'**arrête / S'étendait bleue à l'horizon » Alphonse de Lamartine, « À une fleur séchée dans un album », *Méditations Poétiques*, 1820. *Ex. :* « **Rien n'**égale votre puissance, / Sinon votre fragilité. » Alfred de Musset, « À mademoiselle », *Poésies nouvelles*, 1850.
Négation restrictive	*ne... que*	*Ex. :* « Et vos grands cils émus, de leur aile inquiète, / **Ne** voilent **qu'**à demi leur vif rayonnement. » Théophile Gautier, « À deux beaux yeux », *La Comédie de la mort*, 1838.

Il joue plutôt qu'il ne révise.

À savoir !

Parfois le ***ne*** n'est pas une négation, il a un rôle euphonique, c'est-à-dire qu'il facilite la prononciation et améliore la qualité des sons. Si on le supprime, le sens de la phrase ne change pas. C'est un ***ne* explétif.**

Ex. : Je crains qu'il **ne** soit en retard = Je crains qu'il soit en retard.

B L'expression de l'interrogation

- **Il est important de maîtriser l'expression de l'interrogation** pour votre baccalauréat. Elle vous sera très utile, notamment au moment de formuler votre **problématique** dans l'introduction de votre devoir.

Interrogative directe	Interrogative indirecte
Elle peut avoir un **verbe introducteur** suivi de **deux-points** et éventuellement de **guillemets.** ***Ex. :*** L'homme demanda : « Qui est là ? ».	Elle a **toujours** un **verbe** introducteur. ***Ex. :*** L'homme demanda qui était là.
Elle se termine toujours par un **point d'interrogation.** ***Ex. :*** Comment vas-tu ?	Elle ne se termine **jamais** par un **point d'interrogation.** ***Ex. :*** Elle lui demanda comment il allait.
Elle peut être introduite par ***est-ce que***. ***Ex. :*** Est-ce que tu viendras ?	*Est-ce que* est remplacé par ***si***. ***Ex. :*** Il se demandait si elle viendrait.
Elle peut avoir un **sujet inversé.** ***Ex. :*** Viendras-tu ?	Elle n'a **jamais** de **sujet inversé.** ***Ex. :*** Il se doutait que tu ne viendrais pas.

- **Pour formuler clairement votre problématique,** vous pouvez utiliser :

– **une interrogative directe**

Ex. : En quoi ce poème **est-il** un éloge de la liberté ?

ou

– **une interrogative indirecte**

Ex. : Nous nous demanderons en quoi ce poème **est** un éloge de la liberté.

À noter !

Le **-*t* euphonique** désigne le -*t* que l'on ajoute entre un verbe et un pronom sujet *(il, elle, on)* inversé lorsque le verbe se termine par un -*e* ou un -*a*.

Ex. : ... s'exclama-t-il / ...interroge-t-elle / Mange-t-on maintenant ?

Il ne doit pas être employé dans les autres cas : *prend-on, entend-elle*, etc.

3 Les outils orthographiques

A Les homophones grammaticaux

– ***a / à***
- je peux remplacer par *avait* → ***a***
- je ne peux pas remplacer par *avait* → ***à***

– ***ça / sa***
- je peux remplacer par *cela* → **ça**
- je peux remplacer par *ma* → ***sa***

- **ce / se**
  - je peux remplacer par *cela* ou le mot est devant un nom → ***ce***
  - c'est entre le sujet et le verbe → ***se***
- **on / ont**
  - je peux remplacer par *nous* → ***on***
  - je peux remplacer par *avaient* → ***ont***
- **ou / où**
  - je peux remplacer par *ou bien* → ***ou***
  - je ne peux pas remplacer par *ou bien* → ***où***
- **or / hors**
  - je peux remplacer par *mais* → ***or***
  - je peux remplacer par *sauf* ou *dehors* → ***hors***
- **son / sont**
  - je peux remplacer par *le sien* → ***son***
  - je peux remplacer par *étaient* → ***sont***
- **sensé / censé**
  - je peux remplacer par *intelligent, qui a du bon sens* → ***sensé***
  - je peux remplacer par *supposé* → ***censé***
- **leur / leurs**
  - est devant un verbe → toujours **invariable**, ***leur***
  - est devant un nom → **variable**, s'accorde avec le nom qui suit
- **quoique / quoi que**
  - je peux remplacer par *bien que* → ***quoique***
  - je peux remplacer par *peu importe ce que* → ***quoi que***
- **quand / quant**
  - je peux remplacer par *lorsque* ou *à quel moment ?* → ***quand***
  - je peux remplacer par *en ce qui concerne* → ***quant***
- **quelquefois / quelques fois**
  - je peux remplacer par *parfois* → ***quelquefois***
  - je peux remplacer par *plusieurs fois* → ***quelques fois***
- **quelques / quel que**
  - je peux remplacer par *plusieurs* → ***quelques***
  - je peux remplacer par *peu importe* → ***quel (les) que***

B Les erreurs orthographiques à éviter

Tout

- Quand ***tout*** est **déterminant,** il est placé devant un groupe nominal et s'accorde en genre et en nombre avec ce qui suit.

  Ex. : Toute la foule, tous les enfants.

- Quand ***tout*** peut être remplacé par ***toutes les choses,*** il est invariable.

  Ex. : J'ai tout vu, tout me convient.

- Quand ***tout*** représente un **groupe de personnes,** on écrit *tous* pour le masculin (le *-s* final s'entend à l'oral) et *toutes* pour le féminin.

  Ex. : Tous sont venus, toutes étaient présentes.

Tout **devant un déterminant**	***Tout*** **pronom (peut être remplacé par ça)**	***Tout*** **pronom (lorsqu'on entend le -*s* final)**
S'accorde en genre et en nombre avec ce qui suit : *tous, toutes*, etc. ***Ex. :*** « Le chagrin que **tous** ses soupçons lui causèrent donna de mauvaises heures à la princesse de Montpensier. » Madame de Lafayette, *La Princesse de Montpensier*, 1662.	*tout* ***Ex. :*** « **Tout** peut naître ici-bas d'une attente infinie. » Paul Valéry, *La Jeune Parque*, 1917.	*tous* ***Ex. :*** « Il se baissa ; **tous** étaient morts, il appela au loin ; aucune voix ne lui répondit. » Gustave Flaubert, *Salammbô*, 1862.

Singulier ou pluriel ? Féminin ou masculin ?

- **Après *sans,*** on accorde selon le sens et la logique.

  Ex. : un ciel sans nuage**s** (plusieurs nuages) ; un homme sans chapeau (un seul chapeau).

- Ne pas confondre ***sans faute*** (= *à coup sûr*) et ***sans fautes*** (= *sans aucune faute*).

- ***Aucun, aucune*** est toujours suivi du singulier sauf si le mot n'a pas de singulier.

  Ex. : aucune personne, aucun problème, aucune**s** fiançaille**s** (le mot fiançailles ne s'emploie qu'au pluriel).

- ***Chaque*** est toujours suivi du singulier.

Les erreurs relatives aux verbes

- ***Fait*** suivi d'un infinitif est toujours invariable.
  Ex. : Elle s'est fait gronder, elles se sont fait mouiller par la pluie.
- **Les verbes du 1er groupe** (en *-er*) ne prennent pas de *s* à l'impératif.
  Ex. : Chant**e**-moi une chanson ! Regarde-moi !
- ***Bien que*** s'utilise toujours avec le subjonctif.
  Ex. : Bien qu'elle ait été à l'heure, le train est parti sans elle. (Attention ! *malgré que* est incorrect.)
- **Seul le masculin singulier du participe passé du verbe *devoir*** prend un accent (*d**û**, due, dus, dues*).

Attention !

Ne confondez pas ***du,*** déterminant partitif, et ***dû,*** participe passé du verbe devoir.
Ex. : J'ai mangé **du** pain ;
j'ai **dû** beaucoup travailler.

EXERCICES

1 5 min ★★ Les outils du raisonnement

Complétez les phrases par un mot de liaison approprié et dites quelle est la relation logique exprimée.

1.

« Cette journée devait être jusqu'au soir une fantasmagorie pour Eugène, qui, … la force de son caractère, ne savait comment classer ses idées. »

Honoré de Balzac, *Le Père Goriot,* 1835.

2.

« Je n'ai pu m'empêcher de le gronder un peu, en ayant soin de ne parler que pendant que la voiture faisait du bruit, … personne ne pût entendre. »

Victor Hugo, *Les Misérables*, 1862.

3.

« Il emprunta encore six francs cinquante le lendemain sur les vingt francs, … il vint au rendez-vous convenu avec quatre francs vingt dans sa poche. »

Guy de Maupassant, *Bel-Ami*, 1885.

4.

« Ma tante, … cris de la fille de cuisine, ne put se reposer. »

Marcel Proust, *Du côté de chez Swann*, 1913.

5.

« Je n'aurais rien à craindre … tout le monde vous voyait des yeux dont je vous vois. »

Molière, *L'Avare*, 1668.

→ *Corrigé p. 283*

2 5 min ★★ La négation

Déterminez si la négation est partielle, totale ou restrictive ou si la négation est un *ne* explétif.

1.

« À la fin du jour, on ne voit plus que le pic du volcan se dressant comme un style à l'horizon. »

Jules Verne, *L'Île à hélice*, 1895.

2.

« Après quoi elle parla en ces termes à Candide, qui ne perdait pas une parole, et qui la dévorait des yeux. »

Voltaire, *Candide*, 1759.

3.

« Aucun besoin imaginaire ne le tourmente ; l'opinion ne peut rien sur lui ; ses désirs ne vont pas plus loin que ses bras. »

Jean-Jacques Rousseau, *Émile ou De l'éducation*, 1762.

4.

« M. Delmare, menacé d'une ruine complète, et résolu de faire honneur à tous ses engagements, craignit que son voyage n'eût l'air d'une fuite. »

George Sand, *Indiana*, 1832.

→ *Corrigé p. 283*

3 5 min ★★★ L'interrogation

Corrigez les interrogatives suivantes.

1. Il s'agira de se demander dans quelle mesure le héros peut-il être un contre-modèle.

2. Nous nous demanderons comment le poète réussit à faire l'éloge d'un défaut ?

3. On se demandera alors est-ce que le masque au théâtre n'est qu'un moyen de cacher le personnage ?

→ *Corrigé p. 283*

4 5 min ★★ Les homophones grammaticaux

Choisissez la forme correcte dans les phrases suivantes.

1. Bien qu'il est / ait / aie prétendu le contraire, Victor Hugo n'a / à pas toujours suivi l'ordre chronologique dans ses / ces / c'est *Contemplations*.

2. Julien Sorel n'était pas censé / sensé revenir à Verrières mais son / sont amour pour Madame de Rênal était trop grand.

3. Quoi que / quoique ses romans aient / est été censurés, François Rabelais n'a jamais cessé d'écrire quelque / quelques / quelles que / qu'elles que fussent les menaces.

4. Quand / quant aux figures de style, le poète n'en a utilisé aucune / aucunes et leur / leurs / leurre a préféré un style plus épuré.

→ *Corrigé p. 283*

CORRIGÉS

1 → *Énoncé p. 281*

1. « **malgré** la force de son caractère », ou bien **en dépit de : concession.**
2. « **afin que** personne ne pût entendre. » ou bien **pour que : but.**
3. « **de sorte qu'il** vint » ou bien **si bien que / de telle sorte que : conséquence.**
4. « **à cause des** cris de la fille de cuisine » ou bien **en raison des : cause.**
5. « **si** tout le monde » : **condition / hypothèse.**

> **Attention !**
> On ne dit pas ~~malgré que~~, mais ***bien que*** ou ***même si.***

2 → *Énoncé p. 281*

1. « on **ne** voit **plus que** le pic du volcan » : **négation restrictive.**
2. « qui **ne** perdait **pas** une parole » : **négation totale.**
3. « **Aucun** besoin imaginaire **ne** le tourmente : **négation partielle** ; « l'opinion **ne** peut **rien** » : **négation totale** ; « ses désirs **ne** vont **pas** » : **négation totale.**
4. « craignit que son voyage **n**'eût l'air d'une fuite » : Attention ! Il s'agit d'un ***ne* explétif** et non d'une négation !

> **Rappel**
> Pour repérer un ***ne* explétif,** supprimez-le et vous constaterez que la phrase ne change pas de sens.

3 → *Énoncé p. 282*

1. Il s'agira de se demander dans quelle mesure le héros peut être un contre-modèle : **pas de sujet inversé dans une interrogative indirecte.**
2. Nous nous demanderons comment le poète réussit à faire l'éloge d'un défaut : **pas de point d'interrogation dans une interrogative indirecte.**
3. On se demandera alors **si** le masque au théâtre n'est qu'un moyen de cacher le personnage : **pas de point d'interrogation dans une interrogative indirecte.**

> **Conseil**
> Une **problématique** formulée sans erreur de syntaxe est essentielle pour faire une bonne impression dès l'introduction !

4 → *Énoncé p. 282*

1. ait ; a ; ses. 2. censé ; son. 3. quoique ; aient ; quelles que. 4. quant ; aucune ; leur.

LEXIQUE D'ANALYSE LITTÉRAIRE

A

Accumulation
Procédé qui consiste à énumérer plusieurs termes de même nature.

Acte
Divisions principales d'une pièce de théâtre. Chaque acte est lui-même divisé en scènes.

Alexandrin
Vers de douze syllabes.

Allégorie
Représentation concrète d'une idée abstraite sous la forme d'une image ou d'une personne. *Ex.* : Liberté.

Allitération
Répétition d'une consonne ou d'un groupe de consonnes.

Analepse
Retour en arrière dans un récit. Équivalent du *flash-back* au cinéma.

Anaphore
Répétition d'un ou de plusieurs mots au début de phrases ou de vers. Ce procédé crée un effet d'insistance.

Antiphrase
Figure de style qui consiste à employer un mot, une phrase, dans un sens contraire à sa véritable signification. C'est le procédé principal de l'ironie.

Antithèse
Rapprochement de deux termes opposés afin de les mettre en valeur l'un par rapport à l'autre.

Aparté
Ce qu'un acteur dit à part soi et qui est censé n'être entendu que par les spectateurs. Le mot est masculin : un aparté.

Apologue
Récit bref souvent allégorique à visée morale et didactique.

Apostrophe
Figure qui consiste à interpeller une chose ou une personne en la nommant.

Assonance
Répétition du même son voyelle.

C

Calligramme
Poème dont la typographie forme un dessin (mot inventé par Guillaume Apollinaire).

Caricature
Représentation délibérément déformée et exagérée de la réalité, dans une intention satirique ou polémique.

Césure
Coupe ou repos dans le vers après une syllabe accentuée afin de marquer une pause, une respiration et/ou de créer un rythme.

Champ lexical
Ensemble des mots relatifs à un même thème.

Chiasme
Figure de style disposant en ordre inverse les mots de deux propositions qui s'opposent.

Comparaison
Figure de style qui rapproche deux éléments avec un outil de comparaison (« comme », « tel », etc.).

Connotation
Sens appliqué à un terme, plus général que celui qui lui est propre.

D

Décasyllabe
Vers qui a dix syllabes.

Dénotation
Sens communément admis d'un mot, par opposition à la connotation.

Dénouement
Fin d'un roman ou d'une pièce de théâtre.

Dialogue
1. Ensemble des paroles échangées entre les personnages d'une pièce de théâtre, d'un film.
2. Composition littéraire ayant la forme d'une conversation entre deux ou plusieurs personnages.

Didactique
Se dit d'une œuvre ou d'un texte qui cherche à instruire.

Didascalie
Indication scénique donnée par le dramaturge. Les didascalies sont souvent en italique et désignent tout ce qui ne relève pas du dialogue

théâtral (nom des personnages, indications sur le ton, le décor, les déplacements, etc.).

Diérèse
Division d'une diphtongue en deux syllabes.

Digression
Développement qui s'écarte du sujet traité ou de l'intrigue principale.

Discours rapporté
Façon dont les paroles d'un personnage sont rapportées par le narrateur dans un récit ou un roman : discours direct, indirect ou indirect libre.

Double énonciation
Au théâtre lorsque les paroles s'adressent simultanément à deux destinataires : un autre personnage et le spectateur.

E

Ellipse
Procédé syntaxique ou stylistique consistant à omettre un ou plusieurs mots à l'intérieur d'une phrase ou à omettre volontairement un épisode dans une intrigue.

Emphase
Exagération prétentieuse dans le ton, le geste, l'expression et le style.

Enjambement
En versification, décalage entre l'unité du vers et l'unité de la phrase qui déborde sur le vers suivant. Les rejets et contre-rejets sont des types d'enjambements.

Énumération
Donner à la suite les différents éléments d'un ensemble ou partageant une caractéristique.

Épistolaire
Un roman épistolaire est un roman uniquement constitué de lettres.

Éponyme
« Qui donne son nom à. » On parle de personnage éponyme lorsqu'il donne son nom à l'œuvre.

Essai
Ouvrage où un auteur traite librement un sujet sans prétendre l'épuiser.

Euphémisme
Façon de présenter une réalité brutale ou blessante en atténuant son expression pour éviter de choquer.

Exagération
Procédé qui consiste à présenter quelque chose comme plus grand, plus important qu'il n'est en réalité.

Explicite
Ce qui est énoncé de façon claire et directe.

F

Focalisation
En narratologie, point de vue du narrateur sur l'action. Il existe trois focalisations : interne, externe ou zéro (ou omnisciente).

G

Genre
Catégorie littéraire qui se distingue par ses caractéristiques formelles. Il existe plusieurs genres littéraires : le roman, la fable, la poésie, le théâtre, etc.

Gradation
Figure de style consistant à présenter des éléments de manière croissante (gradation ascendante) ou décroissante (gradation descendante).

H

Hémistiche
Chacune des deux moitiés d'un vers.

Héros/héroïne
1. Demi-dieu dans la mythologie.
2. Celui qui se distingue par sa grandeur d'âme exceptionnelle, son dévouement total, etc.
3. Personnage principal d'une œuvre littéraire, dramatique ou cinématographique.

Hétérométrie
Se dit d'un poème versifié qui a recours à plusieurs types de vers (alternance d'alexandrins et d'octosyllabes par exemple).

Hyperbole
Procédé littéraire qui consiste à exagérer.

I

Implicite
Qui, sans être exprimé formellement, peut être déduit de ce qui est exprimé. S'oppose à explicite.

Interjection
Mot invariable qui traduit l'émotion du locuteur. Les interjections sont souvent suivies d'une ponctuation forte. *Ex. : Bof ! Ah ! Ciel !*

Ironie
Tonalité qui consiste à dire le contraire de ce qu'on veut faire entendre, souvent sous forme de moquerie.

L

Litote
Figure de rhétorique consistant à dire moins pour faire entendre plus. *Ex. :* « Va, je ne te hais point. » *Corneille*

M

Manifeste
Œuvre par laquelle un auteur expose la théorie d'un mouvement littéraire. *Ex. : Le Manifeste du surréalisme* d'André Breton.

Mélioratif
Se dit d'un terme, d'une expression qui présente ce dont on parle d'une façon avantageuse. Contraire de péjoratif.

Métaphore
Comparaison sans outil de comparaison.

Métonymie
Figure de style consistant à désigner la partie pour le tout, l'auteur pour l'œuvre, la matière pour l'objet, etc.

Monologue
Au théâtre quand un personnage prend la parole alors qu'il est seul sur scène.

N

Narration
Récit ou relation d'un fait, d'un événement.

Néologisme
Création d'un mot nouveau.

Nœud
Moment capital d'une pièce de théâtre, d'un roman.

Nouvelle
Brève composition littéraire de fiction. Roman en miniature.

O

Octosyllabe
Vers de huit syllabes.

Ode
Poème chanté, chez les Grecs ; poème lyrique composé de strophes égales par le nombre et la mesure des vers (du grec *ôdê*, « chant »).

Oxymore
Figure de style consistant à relier syntaxiquement deux mots qui s'opposent totalement, en général un nom et un adjectif.

P

Paradoxe
1. Étymologiquement, proposition contraire à l'opinion commune.
2. Une seule proposition qui associe deux idées opposées et contradictoires.

Parallélisme
Procédé qui consiste à reprendre la même structure syntaxique dans deux propositions ou groupes de mots distincts.

Paratexte
Ensemble des informations données autour du texte : titre, préface, notes, etc.

Paronyme
Mot ressemblant par sa forme et sa prononciation à un autre mot de sens différent. *Ex. : avènement* et *événement*.

Pathétique
Tonalité qui cherche à émouvoir l'interlocuteur.

Péjoratif
Se dit d'une expression, d'un mot, d'un suffixe, d'un préfixe, d'une intonation qui implique un jugement négatif. Contraire de mélioratif.

Péripéties
Ensemble des différentes actions qui affectent une situation et participent au déroulé de l'intrigue, dans un roman ou un récit.

Périphrase
Figure consistant à désigner un objet ou une personne par ses caractéristiques. *Ex. :* « la ville rose » pour désigner Toulouse.

Personnage
Création fictive qui ressemble à une personne au sein d'une œuvre artistique (littérature, cinéma, etc.). Voir chapitre 8.

Point de vue
Voir « focalisation ».

Polémique
Qui critique, qui incite à la dispute, à la discussion par son ton agressif.

Polysémie
Pluralité de sens d'un mot, d'une phrase.

Prolepse
1. Récit anticipé d'événement (équivalent de *flash forward* au cinéma), contraire d'analepse.
2. Figure de rhétorique consistant à prévoir une objection et à la réfuter par avance.

Q

Quatrain
Strophe constituée de quatre vers.

Question rhétorique
Procédé qui consiste à poser une question dont la réponse est sous-entendue. Le locuteur n'attend donc pas de réponse.

Quiproquo
Méprise qui fait prendre une chose pour une autre, malentendu.

R

Rejet
Type d'enjambement. Le rejet consiste à placer au début du vers un mot ou groupe de mots qui appartient au vers précédent au niveau syntaxique. Le rejet est un débordement d'un vers sur le suivant.

Répétition
Retour du même mot, de la même idée.

Réplique
Type de parole au théâtre : ce qu'un acteur répond à un autre.

Rhétorique
Art de bien parler ; ensemble des procédés qu'un orateur emploie pour persuader, convaincre.

Rime
Retour des mêmes sons à la fin de deux unités rythmiques ou de deux vers.

S

Satire
Œuvre, texte qui critique en se moquant, souvent en utilisant la tonalité comique.

Scène
Partie d'un acte ; épisode d'une œuvre narrative (roman, film, etc.).

Sonnet
Poème de quatorze vers constitué de deux quatrains à rimes embrassées et de deux tercets.

Stichomythie
Répliques brèves échangées entre deux personnages, au théâtre. Elles marquent souvent une tension et créent un rythme enlevé.

Strophe
Groupe de vers cohérent par son système de rimes et séparé du reste du poème par des blancs.

Synérèse
Réunion en une seule syllabe de deux voyelles qui se suivent dans un mot et qui sont normalement prononcées séparément.

T

Tercet
Strophe de trois vers.

Thèse
Proposition, opinion qu'on s'attache à soutenir, à défendre.

Tirade
Longue réplique prononcée par un personnage à un ou plusieurs autres ; à ne pas confondre avec le monologue.

Tonalité
Synonyme de registre. La tonalité d'un texte dépend de l'émotion suscitée chez le locuteur et présente de nombreuses caractéristiques (thèmes, champs lexicaux, procédés, etc.). *Ex. :* tonalité pathétique, lyrique, tragique, etc.

V

Vers
Suite de mots mesurée et cadencée selon des règles, et constituant une unité rythmique.

Versification
Ensemble des règles qui régissent la manière dont un vers est composé (nombre de syllabes, schéma de rimes, etc.). La versification s'oppose à la prose.

Vraisemblance
Qui a l'apparence de vérité.

Z

Zeugma
Figure de style qui consiste à mettre sur le même plan syntaxique deux termes qui appartiennent à des domaines de sens différents. *Ex. :* concret-abstrait.